DESENHO TÉCNICO
PARA CONSTRUÇÃO

K95d Kubba, Sam A. A.
         Desenho técnico para construção / Sam A. A. Kubba ; tradução: Alexandre Salvaterra. – Porto Alegre : Bookman, 2014.
         xviii, 292 p. : il. ; 28 cm.

         ISBN 978-85-8260-156-3

         1. Arquitetura – Técnica. 2. Desenhos técnicos. I. Título.

                                                        CDU 72.02

Catalogação na publicação: Ana Paula M. Magnus – CRB 10/2052

SAM A. A. KUBBA

DESENHO TÉCNICO
PARA CONSTRUÇÃO

Tradução

Alexandre Salvaterra
Arquiteto e Urbanista pela Universidade Federal do Rio Grande do Sul

Reimpressão 2017

2014

Obra originalmente publicada sob o título *Blueprint Reading: Construction Drawings for the Building Trades*, 1st Edition
ISBN 0071549862 / 9780071549868

Original edition copyright © 2009, The McGraw-Hill Global Education Holdings, LLC., New York, New York 10020. All rights reserved.

Portuguese language translation copyright © 2014, Bookman Companhia Editora Ltda., a Grupo A Educação S.A. company. All rights reserved.

Gerente editorial: *Arysinha Jacques Affonso*

Colaboraram nesta edição:

Editora: *Maria Eduarda Fett Tabajara*

Capa e projeto gráfico: *Paola Manica*

Leitura final: *Bianca Basile Parracho*

Editoração: *Techbooks*

Reservados todos os direitos de publicação, em língua portuguesa, à
BOOKMAN EDITORA LTDA., uma empresa do GRUPO A EDUCAÇÃO S.A.
A série TEKNE engloba publicações voltadas à educação profissional, técnica e tecnológica.

Av. Jerônimo de Ornelas, 670 – Santana
90040-340 – Porto Alegre – RS
Fone: (51) 3027-7000   Fax: (51) 3027-7070

É proibida a duplicação ou reprodução deste volume, no todo ou em parte, sob quaisquer formas ou por quaisquer meios (eletrônico, mecânico, gravação, fotocópia, distribuição na Web e outros), sem permissão expressa da Editora.

Unidade São Paulo
Av. Embaixador Macedo Soares, 10.735 – Pavilhão 5 – Cond. Espace Center
Vila Anastácio – 05095-035 – São Paulo – SP
Fone: (11) 3665-1100   Fax: (11) 3667-1333

SAC 0800 703-3444 – www.grupoa.com.br

IMPRESSO NO BRASIL
PRINTED IN BRAZIL

*Dedico este livro a
minha mãe e meu pai,
que me concederam o dom da vida...
E a minha esposa e meus quatro filhos,
cujo amor muito me inspira...*

» *Autor*

Sam A. A. Kubba é um premiado arquiteto cuja atuação inclui projetos nos Estados Unidos, no Reino Unido e no Oriente Médio. Ele tem mais de 30 anos de experiência em diferentes aspectos de projeto, construção e avaliações das condições de propriedades imobiliárias. Como membro do Instituto Americano de Arquitetos, da Sociedade Americana de Arquitetura de Interiores e do Real Instituto de Arquitetos Britânicos, ele já proferiu muitas conferências sobre arquitetura, arquitetura de interiores e construção. O Dr. Kubba é o sócio majoritário do grupo The Consultants' Collaborative, uma empresa reconhecida por seu trabalho em arquitetura, arquitetura de interiores e gerenciamento de projetos. Ele é autor de diversos livros, incluindo *Mesopotamian Furniture*, *Space Planning for Commercial and Residential Interiors*, *Property Condition Assessments* e *Architectural Forensics*.

» Agradecimentos

Escrever um livro com tal escopo teria sido extremamente difícil sem a assistência e o apoio de inúmeras pessoas – amigos, colegas de trabalho, arquitetos, engenheiros e construtores – que contribuíram muito para a formação e cristalização de meus pensamentos sobre muitos dos tópicos e das questões discutidas. Também estou em débito com inúmeras pessoas e organizações que contribuíram com ideias, comentários, fotografias, ilustrações e outros itens que ajudaram a concretizar este sonho.

Devo também sem dúvida mencionar que, sem o fervor infalível, o estímulo e a sabedoria de Roger Woodson, presidente da Lone Wolf Enterprises Ltda., e de Joy Bramble Oehlkers, editora-sênior da McGraw-Hill, este livro possivelmente ainda seria apenas um projeto. Além disso, sempre é um grande prazer trabalhar com eles. Devo igualmente agradecer o magnífico trabalho da gerente de projetos Jacquie Wallace, por seu inabalável comprometimento e apoio, e por sempre estar presente quando eu precisava de auxílio ou conselhos.

Também gostaria de agradecer a Wendy Lochner, por editar a primeira versão da obra, e a Leona Woodson, pela revisão final e indexação do livro. Eu certamente cometeria um erro se não mencionasse minha gratidão a Jeff Weeks.

O engenheiro mecânico Stephen Christian merece um agradecimento especial pela revisão do Capítulo 7 e por seus inúmeros e valiosos comentários e sugestões; e o topógrafo Donald Jernigan, pela revisão de partes do Capítulo 6. Não posso deixar de agradecer minha esposa, Ibtesam, por seu afetuoso companheirismo e apoio, e por me ajudar a preparar muitos dos desenhos em CAD e das ilustrações lineares. Por último, mas não menos importante, desejo registrar minha gratidão a todos que me socorreram na etapa final deste trabalho: arquitetos, engenheiros e construtores que me mantiveram motivado com seu ardente entusiasmo, apoio e conhecimentos técnicos. Eu contei com eles de muitas formas. Ainda que não haja palavras para descrever a minha profunda gratidão a todos que mencionei, pelo auxílio e conselhos, em última análise, devo carregar, por minha própria conta, a responsabilidade por quaisquer erros, omissões ou equívocos que possam ter restado no texto.

» Prefácio

Os antigos egípcios e babilônicos os faziam em folhas de papiro e tabuletas de argila; os gregos usavam panos de linho, entalhavam a madeira, tabuletas e mármore e outras pedras. Michelangelo usava pergaminho, detalhando suas obras primas de modo excepcional. Importante desde a Antiguidade, essa ferramenta de desenho e projeto hoje é chamada de desenho técnico ou simplesmente "planta". A cópia heliográfica de algumas décadas atrás, que é basicamente o resultado do processo de cianotipia, também conhecido como o antigo processo de impressão de fotografias monocromáticas que produz cópias em azul ciano, foi desenvolvido pelo astrônomo e fotógrafo britânico Sir John Herschel, em 1842.

Combinado com as novas tecnologias, o desenho técnico evoluiu com o passar dos anos e hoje é gerado em formato eletrônico e impresso em papel sulfite branco. Não importa a denominação dada, o tipo de papel utilizado para a impressão ou o modo de processamento, o desenho técnico basicamente tem uma função e mensagem: faça como indicado.

Mas as questões-chave são: o desenho contém informações corretas e suficientes para que se possa executar o projeto como mostrado? E as pessoas que o executarão têm qualificações suficientes para interpretar as plantas e seguir as instruções? Assim, a responsabilidade recai tanto nos autores como nos leitores dos desenhos técnicos.

Neste livro, *Desenho Técnico para Construção*, Sam Kubba aborda um problema antiquíssimo – a elaboração e o entendimento da mensagem transmitida por um desenho técnico. Os desenhistas técnicos são principalmente pessoas com formação profissional e experiência certificadas nas diversas especialidades de quase todos os setores da construção. Os executores são as pessoas que transformam as informações em realidade. Mesmo que as qualificações do desenhista sejam suficientes, o executor também é uma figura indispensável – enquanto um projeta e desenha, o outro executa, e as duas atividades se fundem em uma criação. Como Kubba explica com alguns detalhes – principalmente para os técnicos da construção civil e os demais trabalhadores desse setor econômico –, há uma preocupação permanente com a melhoria desse processo, que vai da gênese à finalização do projeto e então à execução. É do interesse de todos os envolvidos nesse processo, incluindo as gerações de usuários que se beneficiarão do produto final, que as ideias sejam entendidas, transformadas e aplicadas de modo adequado. Caso contrário, a transformação e aplicação abaixo dos padrões de qualidade desejáveis resultarão em usuários da edificação insatisfeitos.

Ensino, treinamento, abordagem sistemática, comunicação, coordenação, entendimento e conhecimento prático são os elementos cruciais para transformar ideias em realidade. Essa obra aborda tais questões e orienta o leitor ao longo de um plano bem-sucedido de posta em prática.

Guy Collette, Fundador, e Judi Collette, Presidente

Collette Contracting Inc.

Empresa de projeto e construção

Sumário

Introdução 1

capítulo 1 *Normas de desenho técnico* 3

Introdução 4
Tipos mais comuns de impressão 4
Processo heliográfico 4
Copiadoras comuns 5
Processo de fotocópia 5
Reprodução fotográfica 6
Impressões em offset coloridas 7
Projeto assistido por computador (CAD) 7

Normas básicas de desenho e organizações normalizadoras 8
Normas ISO 8
Outras organizações normalizadoras 9

capítulo 2 *Desenhos técnicos e executivos: uma linguagem universal* 11

Introdução 12
Desenho técnico 13
Desenho à mão 13
Letras 15

Projeto assistido por computador (CAD) e desenho e projeto assistidos por computador (CADD) 17
Apresentações em CADD 19
Flexibilidade de edição 20
Unidades e níveis de precisão 20
Arquivamento e recuperação de desenhos 21
Documentação de projetos 21

Tipos de desenho técnico 22
Tipos de desenhos executivos 22
Desenhos do conceito e do partido de arquitetura 22
Desenhos de apresentação 22
Desenhos do projeto executivo 22
Desenhos de fabricação e montagem 23
Detalhes 26
Tipos de desenhos especiais e diversos 28

Selos de prancha 30
Bloco de revisões 33
Escala 34
Zoneamento 34

capítulo 3 *Tipos de linha* 35

Introdução 36
Pesos e tipos de linha 36
Linhas de objeto 37
Linhas tracejadas 38
Linhas de corte 39
Linhas de eixo 39
Linhas auxiliares 40
Linhas de cota 40
Linhas de projeção 43
Linhas de chamada e setas 43
Linhas de plano de corte e de plano de vista 44
Linhas de interrupção de desenho 44
Curvas de nível 46
Linhas de divisa 46

capítulo 4 *Dimensões* 49

Introdução 50
O sistema internacional de unidades 51
Convenções de dimensão 51

O uso de escalímetros 53
Escalímetro de arquitetura 54
Escalímetros métricos 55
Indicação de escala 56

Dimensões lineares 57
Dimensões angulares 60
Dimensões de referência 60
Dimensões nominais e dimensões reais 61
Tolerâncias 63

capítulo 5 *Tipos de vistas* 65

Introdução 66
Desenhos e projeções ortogonais (com vistas múltiplas) 66
Projeção no primeiro diedro 70
Projeção no terceiro diedro 70
Desenhos de vista única 71
Desenhos de duas vistas 74
Desenhos de três vistas 74
A vista frontal 74
A vista superior 76
A vista lateral 76
A representação gráfica tridimensional 76

Símbolos de projeção 76
Plantas oblíquas 77
Vistas auxiliares 78
Projeção axonométrica 80
Perspectiva isométrica e projeção isométrica 81
Comparação entre projeções isométricas e ortogonais 83
Objetivo da perspectiva isométrica 83
Como dimensionar as perspectivas isométricas 84
Projeção dimétrica 87
Projeção trimétrica 88
Limitações das projeções axonométricas 88

Perspectivas 89
Perspectivas cônicas 91
Perspectivas com um ponto de fuga 91
Perspectivas com dois pontos de fuga 94
Perspectivas com três pontos de fuga 96

capítulo 6 *Leiaute de desenhos do projeto executivo 99*

Introdução 100
Desenhos de anteprojeto 100
Desenhos de apresentação 100
Desenhos do projeto executivo 100
Desenhos de fabricação 102
O jogo de desenhos do projeto executivo 102
Licenças e alvarás para edificação 103
Folha de rosto 103

Desenhos de engenharia civil 105
Planta de localização 106
Mapa de loteamento 107
Planta de demolição 108
Mapa topográfico 108
Plantas de redes de esgoto e utilidades públicas 110
Planta de paisagismo e irrigação 111
Desenhos de melhorias no terreno 113

Desenhos de arquitetura 114
Plantas baixas 114
Elevações 115
Cortes 116

Desenhos de estrutura 117
Tipos de fundação 118
Planta de fundações 119
Planta estrutural 121

Desenhos de instalações 122
Desenhos do projeto hidrossanitário 125
Desenhos do projeto elétrico 128
Planta baixa do projeto elétrico 128
Planta de teto 129

Desenhos diversos 131
Marcenaria 131
Detalhes 132
Desenhos de fabricação 135

capítulo 7 *A interpretação de desenhos técnicos na indústria 137*

Introdução 138
Tolerância 138
Filetes e quinas arredondadas 138
Cavilhas e fendas 139
Chavetas e rasgos de chaveta 139
Máquinas de medidas coordenadas 140
Fundição 141
Forjamento 142
Molde 143
Têmpera 143
Broca 143
Broqueamento ou mandrilagem 144

Alargamento 144
Rosqueamento 145
Marcas de acabamento 145

Desenhos industriais 147

Desenhos de mecânica 148

Roscas de parafuso, engrenagens e molas espirais 154

Roscas 154
- *Roscas direitas ou esquerdas 156*
- *Espiral 158*
- *Rosca externa 158*
- *Rosca interna 158*
- *Diâmetros externo e interno 159*
- *Rosca cortada 159*
- *Eixo 159*
- *Crista 159*
- *Raiz 159*
- *Profundidade 159*
- *Passo 159*
- *Avanço 159*

Engrenagens 159
- *Diâmetro do passo 160*
- *Passo diametral 160*
- *Número de dentes 161*
- *Círculo externo 161*
- *Diâmetro externo 161*
- *Passo circular 161*
- *Adendo ou altura da cabeça do dente 161*
- *Dedendo ou pé do dente 161*
- *Passo do dente 161*
- *Diâmetro da raiz 161*
- *Folga do dente 161*
- *Profundidade total 161*
- *Face do dente 161*
- *Espessura 161*
- *Círculo do passo 162*
- *Profundidade de engatamento 162*
- *Cremalheira 162*

Molas espirais ou helicoidais 162

As boas práticas 162

Normas 164

capítulo 8 *O significado dos símbolos 167*

Introdução 168

Símbolos gráficos de arquitetura 170

Símbolos de materiais 170

Símbolos das instalações elétricas 172

Símbolos de tubulações 174

Símbolos das instalações de climatização 176

Símbolos diversos 177

Símbolos para componentes 177
Símbolos dos especialistas 178
Símbolos de indexação 178

capítulo 9 *Como interpretar tabelas 185*

Introdução 186
Tabelas de portas e janelas 188
Tabelas de portas 188
Tabelas de janelas 191

Tabelas de acabamentos 193
Tabelas do projeto de climatização 193
Tabelas de grades e difusores 193
Tabelas das instalações elétricas e de luminárias 194
Tabelas de quadros de força 196
Tabelas e notas diversas 197
Notas 198

capítulo 10 *Como interpretar especificações 201*

Introdução 202
O porquê das especificações 203
Fontes de materiais para elaboração de especificações 203

Tipos de especificações 204
Especificações fechadas 206
Especificações abertas 206

Como organizar o manual de projeto 207
Diretrizes para redação e coordenação de especificações 208

Sistemas automáticos para a elaboração de especificações 210
O problema da responsabilidade técnica 212

capítulo 11 *Códigos de edificações e projetos com acessibilidade universal 213*

Introdução 214
Códigos de edificações atuais 215
Organizações de códigos abrangentes dos Estados Unidos 215
International Code Council 215

Organizações e instituições normalizadoras 217
Elementos e aplicações dos códigos de edificações 218
Tipos de ocupação 219
Classificação segundo o tipo de construção 220
Complementos aos códigos de edificações 220
Classificações de testagem e materiais e acabamentos resistentes ao fogo 221
Rotas de fuga 221
Sistemas hidrossanitários 225
Classificação acústica 225

O projeto acessível e as exigências da ADA 225
Componentes relevantes da ADA 226
Diretrizes de acessibilidade 226
Rotas acessíveis 228
Portas 228
Aparelhos sanitários e banheiros públicos 228
Escadas e rampas 230
Superfícies de piso e pisos texturizados 232
Telefones públicos 232
Objetos protuberantes 233

Sinais e alarmes 233
Elevadores e suas cabinas 234

capítulo 12 A construção civil na atualidade 237

Introdução **238**
Como preparar um plano de negócios e uma estratégia de negócios **238**
O sumário executivo   239
Descrição da empresa, visão e missão   239
Administração   239
O mercado e os serviços oferecidos   240
O plano de negócios bem-sucedido   240
O plano financeiro   240
Os fatores que contribuem para o sucesso   241

Investimento inicial e capitalização **242**
Estimativa do investimento inicial   243
Empregados e formulários que devem ser preenchidos   244
Utilidades públicas   244
Relatório de despesas   244
Equipamentos e móveis de escritório   244
Serviços de telefonia e acesso à Internet   245
Fornecedores e prestadores de serviço   245
Arquivamento de documentos fiscais e contabilidade   245
Questões diversas a considerar   245

Formulários, tributos, licenças, permissões e seguros **246**
Nome e natureza jurídica da empresa   246
Licenças e permissões   247
Planejamento tributário   247
Seguros   248
Conta bancária   248

Como criar uma imagem profissional **248**
Desenvolva uma identidade empresarial   249
Publicidade e propaganda   249
Faça atividades de marketing   249
Gerencie bem seu tempo   249

Como divulgar seus serviços **249**
Correspondência   250
Autoconfiança   251
Reuniões   251

Identifique e vá atrás de possíveis contatos **252**
Propostas, contratos e pagamentos **252**
A Internet, seu site e a criação de uma imagem para sua empresa **253**
Emails 254
O Site 254
Planeje sua abordagem 254
Os componentes e detalhes do site 256

apêndice 1 Glossário 259

apêndice 2 Conversão de medidas 281

Índice 289

» Introdução

No setor da construção, o termo "plantas" geralmente se refere a vários desenhos, como a planta de fundações, as plantas baixas, as elevações, os cortes, as plantas de instalações elétricas e hidrossanitárias, os detalhes, etc., que são reunidos em um conjunto organizado de desenhos técnicos, de modo a transmitir a maior quantidade possível de informação sobre um projeto que possa ser colocada no papel em perspectiva uni ou bidimensional. O conjunto (ou "jogo") completo de desenhos representa uma descrição gráfica de um projeto de construção preparado por um arquiteto ou projetista e/ou por um engenheiro.

A leitura de um desenho técnico, portanto, consiste basicamente em encontrar e interpretar as informações contidas nas plantas. A informação é apresentada na forma de linhas, tabelas, símbolos e notas explicativas. À primeira vista, há uma enormidade de informações que pode parecer intimidante. Este livro inovador explica com clareza como os desenhos técnicos e de execução são utilizados para executar uma obra ou produzir uma peça. Ele oferece uma visão global sobre os conteúdos básicos do desenho técnico de construção e abrange a sequência de execução padrão, incluindo terraplenagem, fundações, sistemas estruturais e arquitetura de interior e acabamentos. Um jogo típico de plantas para um projeto de construção geralmente inclui diversos tipos de desenho para que o projeto seja concluído. Os usuários de desenhos técnicos devem ser capazes de interpretar as informações nos desenhos e comunicá-las a outros.

Este manual abrange e explica o uso de linhas, dimensões, notas explicativas, especificações, símbolos, exigências dos códigos de edificações, tipos de desenho de construção e métodos de organização gráfica, incluindo o CAD. Com uma cobertura ampla, o livro fornece informações atualizadas, dando conta dos avanços mais recentes da indústria da construção e permitindo que os leitores aprimorem sua capacidade de comunicação ao lidar com as informações que estão nos desenhos técnicos. Ele introduz conceitos essenciais para um entendimento básico e inicial sobre construções residenciais e de pequeno porte, da mesma forma que fornece experiência prática para a leitura de desenhos técnicos de arquitetura. Ele tem a intenção de servir como um livro-texto valioso e um manual de referência para profissionais da construção civil, assim como para estudantes interessados em desenho técnico, projeto de arquitetura, projeto de moradias, construção, além daqueles profissionais que devem ser capazes de ler e interpretar as informações em desenhos técnicos.

Atualizado com base nas últimas versões das normas ANSI, ISO e ASME, este manual auxilia os profissionais a desenvolver habilidades de leitura e interpretação de desenhos técnicos de arquitetura e industriais, além de capacitá-los na preparação de detalhes simples. Foi escrito para ser um livro-texto e de consulta interativo, que fornece princípios básicos, conceitos, símbolos e padrões de desenho técnico do Sistema Internacional de Unidades (sistema métrico), terminologia, apontamentos do processo de produção e outras informações técnicas contidos em desenhos mecânicos ou feitos em CAD.

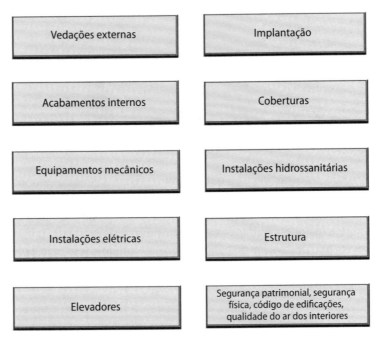

Figura I.1 Alguns exemplos das inúmeras instalações, sistemas prediais e outras questões que envolvem o uso de desenhos técnicos para o desenvolvimento e a execução de um projeto de arquitetura.

Nada é mais essencial na indústria de construção do que a capacidade de ler desenhos técnicos, e é exatamente isso que este manual de referência se propõe a ensinar. Incluindo uma grande quantidade de áreas do setor da construção civil, ele dá acesso a todas as informações indispensáveis para instaladores hidráulicos, marceneiros, carpinteiros, eletricistas, entre outros. Os leitores aprenderão como interpretar desenhos técnicos, cortes, elevações, notas explicativas, plantas de localização e situação, plantas de arquitetura, plantas estruturais, plantas de climatização, plantas de instalações elétricas e hidrossanitárias, e muito mais. Também foi incluído um amplo glossário de termos e abreviações.

O manual foi escrito em um estilo acessível e informal, sem presumir conhecimentos prévios do leitor. Busca servir como um livro básico atraente dirigido aos inúmeros programas de ensino das áreas de arquitetura e construção espalhados pelo país. Foi estruturado para se tornar o texto definitivo sobre o assunto. É um livro singular que apresenta todos os tópicos indispensáveis para compreender os desenhos técnicos de construção e entrar na profissão de construtor.

O autor é arquiteto e construtor com mais de 30 anos de experiência em todos os aspectos de projeto e construção. Ainda que nenhum manual possa, por si só, fornecer tudo que você precisa saber no que concerne a leitura e interpretação de desenhos técnicos, acredito que este livro proporciona a melhor introdução e fonte de informações sobre o assunto disponível neste momento. Ele apresenta um procedimento padrão e uma metodologia desenvolvida ao longo de anos de experiência de campo que se mostrou eficiente.

Sam A. A. Kubba, Ph.D.

» capítulo 1

Normas de desenho técnico

Além das normas de desenhos técnicos, este primeiro capítulo traz as formas de desenhos ao longo dos tempos. Você vai conhecer os diversos tipos de impressão: desde as cópias heliográficas tradicionais utilizadas a partir da década de 1940 até as grandes mudanças que o projeto assistido por computador (CAD) trouxe para o desenho técnico e o seu aperfeiçoamento.

Objetivos deste capítulo

» Sintetizar as formas de desenhos ao longo da história.
» Reconhecer os diversos tipos de impressão e elaboração de desenhos.
» Identificar as normas básicas de desenhos, bem como as principais organizações normalizadoras.

❯❯ Introdução

Um desenho técnico geralmente é impresso em papel e representa o desenho de um objeto ou um projeto de máquina, equipamento ou obra de arquitetura ou engenharia. O termo "planta" costuma ser utilizado para qualquer desenho técnico detalhado de uma edificação ou objeto. Há milhares de anos os desenhos técnicos têm sido uma linguagem universal por meio da qual as informações de projeto e construção são transmitidas ao construtor, engenheiro, operário, projetista e outros envolvidos. Assim, a leitura dos desenhos técnicos se refere ao processo de interpretação de um desenho de projeto – uma imagem mental precisa do artefato concluído poderá ser feita com base nas informações oferecidas.

Há algumas décadas, no período inicial das cópias heliográficas, os desenhos tinham fundo azulado com linhas brancas (o resultado do processo de impressão então empregado), mas as melhorias subsequentes no processo passaram a envolver o uso de amônia e de papéis revestidos que reagiam à luz. Mais tarde, o processo com amônia foi eliminado e passaram a ser empregadas páginas brancas com linhas pretas ou azuis. Atualmente, com o uso do computador (CAD), já não são empregadas cópias heliográficas e os desenhos técnicos ou plantas costumam ser impressos com impressoras modernas (plotadoras) em papel sulfite. Os desenhos técnicos muitas vezes também são chamados simplesmente de "desenhos" ou "plantas".

Um desenho técnico é uma representação muito precisa de algo que deve ser construído. Evidentemente, eles são feitos em tamanhos muito menores do que as edificações ou os objetos propostos, ainda que sejam exatos e detalhados. Cada linha de um desenho de construção (também chamado de desenho de execução ou projeto executivo, na arquitetura e engenharia) deve ser cuidadosamente pensada e traçada. A relação entre uma linha e outra indica uma distância.

Os desenhos técnicos são formas cruciais de comunicação que transmitem um grande número de informações. Se suas impressões não são suficientemente claras para serem lidas e utilizadas, você deve aprimorá-las antes de imprimir novamente ou refazê-las. Caso contrário, você terá sérios problemas ao longo do projeto. Use sua sensibilidade e seja crítico.

Os desenhos técnicos têm pouco valor se não podem ser reproduzidos satisfatoriamente. Jogos completos de pranchas precisam ser apresentados para secretarias municipais de obras (para aprovação), bem como para orçamentistas, construtores, empreiteiros e outros envolvidos na construção da edificação proposta. Um conjunto de plantas costuma ser disponibilizado para cada profissional. Há vários métodos de impressão; eles serão discutidos a seguir.

❯❯ Tipos mais comuns de impressão

Como mencionamos, no século XX, os desenhos técnicos costumavam ser impressos em um papel com fundo azul, com linhas em branco (Figura 1.1). Esse método foi praticamente abandonado nas últimas décadas e substituído por métodos de impressão mais baratos e por monitores digitais. Hoje, mais de 95% das empresas de arquitetura e engenharia usam programas de desenho assistido por computador (CAD) e imprimem suas cópias em grandes impressoras (plotadoras). Os métodos mais comuns de reprodução de desenhos técnicos são:

❯❯ Processo heliográfico

No início da década de 1940, as cópias feitas com o processo de cianotipia passaram a ser substituídas por cópias heliográficas, que têm linhas azuis sobre um fundo branco. Esse processo é um

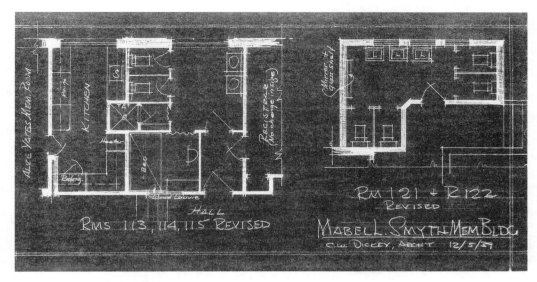

Figura 1.1 Ilustração de uma cópia heliográfica tradicional.

método de baixo custo para a produção de cópias por meio do uso de qualquer tipo de papel translúcido. Ele resulta de um processo de impressão com luz ultravioleta, que passa através de um desenho original, deixando exposta uma folha de papel revestida com produtos químicos, a qual é inserida por baixo. Como a luz não passa através das linhas do desenho, o revestimento químico sob as linhas permanece sem exposição. O material impresso é então exposto ao vapor de amônia, que reage com o revestimento químico remanescente, produzindo as linhas azuis. As cópias heliográficas também podem ser produzidas com linhas de cor preta ou sépia.

Embora os métodos modernos tenham feito com que outras técnicas substituíssem as cópias heliográficas tradicionais, algumas empresas continuam utilizando o processo antigo. Na maioria dos casos, contudo, as cópias heliográficas (que não eram poluentes) foram substituídas por processos de cópias xerográficas similares às fotocopiadoras comuns, que usam *toner* e papel sulfite.

» Copiadoras comuns

Esse processo usa máquinas com papel sulfite comum. Por isso, as impressões podem ser feitas a partir de originais opacos, enquanto as cópias heliográficas exigem originais translúcidos. As copiadoras comuns são utilizadas principalmente em escritórios nos quais serão necessárias alterações durante as etapas de desenvolvimento dos projetos ou quando os originais precisam ser feitos em papel manteiga ou vegetal, que permitem impressões em grande volume feitas com o processo heliográfico. O método é especialmente útil para plotagem em papel sulfite de projetos feitos com CAD (Figura 1.2). Essas copiadoras comuns também são boas para fazer cópias de originais envelhecidos usando papel vegetal ou manteiga. Algumas copiadoras também permitem a ampliação ou redução do tamanho do desenho original.

» Processo de fotocópia

O processo de fotocópia está se tornando cada vez mais corriqueiro na prática de engenharia e arquitetura. Por meio desse método, uma imagem fotográfica do desenho original é utilizada para a produção do número de cópias necessário, de modo similar ao feito pelas máquinas Xerox e outras

Figura 1.2 Plotador HP Designjet T610, para a impressão de projetos feitos em CAD e GIS. Cortesia de Hewlett-Packard Development Company, L.P.

copiadoras. Esse tipo de copiadora apresenta a vantagem extra de fazer reduções ou ampliações do desenho original. Essas copiadoras na verdade são muito similares àquelas encontradas nos escritórios tradicionais. A principal diferença é a capacidade de copiar grandes desenhos. A crescente popularidade dessas máquinas se deve principalmente ao uso de papel sulfite comum, que não exige a aplicação de produtos químicos e evita os possíveis danos à saúde provocados pela amônia.

» Reprodução fotográfica

Há vários tipos de reprodução fotográfica disponíveis, oferecendo maior precisão e detalhamento e facilitando a leitura, correção e reimpressão das cópias. Podem ser feitas cópias fotostáticas de um desenho original por meio do uso de uma câmera fotográfica grande e especial, que faz ampliações ou reduções do trabalho original. Esse processo de impressão direta produz um negativo com linhas brancas sobre fundo escuro. Estão disponíveis vários métodos de reprodução de alta qualidade, como a microfilmagem, usando um negativo de filme feito do desenho original. As impressões projetadas de um negativo de fotografia podem ser reproduzidas em papel fosco, papel brilhante, papel manteiga e papel vegetal. Essas impressões de altíssima qualidade podem ser ampliadas ou reduzidas em escala, de modo preciso, e são muito duradouras.

Para microfilmar um desenho, devemos primeiramente converter o desenho original em um quadro microfilmado, usando uma câmera especial de processamento de microfilmes instalada em uma estrutura sobre uma plataforma. A câmera reduz o desenho, a fim de que ele caiba dentro da área do microfilme; a redução costuma ser controlada por meio da variação da altura da câmera em relação ao desenho. Após a revelação do filme, o negativo geralmente é instalado em uma abertura de tamanho padronizado ou um cartão de dados, e é sistematicamente arquivado para consulta futura. Uma leitora-impressora com a capacidade de ampliar microfilmes acoplada a uma tela normalmente é empregada para a consulta de imagens e a reprodução de cópias impressas de vários tamanhos, tendo como base o negativo. A microfilmagem também é um excelente meio para a armazenagem de desenhos, o que elimina a necessidade de guardar as volumosas plantas originais (Figura 1.3).

Figura 1.3 A armazenagem de cópias heliográficas e outras plantas pode ser problemática e ocupar muito espaço.

» Impressões em offset coloridas

Às vezes as cópias são feitas em várias cores (geralmente azul e vermelho), por meio da impressão em offset. Os desenhos originais costumam ser feitos em escalas e tamanhos menores, para maiores economias. Várias cores são utilizadas para ressaltar uma reforma ou ampliação de um prédio existente ou para mostrar instalações mecânicas ou elétricas complexas em novos projetos. A principal vantagem do uso das cores é facilitar a leitura dos desenhos, o que resulta em um número de erros menor, bem como em menos tempo para sua interpretação.

Mais recentemente, os desenhos e projetos criados com o uso de técnicas de CAD passaram a ser transmitidos, na forma de arquivos digitais, diretamente a uma impressora de computador ou a um plotador. Em alguns casos se consegue evitar completamente o uso de papel e a análise é feita diretamente nos monitores digitais.

» Projeto assistido por computador (CAD)

O projeto assistido por computador (CAD) trouxe inovações no campo dos projetos de arquitetura e engenharia e é discutido em detalhes no Capítulo 2. O CAD é utilizado para desenhar, desenvolver e aperfeiçoar o processo, criando um desenho executivo gerado por computador que é limpo e claro e tem dimensões exatas, de acordo com as indicadas. O CAD tem se mostrado uma tecnologia extremamente valiosa e com ótimas vantagens, como custos inferiores de desenvolvimento de produtos, processamento mais rápido e ciclo de projeto e desenho bastante abreviado. Ele é uma tecnologia que permite ao profissional focar a atividade de projeto, em vez de perder tempo buscando e redesenhando velhos documentos.

Os desenhos em CAD podem ser gerados a partir da maioria dos formatos, inclusive com base em desenhos feitos à mão, arquivos "tiff" ou qualquer outro tipo de arquivo de imagens que possa ser convertido em um arquivo ".dwg", com o uso de AutoCAD ou outro programa de CAD.

Tabela 1.1 Tamanhos de folhas de desenho padronizados recomendados pelo ANSI (American National Standards Institute)

ENGENHARIA – ESTADOS UNIDOS	DIMENSÕES (polegadas)	DIMENSÕES (mm)
ANSI A	8,5 × 11	215,9 × 279,4
ANSI B	11 × 17	279,4 × 431,8
ANSI C	17 × 22	431,8 × 558,8
ANSI D	22 × 34	558,8 × 863,6
ANSI E	34 × 44	863,6 × 1117,6
ARQUITETURA – ESTADOS UNIDOS	**DIMENSÕES (polegadas)**	**DIMENSÕES (mm)**
ARCH A	9 × 12	228,6 × 304,8
ARCH B	12 × 18	304,8 × 457,2
ARCH C	18 × 24	457,2 × 609,6
ARCH D	24 × 36	609,6 × 914,4
ARCH E	36 × 48	914,4 × 1219,2
DIVERSAS	**DIMENSÕES (polegadas)**	**DIMENSÕES (mm)**
CARTA	8,5 × 11	215,9 × 279,4
LEGAL	8,5 × 14	215,9 × 355,6
GOVERNO DOS ESTADOS UNIDOS	8 × 11	203,2 × 279,4
EXTRATO	5 × 8,5	139,7 × 215,9

» *Normas básicas de desenho e organizações normalizadoras*

Nos Estados Unidos, o American National Standards Institute (ANSI) e a Organização Internacional para Padronização (ISO) têm adotado normas de desenho que são de adesão voluntária, mas generalizada no mundo inteiro.* Essas normas incorporam e complementam outras normas de arquitetura e engenharia desenvolvidas e aceitas por organizações profissionais, como o American Institute of Architects (AIA) e a American Society of Mechanical Engineers (ASME). Algumas empresas de grande porte têm suas próprias normas, adequadas às suas necessidades.

» Normas ISO

No Brasil, nos países europeus e em muitos outros países, são empregados os padrões da ISO, que utilizam o Sistema Internacional de Unidades (o "sistema métrico" – Figura 1.4). A ISO define um conjunto de formatos no sistema métrico para o desenho técnico. Por exemplo, a série de formatos de papel é baseada em uma razão constante entre largura e comprimento de 1:$\sqrt{2}$. Assim, cada formato subsequentemente menor tem exatamente a metade da área do formato anterior, de modo que se cortarmos uma folha A0 pela metade teremos duas folhas A1; se cortarmos esta pela metade, teremos duas folhas A2, e assim por diante. Na Figura 1.4, o formato A0 é definido como tendo uma área de um metro quadrado. Isso possibilita que as espessuras de papel possam ser expressas por meio de seus pesos, ou seja, em gramas por metro quadrado.

A razão de 1:$\sqrt{2}$ é especialmente importante para a redução em microfilmes e a redução e ampliação em fotocopiadoras. Os equipamentos métricos, incluindo câmeras de microfilmagem, impressoras de microfilmes, fotocopiadoras e as penas de desenho são desenvolvidos

---

* N. de T.: No Brasil, temos a Associação Brasileira de Normas Técnicas (ABNT), e as principais normas técnicas para o desenho de arquitetura são a NBR 6492/94 (representação de projetos), a NBR 8196/99 (emprego de escalas), a NBR 8403/84 (tipos e larguras de linhas), a NBR 10068/87 (leiaute e dimensões das folhas de desenho) e NBR 13142/99 (dobramento e cópia das folhas).

com base nessa razão. Isso simplifica o processo de arquivamento, redimensionamento e modificação de desenhos.

Assim como os formatos de folhas da série A da ISO, os tamanhos de penas de desenho aumentam em um fator de dois, possibilitando acréscimos e correções nas ampliações ou reduções dos desenhos. A cada espessura de pena é atribuída uma cor. Esse código de cores corresponde àquele dos estênceis de letras. As espessuras de pena e os códigos de cor são padronizados e utilizados por todos os fabricantes de materiais.

» Outras organizações normalizadoras

Como mencionamos, o ANSI e a ISO são as duas principais entidades internacionais que estabelecem as normas de desenho técnico. Contudo, há outras organizações que têm desenvolvido padrões complementares. Assim como a ANSI, a American Society of Mechanical Engineers (ASME) tem formatos de pranchas de desenho padronizados que são designados por letras e publicados em MIL-STD-100A. A ASME também publicou a norma ASME Y14.5M-1994 Dimensioning and Tolerancing. Entre as outras várias organizações normalizadoras temos o American Institute of Architects (AIA), a Canadian Standards Association (CSA) e a American Welding Society (AWS). Além disso, alguns grandes escritórios de projeto têm adotado suas próprias normas, de acordo com suas necessidades específicas. Em última análise, os formatos de prancha que você usa são determinados pelas necessidades de seu empregador ou cliente, bem como suas necessidades de organizar de modo econômico as informações necessárias.

» **NO SITE**
Visite o ambiente virtual de aprendizagem Tekne (**www.bookman.com.br/ tekne**) e tenha acesso a atividades para reforçar o seu aprendizado.

capítulo 2

Desenhos técnicos e executivos: uma linguagem universal

O objetivo deste capítulo é auxiliá-lo no processo de leitura de um desenho técnico, fornecendo a sequência dos passos para que a leitura seja feita adequadamente. Os instrumentos utilizados para desenhos feitos à mão e a importância da clareza nas letras escolhidas também são assuntos abordados neste capítulo. Além disso, exploramos em detalhes as vantagens e os recursos possíveis quando entra em cena o desenho assistido por computador e o desenho e projeto assistidos por computador (CAD e CADD).

Objetivos deste capítulo

» Interpretar os passos de leitura de um desenho técnico.
» Reconhecer e comparar os diferentes tipos de letras utilizados em desenhos técnicos.
» Resumir os diferentes tipos de desenhos de projetos executivos e reconhecer seus componentes.

>> Introdução

Há não muito tempo, algumas previsões diziam que, até o início do século XXI, os desenhos técnicos impressos já teriam se tornado obsoletos e não seriam mais utilizados em canteiros de obras. Também sugeria-se que todas as informações relativas à construção seriam lidas diretamente na tela do computador, e não mais em desenhos impressos. Isso não apenas representaria maior eficiência, como economizaria uma tremenda quantidade de papel. Tais previsões não se materializaram. Ainda que plantas sejam regularmente visualizadas em telas de computadores e enviadas por meio deles, desenhos técnicos em papel continuam sendo o formato preferido em canteiros de obras. Em muitas partes do mundo, o esboço feito à mão e os desenhos técnicos ainda são a regra.

A leitura de desenhos técnicos consiste essencialmente na busca de informações em um projeto. A informação pode estar disposta em um desenho na forma de linhas, apontamentos, símbolos e tabelas. Normalmente, os itens estão localizados na legenda da prancha ou na área do desenho (por exemplo, em qualquer lugar do desenho fora do selo de prancha). Você deve ter em mente que os desenhos técnicos em geral vêm em jogos (conjuntos). Um jogo de plantas para um projeto de residência familiar pode conter um número pequeno de pranchas. Por outro lado, em um projeto de grande porte, um jogo completo de desenhos pode conter inúmeras pranchas para cada disciplina (por exemplo, arquitetura, estrutura, eletricidade, mecânica, hidráulica, etc.).

O processo e a sequência gerais para a leitura de desenhos técnicos podem ser resumidos assim:

1. Verifique se o jogo de desenhos e especificações está completo. Da mesma forma, verifique se os documentos que você tem em mãos estão atualizados.
2. Comece examinando a planta de situação ou localização, para melhor compreender a implantação do prédio e a topografia geral.
3. Passe os olhos pelos desenhos de arquitetura para ter uma boa ideia geral do projeto. Da legenda da prancha (o selo), extraia qualquer informação geral pertinente ao projeto que possa ser indispensável (nome de quem elaborou o projeto, nome do cliente, título do projeto, número do desenho, etc.). Veja se há características incomuns ou complicadas que possam afetar a forma como a edificação é construída. Em especial, revise as elevações e cortes e os materiais utilizados.
4. Examine a planta de fundações e leia as notas gerais a fim de obter uma melhor compreensão das especificações da construção, além de outras informações relevantes para o projeto. Consulte, também, detalhes relevantes de construção.
5. Revise a técnica de construção das paredes e os materiais e métodos utilizados. Estude, ainda, os detalhes que mostram como a estrutura será assentada sobre as fundações projetadas e, caso haja alguma, quais paredes serão portantes e quais não serão.
6. Examine os desenhos hidráulicos, mecânicos e elétricos.
7. Verifique todas as notas existentes nessas plantas para checar se houve alguma revisão. Verifique se os códigos de edificação foram levados em conta. Certifique-se de que os apontamentos nos desenhos são claros e não possuem ambiguidades.
8. Revise as especificações e compare-as com os desenhos. (As especificações normalmente têm prioridade sobre os desenhos.) Se há alguma discrepância, o arquiteto ou engenheiro que elaborou o desenho deve ser notificado.

» Desenho técnico

O desenho técnico é a atividade de criação de representações precisas de objetos para uso na área de arquitetura ou engenharia. Aquele que pratica a atividade é conhecido como desenhista técnico. Hoje, a tarefa de desenhar mudou consideravelmente devido ao uso de programas de CAD. Ainda assim, seja o desenho feito à mão ou com o auxílio do computador, o importante é que ele seja reproduzível.

» Desenho à mão

O procedimento básico para desenhar consiste em colocar uma folha de papel (ou de outro material) sobre uma superfície lisa com quinas em ângulo reto e bordas retas – uma típica mesa de desenho. Uma régua paralela, geralmente conhecida como régua T, é então posicionada em um dos lados, tornando possível que ela corra pela lateral da mesa e sobre a superfície do papel (Figura 2.1). Linhas paralelas podem ser desenhadas com o simples deslocamento da régua T e o traço a lápis ou caneta ao longo da mesma. A régua T também é utilizada como suporte para outras ferramentas, como esquadros fixos ou reguláveis. Para isso, o desenhista coloca um ou mais esquadros de ângulos conhecidos junto à régua (a qual se encontra em ângulo reto com a borda da mesa) e traça linhas na folha de acordo com os ângulos desejados. Mesas de desenho modernas (que nos Estados Unidos estão sendo rapidamente substituídas por estações equipadas com CAD) vêm equipadas com uma régua paralela que é encaixada em ambas as laterais da mesa, de modo que corra sobre o papel. Uma vez que a régua fica presa nos dois lados, as linhas traçadas ao longo da régua são paralelas.

O desenhista técnico conta também com outras ferramentas que podem ser utilizadas para desenhar curvas e círculos, como compassos (usados para desenhar arcos simples e círculos) e curvas francesas (que normalmente consistem em um pedaço de plástico com curvas complexas). Outra ferramenta é o jacaré, que consiste em um pedaço de metal flexível coberto por borracha e pode ser moldado manualmente no formato de curva desejado. A Figura 2.2 é uma ilustração de alguns dos gabaritos e instrumentos utilizados no desenho técnico à mão.

Figura 2.1 Desenhista utilizando uma típica mesa de desenho, a régua T e outros instrumentos. Fonte: Muller, Edward J. et al.: Architectural Drawing and Light Construction, 5th ed., Englewood Cliffs: Prentice Hall, 1999.

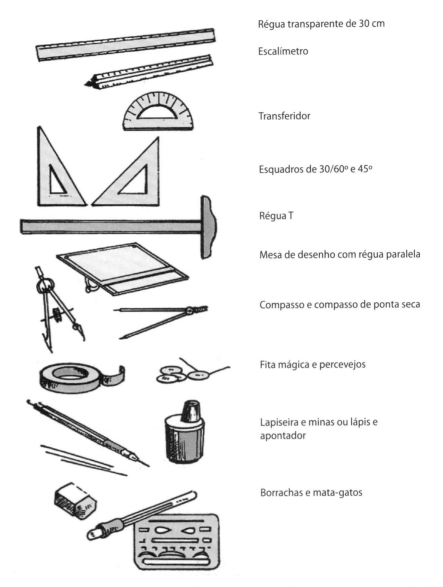

Figura 2.2 Alguns dos instrumentos, acessórios e materiais utilizados no desenho à mão. Fonte: Montague, John: Basic Perspective Drawing: A Visual Approach, 3rd ed., Nova York: John Wiley and Sons, 1998.

Os gabaritos possibilitam que o desenhista recrie, de forma consistente, objetos que se repetem em um desenho, sem ter que partir do zero toda vez que for reproduzi-los. Isso é especialmente útil quando se utiliza símbolos comuns: por exemplo, no contexto de um projeto de iluminação de palco nos Estados Unidos, o profissional responsável pelo desenho da iluminação provavelmente usará a biblioteca de símbolos de acessórios de iluminação do United States Institute for Theatre Technology (USITT) para indicar uma entre as diferentes posições possíveis de um acessório comum. Gabaritos podem geralmente ser comprados no comércio, sendo comum encontrar gabaritos para projetos específicos. Não é raro, contudo, encontrar desenhistas técnicos que criam seus próprios gabaritos.

Esse sistema básico de desenho requer uma mesa estável. Além disso, deve ser dada uma atenção especial ao posicionamento das ferramentas. Um erro comum consiste em deixar os esquadros se sobreporem, movendo suavemente a régua T, o que ocasiona a perda das relações entre os ângulos. Mesmo tarefas simples, como desenhar duas linhas que se encontram em determinado ponto formando um ângulo, requerem um número considerável de movimentos da régua T e dos esquadros. Em geral, o desenho técnico é um processo muito trabalhoso.

Uma solução para esses problemas foi a introdução da chamada máquina de desenho mecânico, uma aplicação do pantógrafo que permitiu ao desenhista fazer um ângulo reto preciso em qualquer parte da folha com razoável rapidez. Essas máquinas muitas vezes incluíam também a possibilidade de alterar o ângulo, o que tornava dispensável o uso de esquadros.

Além do domínio completo dos mecanismos indispensáveis para desenhar linhas, círculos e textos no papel (com respeito ao detalhamento de objetos físicos), a tarefa de desenhar também requer entendimento e proficiência em relação à geometria, trigonometria e orientação espacial e, acima de tudo, altos padrões de precisão e atenção ao detalhe.

» Letras

Letras são utilizadas em desenhos executivos como maneira de fornecer informações escritas. Um esboço ou desenho executivo sem letras raramente é capaz de comunicar de forma adequada a descrição de um objeto. Quase sempre é necessário fornecer informações adicionais, como rótulos, notas e cotas, de forma a tornar claro o tamanho, tipo de material e localização de um componente. Desenhos são, portanto, um meio de transmitir informações a outros, e o texto geralmente é um dos principais meios de transmissão de informação sob a forma de notas, títulos, cotas, etc. As letras devem enriquecer um desenho, tornando-o fácil de interpretar e prazeroso ao olhar; não podem desmerecer o desenho, nem ser ilegíveis ou pequenas demais. Legibilidade e consistência são ingredientes essenciais para o uso adequado das letras. Na arquitetura, as letras em geral são utilizadas apenas em caixa-alta; também costuma-se fazer uso de abreviações para economizar espaço e tempo. Quando necessário, notas específicas podem ser colocadas próximas ao item a ser identificado ou podem conectar-se a ele por meio de linhas de chamada.

Ainda que a maior parte das letras em desenhos executivos hoje seja gerada por computador, a habilidade de traçar letras à mão livre agrega estilo e individualidade ao trabalho do desenhista. E, em qualquer estilo de letras, é importante haver uniformidade. Isso se aplica à altura, proporção, espessura das linhas, ao espaçamento das letras e das palavras. As letras devem ser espaçadas por meio da uniformização visual das áreas de fundo entre elas, e não medindo diretamente a distância entre as extremidades de cada letra (Figura 2.3). O uso de linhas de referência horizontais leves (com o auxílio de um grafite duro, como o 4H) é indicado para praticar o controle da altura das letras. Da mesma forma, linhas de referência verticais ou inclinadas traçadas com leveza servem para manter uma distribuição uniforme das letras. As palavras devem ser espaçadas de forma que fiquem bem separadas; ao mesmo tempo, as letras devem permanecer próximas no que tange ao espaçamento no interior das palavras.

Uma rápida observação dos diferentes alfabetos e fontes em uso hoje mostra claramente que a grande maioria deles se encaixa em uma das quatro classificações básicas, como destacado na Figura 2.4:

- Letras romanas: Aperfeiçoado pelos gregos e romanos e, posteriormente, modernizado no século XVIII, o alfabeto romano apresenta enorme graça e nobreza e é considerado por muitos a mais elegante família de fontes.
- Letras góticas: Esse alfabeto é a base da qual evoluíram as letras técnicas feitas com apenas um traço. É o principal estilo utilizado pela maioria dos desenhistas. Estilo de fácil leitura e

Figura 2.3 Exemplos de algumas das fontes mais populares utilizadas hoje.

Figura 2.4 A maioria dos alfabetos em uso pode ser classificada em quatro categorias básicas: romanos, góticos, cursivos e de pergaminho.

execução simples, encontra-se em uso há muitos anos como uma fonte comercial e em letra de forma. Sua principal característica é a uniformidade de espessura em todos os traçados. Modificações dessa letra incluem os tipos em itálico, angulares, redondos, em negrito, finos e com serifa.

- Letras cursivas: Esses alfabetos se assemelham à escrita à mão livre. Letras em caixa-baixa são interconectadas quando ocorrem dentro de palavras ou no início de frases. O característico traçado livre confere delicadeza e temperamento pessoal às letras cursivas, as quais não são consideradas apropriadas para o uso generalizado no desenho técnico.
- Letras de pergaminho (também conhecidas como Old English): Originalmente utilizado por monges europeus para copiar manuscritos religiosos, esse alfabeto caracteriza-se pelos traços de espessura variável, uma vez que era empregada uma pena de escrever com ponta achatada. Ele é raramente empregado em trabalhos modernos e não é considerado adequado para desenhos técnicos, pois é difícil para escrever e ler.

Todas as fontes supracitadas podem ser elaboradas em itálico (que tem por características ser inclinado, fino e curvo). O caráter da fonte deve ser sempre apropriado ao desenho que está sendo apresentado. Atualmente, há um conjunto extenso de fontes elegantes dispostas em folhas que permitem transferência a seco, sendo sensíveis à pressão; além disso, há a tipografia computadorizada.

» *Projeto assistido por computador (CAD) e desenho e projeto assistidos por computador (CADD)*

A passagem do desenho manual para o desenho e projeto assistidos por computador foi um passo importante em termos do potencial da tecnologia atual. CAD originalmente significou desenho assistido por computador por conta de seu emprego original como um substituto para o desenho tradicional. Agora ele em geral se refere ao projeto assistido por computador, refletindo assim o fato de que as modernas ferramentas de CAD realizam mais do que apenas o desenho (Figuras 2.5A e B). Outros acrônimos são: CADD, que significa desenho e projeto assistidos por computador; CAID, projeto industrial assistido por computador; e CAAD, projeto de arquitetura assistido por computador. Todos esses termos são essencialmente sinônimos, mas há algumas diferenças sutis de significado e aplicação. Fabricação assistida por computador (CAM) também costuma ser utilizada de maneira similar ou como uma combinação (CAD/CAM).

Quando fazemos uso de desenho e projeto assistidos por computador (CADD), surgem determinadas questões que muitas vezes são ignoradas quando trabalhamos na mesa de desenho. Mesmo que com o CAD ou CADD não utilizemos as ferramentas típicas do desenho manual, ainda assim estamos projetando ou desenhando.

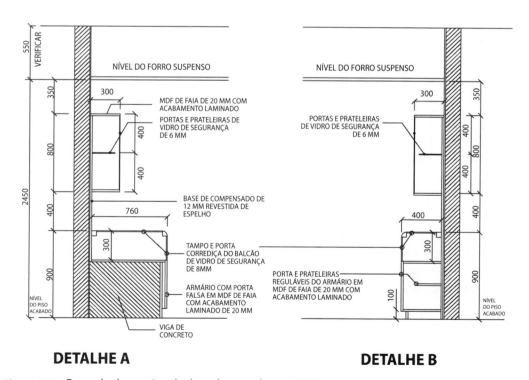

Figura 2.5A Exemplo de um tipo de desenho gerado por CADD.

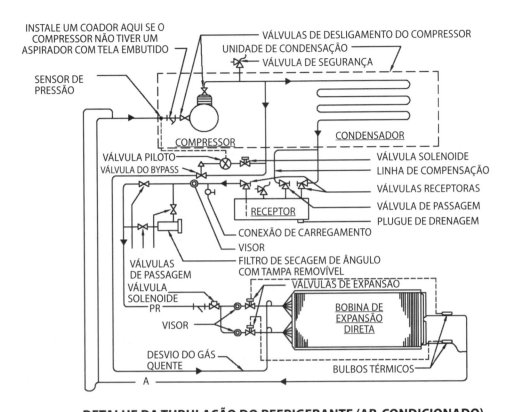

DETALHE DA TUBULAÇÃO DO REFRIGERANTE (AR-CONDICIONADO)

Figura 2.5B Exemplo de um tipo de desenho gerado por CADD.

O CADD é uma ferramenta eletrônica que possibilita a rápida criação de desenhos com o auxílio do computador. De fato, um desenhista experiente no uso do computador normalmente consegue elaborar o desenho de uma construção em menos tempo do que se o fizesse manualmente. Além disso, ao contrário dos métodos tradicionais de desenho feito em uma mesa de desenho, com sistemas de CADD podem ser criados desenhos profissionais por meio do uso de um mouse e um teclado. Além disso, os desenhos criados em CADD possuem muitas vantagens em relação aos produzidos de maneira tradicional. Além de serem limpos e precisos e possuírem uma ótima apresentação, eles podem ser facilmente modificados e convertidos para uma variedade de formatos. Ainda por cima, os desenhos gerados no CADD podem ser salvos em um computador, pen-drive, CD ou HD externo, em vez de usar folhas de papel manteiga ou vegetal, que requerem o uso de armários para estocagem.

Há uma década, o CADD era muito utilizado para aplicações específicas de engenharia que necessitavam de alta precisão. Uma vez que os custos de produção atrelados ao uso do CADD eram muito altos, poucos eram os profissionais que podiam bancá-lo. Recentemente, no entanto, os preços dos computadores têm caído de forma significativa, possibilitando aos profissionais tirarem cada vez mais proveito disso, adotando programas de CADD.

Há uma grande quantidade de programas de CADD disponível no mercado atualmente. Alguns são voltados para o trabalho com desenho em geral, enquanto outros são projetados para aplicações específicas de engenharia. Os programas possibilitam a realização de desenhos em 2D, desenhos em 3D, renderizações, sombras, listas de tarefas, planejamento espacial, projeto estrutural, planta hidrossanitária, projeto de climatização, desenhos de plantas, gerenciamento de projetos, entre outras aplicações. Hoje, podemos encontrar um programa de CADD para quase todas as disciplinas de engenharia que se possa pensar.

» Apresentações em CADD

Apesar de o CADD ser voltado principalmente para desenhos com linhas simples e ter capacidades limitadas de criar representações artísticas, as aplicações de desenho em 3D e de renderização são bastante impressionantes. Um modelo 3D de um objeto pode ser criado e visualizado a partir de vários ângulos e, com o sombreamento e a renderização corretos, poderá parecer muito realista. Com o CADD podem ser criados excelentes desenhos com centenas de cores, tipos de linha, hachuras, símbolos de apresentação, estilos de texto e outras características. Mesmo que, no final, sua apresentação não tenha ficado do seu agrado, você pode alterá-la instantaneamente (Figura 2.6).

A maioria dos programas de CADD possui inúmeros símbolos de apresentação e hachuras padronizados disponíveis para serem utilizados na melhoria do visual dos desenhos. Ao desenhar uma planta de situação, por exemplo, o desenhista técnico pode imediatamente acrescentar símbolos de árvores, arbustos, passeios, figuras humanas e outros elementos de paisagem para criar uma planta de situação com visual profissional. Da mesma forma, os arquitetos podem utilizar símbolos padronizados de portas, janelas e móveis para fazer uma apresentação. Arquitetos e desenhistas também podem desenhar seus próprios símbolos com o CADD.

Além de preparar impressionantes apresentações em papel, o CADD pode ser utilizado para fazer apresentações na tela. As ideias podem ser apresentadas em uma tela por meio de um cabo

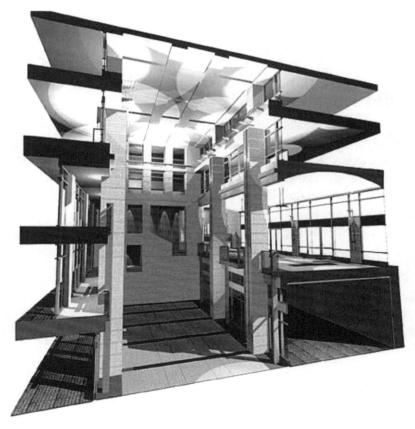

Figura 2.6 Exemplo de um corte perspectivado de apresentação gerado com o uso do software ArchiCAD.

conectando o computador ao projetor. Programas avançados de CADD também possibilitam a criação de imagens animadas. Você pode mostrar como seria a aparência de uma edificação enquanto estivesse caminhando através dela; ou então como a montagem de uma máquina seria operada à medida que as diferentes partes da máquina se movem.

» Flexibilidade de edição

Uma das principais vantagens do CADD é o fato de permitir a realização de rápidas alterações no desenho. As modificações podem ser feitas com a máxima precisão. Um trabalho que levaria horas para ser produzido em uma mesa de desenho, no CADD leva apenas alguns segundos. Em muitos casos não é sequer necessário apagar uma seção para realizar as mudanças. Geralmente, os componentes do desenho já existentes podem ser realocados para que caibam no novo formato. Isso faz com que o desenhista técnico possa comparar as diferentes opções com um mínimo de esforço.

São apresentadas a seguir algumas das possibilidades de edição presentes na maioria dos sistemas de CADD:

- Mover, copiar, espelhar ou rotar elementos do desenho com facilidade.
- Ampliar ou reduzir elementos de um desenho.
- Fazer múltiplas cópias de um elemento do desenho.
- Acrescentar um ou mais desenhos a outro desenho.
- Alterar o estilo e o tamanho da fonte.
- Alterar as unidades de medida das dimensões.
- Esticar desenhos para que caibam em novas dimensões.
- Converter desenhos em CADD para outros formatos.

» Unidades e níveis de precisão

O CADD permite que você trabalhe com um alto grau de precisão. Se você necessita criar formas geométricas extremamente precisas, evitando cálculos matemáticos que consomem muito tempo, o CADD é a melhor alternativa. Programas de computador como o CADD possibilitam que o desenhista trabalhe com diferentes unidades de medida, tais como unidades científicas, de arquitetura, engenharia e topografia. Essas unidades podem ser expressas em inúmeros formatos geralmente utilizados por profissionais.

Quando trabalha com unidades de engenharia, o projetista ou desenhista pode especificar se as dimensões devem ser expressas em centímetros, metros, polegadas ou pés e polegadas. Unidades angulares de medida como graus decimais, minutos, segundos ou radianos também podem ser escolhidas.

Em geral, quando é necessário trabalhar em um desenho de larga escala, tal como a planta de uma cidade, um alto grau de precisão pode não ser assegurado, optando-se por um grau de precisão menor, digamos: 1 metro, 0 centímetro. O computador irá então arredondar todas as medidas para o metro mais próximo, o que evita o uso de frações menores do que 1 metro. Por outro lado, quando mínimos detalhes forem necessários, pode-se aumentar o grau de precisão, ajustando a programação para 1 mm.

» Arquivamento e recuperação de desenhos

Como já foi mencionado, é muito simples, rápido e conveniente gerar e organizar um desenho em CADD. Muitos discos rígidos de computador têm capacidade para arquivar milhares de desenhos (e essa capacidade de arquivamento aumenta continuamente com o avanço da tecnologia). Os desenhos, por sua vez, podem ser abertos em segundos.

Eis algumas das vantagens do sistema de arquivamento eletrônico sobre o arquivamento tradicional:

- Ele possibilita e estimula a criação de um ambiente altamente organizado e eficiente.
- Contribui para reduções drásticas no espaço de trabalho.
- Um desenho eletrônico não envelhece nem desbota. Quando uma nova cópia se faz necessária, ela pode ser impressa a partir dos discos. (É importante que o programa utilizado para armazenar os arquivos de CADD seja regularmente atualizado, evitando que fique obsoleto. Com o contínuo avanço da tecnologia, alguns métodos de arquivamento tornam-se ultrapassados, como os zip drives e alguns tipos de discos e disquetes.)

Pode-se usar uma rede virtual para compartilhar os desenhos eletrônicos com vários usuários, tornando possível que as metas e o trabalho sejam coordenados em equipe. Diferentes profissionais, como arquitetos, engenheiros e mestres de obra, podem utilizar os mesmos desenhos eletrônicos para coordenar o ritmo das obras. Quando alguma modificação é feita em um desenho, essa informação torna-se instantaneamente disponível para todos os membros da equipe. Com isso, tornou-se muito mais fácil o compartilhamento de informações. Profissionais que se encontrem em diferentes cidades ou países podem agora transmitir, de forma instantânea, desenhos eletrônicos entre si. Eles também podem disponibilizar esses desenhos na Internet para que qualquer pessoa tenha acesso. A maioria dos programas de CADD vem com funções especiais desenvolvidas para permitir o envio de desenhos em um formato (como .gif e .jpeg) que possa ser visualizado na Internet.

» Documentação de projetos

O computador é um instrumento ideal para a geração de documentos de projeto, orçamentos e outros documentos de negócios. As capacidades da base de dados do CADD incluem a opção de criar links específicos com informações não gráficas (como textos e custos) junto aos elementos do desenho. As informações não gráficas são arquivadas em uma base de dados e podem ser utilizadas para preparar a documentação.

Por exemplo, um arquiteto pode anexar atributos textuais associados aos símbolos de uma porta ou janela em um desenho. Esses atributos referem-se às propriedades da porta, como tamanho, material, ferragem ou preço. Alimentado com essas informações, o computador pode então gerar uma tabela referente às aberturas, listando todas as portas e janelas presentes no desenho!

As informações não gráficas são diretamente conectadas às representações gráficas na tela para que, toda vez que uma alteração seja feita no desenho, os valores na documentação sejam automaticamente atualizados. Isso oportuniza um meio útil de gerenciar um grande projeto, desde seu desenvolvimento até a execução final da obra.

» Tipos de desenho técnico

» Tipos de desenhos executivos

Fornecer desenhos executivos precisos desde o início ajuda a garantir que a execução dos projetos correrá de maneira ordenada, reduzindo o retrabalho, que desperdiça tempo e dinheiro por parte dos construtores e empreiteiros ao longo de todo o processo. Desenhos executivos geralmente são classificados de acordo com o propósito planejado. Os tipos mais utilizados em construções podem ser divididos em cinco categorias, de acordo com a função prevista:

1. Desenhos do partido de arquitetura
2. Desenhos de apresentação
3. Desenhos do projeto executivo
4. Desenhos de fabricação e montagem
5. Desenhos de detalhes, especiais e gerais

Desenhos do conceito e do partido de arquitetura

Nas etapas iniciais de um projeto, o arquiteto ou projetista costuma elaborar esboços preliminares, que são essencialmente desenhos de definição do partido (a ideia inicial) e desenvolvimento do projeto. Esses desenhos proporcionam uma base conveniente e prática para a comunicação entre o desenhista e o proprietário na etapa de formulação da ideia. Durante a fase de desenvolvimento de projeto, esses desenhos sofrem muitas alterações auxiliando o cliente a determinar o desenho que seja, ao mesmo tempo, esteticamente atraente e funcional. Esses desenhos não são feitos para serem utilizados na execução do projeto, mas apenas para cumprir propósitos exploratórios, fornecendo um conceito geral que reflita as necessidades do cliente, assim como estudos funcionais, materiais a serem utilizados, orçamentos e estimativas preliminares de custos, alvarás preliminares para construção, etc. Desenhos do partido de arquitetura em geral são utilizados para sondar, com outros especialistas, conceitos relativos aos sistemas mecânicos, hidrossanitários e elétricos a serem executados. Eles são seguidos por desenhos de desenvolvimento de projeto antes da etapa de elaboração do projeto executivo e detalhamento.

Desenhos de apresentação

O objetivo dos desenhos de apresentação é mostrar o prédio ou equipamento em uma disposição atraente para fins promocionais no local do empreendimento. Eles geralmente consistem em perspectivas coloridas e com sombras próprias, ainda que possam também conter requintadas elevações com sombras projetadas e paisagismo (Figuras 2.7A e B). Os desenhos de apresentação são, portanto, ferramentas com o fim único de vender, um meio de comercializar o prédio ou projeto antes que alcance a etapa dos desenhos executivos. Eles são utilizados em brochuras e outros materiais de divulgação. É nessa fase ainda que o partido de arquitetura é desenvolvido, finalizado e aprovado pelo cliente.

Desenhos do projeto executivo

Também chamado de desenho de construção ou desenho de execução, o projeto executivo inclui todas as plantas necessárias para que os diferentes profissionais de construção possam completar um projeto. Esses desenhos técnicos buscam fornecer todas as informações necessárias para que um profissional possa executar a obra. O projeto executivo apresenta o tamanho, quantidade, localização e relação entre os componentes do prédio. Em geral, são elaborados com riqueza de detalhes por um arquiteto ou engenheiro. A quantidade de tempo e esforço dedicado a eles compreende a maior parte dos serviços de projeto por parte dos especialistas.

Às vezes, pode ocorrer de a impressão estar difícil de ler, ou pode ser que alguma informação importante esteja faltando nos desenhos. Ocasionalmente, podem até faltar páginas inteiras, ou o construtor pode ter recebido apenas um jogo de plantas e especificações. Se as impressões estão incompletas ou são de baixa qualidade, o especialista deve ser imediatamente notificado e solicitado a corrigir o problema.

Os projetos executivos atendem a muitas funções:

1. Eles constituem a documentação necessária para receber o alvará para construção. Antes de a construção iniciar, a secretaria municipal de construção deve avaliar o projeto executivo para garantir que ele respeita os códigos de edificação. O alvará será emitido após a aprovação dos desenhos.
2. Eles são utilizados para realizar o levantamento de custos e a orçamentação. Permitem que os construtores estudem os documentos, façam orçamentos baseados em seu exame dos desenhos e outros documentos e, assim, forneçam ao proprietário os menores custos de construção.
3. Eles fornecem instruções para a construção. Os projetos executivos devem conter toda informação necessária para construir a edificação.
4. Eles são utilizados para a quantificação de materiais. Mão de obra, materiais e outras estimativas são realizadas a partir do projeto executivo, antes do início da construção.
5. Eles fornecem um registro permanente para consultas futuras (tais como reformas ou litígios judiciais).
6. Eles podem ser utilizados como uma base para cálculos de aluguel.
7. Depois que o projeto é aprovado, os desenhos constituem a base do contrato entre o construtor, o empreiteiro e o cliente.

As pranchas de um desenho técnico recebem uma letra e um número. Alguns exemplos comuns na indústria são mostrados a seguir:

- A: Projeto de arquitetura
- E: Projeto estrutural
- H: Projeto hidrossanitário
- M: Projeto mecânico
- E: Projeto elétrico

Logo, se um jogo de desenhos técnicos consiste em 30 páginas, ele pode ser numerado assim: A1 a A8 (oito pranchas do projeto de arquitetura); E1 a E10 (10 pranchas do projeto estrutural); H1 a H3 (três pranchas do projeto hidrossanitário); M1 a M4 (quatro pranchas do projeto mecânico); E1 a E5 (cinco pranchas do projeto elétrico).

Desenhos de fabricação e montagem

Desenhos de fabricação e montagem são desenhos técnicos elaborados por diferentes construtores, empreiteiros e fornecedores que participam de um processo de construção, com o fim de apresentar a forma como seu produto deve ser produzido. Uma vez que muitos produtos contêm mais de um componente, os desenhos de fabricação e montagem (também chamados de desenhos de oficina) identificam cada componente e mostram como devem ser encaixados uns nos outros. Esses desenhos contêm toda a informação necessária sobre tamanho, formato, material e instruções para conexões e instalação de cada elemento, incluindo detalhes, tabelas, diagramas e outros dados afins para ilustrar um material, produto ou sistema para uma parte do trabalho preparado pelo construtor, empreiteiro, fabricante, distribuidor ou fornecedor. Dados do produto incluem itens como brochuras, ilustrações, rótulos de desempenho e outras informações pelas quais o trabalho possa ser avaliado. As informações fornecidas devem apresentar detalhes suficientes para possibilitar a encomenda do material para o produto em questão e sua fabricação na oficina ou indústria. Na prática, o especialista geralmente tem que confiar nesses profissionais no que concerne ao fornecimento de informações precisas sobre seus componentes.

Duas propostas de arquitetura para o Marriott Hotel de Abu Dhabi

Figura 2.7A As apresentações podem ter um papel fundamental para convencer um cliente na hora de aprovar um projeto. Nesta ilustração, duas propostas de arquitetura feitas pelo autor para um hotel, correspondendo a diferentes tratamentos de arquitetura, foram apresentadas ao cliente e à rede Marriott para aprovação.

Proposta de arquitetura para o Conselho de Ministros – Área da Recepção

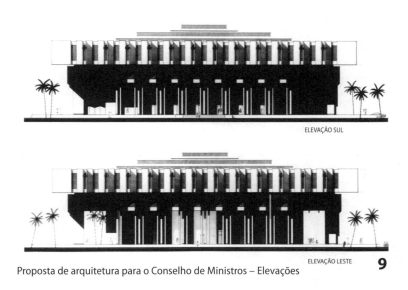

Proposta de arquitetura para o Conselho de Ministros – Elevações

Figura 2.7B Proposta de um concurso internacional de arquitetura para um conselho de ministros em Abu Dhabi feita pelo autor e vencedora do primeiro prêmio.

Na maioria dos projetos, sejam grandes ou pequenos, pede-se aos construtores e empreiteiros que esbocem desenhos de fabricação, mesmo no caso de projetos menores de oficina ou sob encomenda, como portas, armários e afins. Assim, por exemplo, se um armário de maior complexidade é encomendado, ele deve ser construído exatamente no tamanho e especificações solicitados. Um desenho de fabricação torna-se necessário para assegurar que o armário caberá na edificação e como ela irá acomodá-lo. Na Figura 2.8A, veem-se detalhes de um desenho de fabricação feitos para um balcão de restaurante. A Figura 2.8B mostra como um armário deve ser montado. A aprovação do desenho de fabricação geralmente precede a fabricação do componente. Os desenhos de fabricação ajudam o especialista a verificar a qualidade de outros componentes que os empreiteiros se propõem a fornecer.

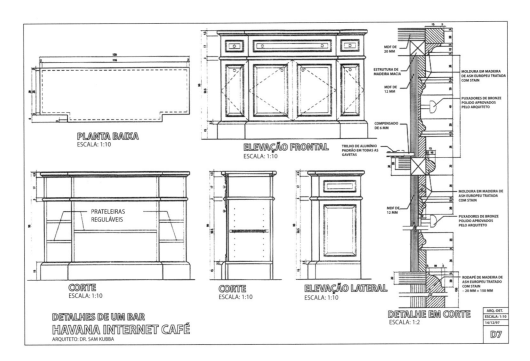

Figura 2.8A Desenhos que mostram os detalhes do balcão de um restaurante.

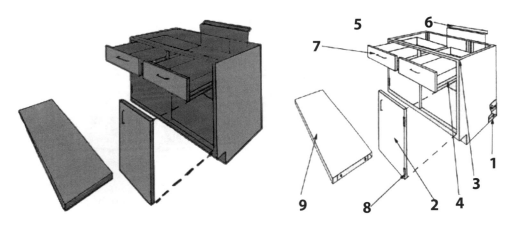

Figura 2.8B Ilustrações mostrando os componentes de um armário.

Detalhes

Desenhos de detalhes fornecem informações sobre partes específicas da construção, além de serem em escala maior do que os desenhos gerais. Eles apresentam características que simplesmente não aparecem ou se encontram em uma escala muito pequena em desenhos gerais. Os detalhes do corte de pele e do corte do elevador nas Figuras 2.9A e B são exemplos típicos, tendo sido desenhados em uma escala consideravelmente maior do que nas plantas e elevações.

Detalhes estruturais em portas, janelas e cornijas, que são os tipos mais comuns de desenhos de detalhe, quase sempre são apresentados em cortes. Os detalhes são incluídos toda vez que as informações fornecidas nas plantas, elevações e cortes da parede não são suficientemente detalhadas para guiar os operários no canteiro de obras. A Figura 2.10 apresenta típicos desenhos de detalhes de porta e beiral.

Um desenho de detalhes contém informações gráficas e escritas. Uma área da edificação é desenhada em uma escala maior, para que sejam claramente mostrados materiais, dimensões, método de construção, planejamento de junta, conexão e assim por diante.

Detalhes geralmente são desenhados como cortes. É como se fosse feita uma fatia de uma área específica, tornando visíveis os componentes internos. Nas Figuras 2.11A e B encontra-se um exemplo de um típico detalhe de janela de sacada.

Há muitos tipos de detalhes. Todos são desenhados à medida que se torna necessário esclarecer aspectos específicos de um projeto. Uma prancha de desenho com frequência mostrará inúmeros detalhes. A complexidade do projeto determinará quais áreas precisam ser apresentadas em uma escala maior.

Os detalhes são sempre desenhados em escala. A escala mais comum é de 1:5 ou 1:2. A escala de cada detalhe varia dependendo da quantidade de informação necessária para tornar o projeto o mais claro possível para o construtor. Cada detalhe terá sua escala anotada abaixo.

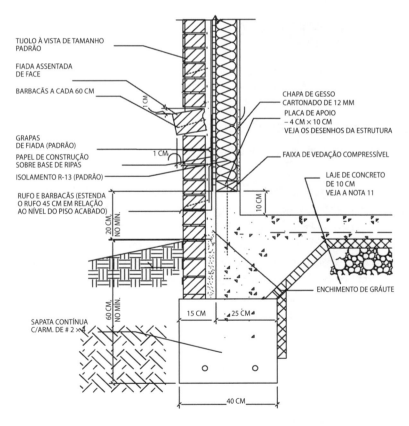

Figura 2.9A Desenho feito em AutoCAD mostrando um corte de pele típico de uma nova residência.

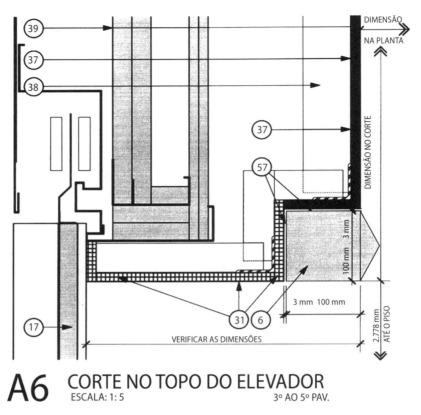

Figura 2.9B Exemplo do detalhe de um elevador para um prédio comercial feito em VectorWorks/Mini-CAD utilizando um computador Macintosh. Cortesia de Herring and Trowbridge, Architects.

Tipos de desenhos especiais e diversos

Existem muitos outros tipos de desenhos utilizados por arquitetos e engenheiros no setor da construção.

Croquis à mão livre são desenhos feitos sem a ajuda de qualquer tipo de instrumentos. Os croquis podem ser uma ferramenta extremamente valiosa para arquitetos, projetistas e construtores. Muitas vezes, é o método mais rápido e econômico para comunicar ideias (Figuras 2.12A e B), métodos de construção e conceitos, ou para registrar instruções de campo. É um método ideal para vender uma ideia a um cliente e receber aprovação preliminar para um projeto. Da mesma forma, durante a instalação de circuitos ou sistemas mecânicos ou elétricos, pode ser necessário trocar informações sobre o seu trabalho com outras pessoas. Um croqui à mão livre pode ser um método preciso e apropriado para comunicar essas informações. Esse tipo de desenho tem caráter informal, pode ou não ser desenhado em escala e não precisa seguir formato específico. Um croqui pode ser utilizado de muitas formas. Outro exemplo de onde usar o croqui é quando há necessidade de mostrar *in loco* uma mudança que deve ser realizada. Não importa o quanto um projeto tenha sido planejado, mudanças *in loco* podem vir a ser necessárias, e um croqui com frequência será muito útil para auxiliar o construtor a visualizar a intenção do desenhista ou as técnicas de construção a serem utilizadas. Os croquis podem incluir cotas, símbolos e outras informações necessárias para transmitir a concepção das mudanças exigidas a outra pessoa (como o supervisor ou o chefe do projeto).

Os desenhos de montagem ou diagramas de montagem indicam a localização e a posição dos diferentes elementos na edificação final. Os desenhos de montagem são especialmente úteis para construtores que realizam a montagem *in loco*. As informações que os desenhos de montagem

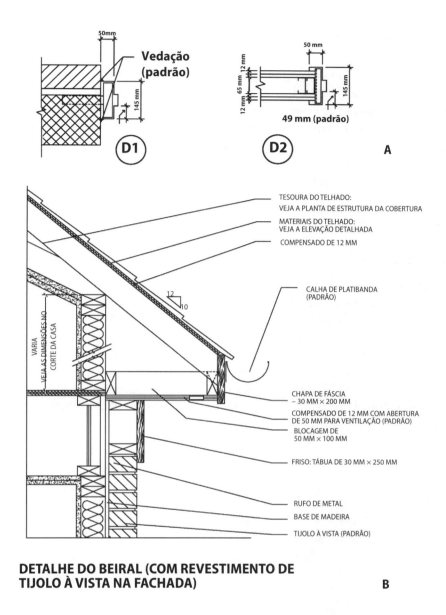

Figura 2.10 Detalhes típicos de uma porta (A) e um beiral (B) gerados em AutoCAD.

apresentam incluem o fornecimento do peso aproximado de peças pesadas, o número de peças e outros dados úteis.

Desenhos da estrutura são necessários para mostrar os leiautes e fornecer outras informações relevantes sobre os diversos componentes da estrutura. Eles incluem barrotes de piso, treliças, localização de vigas e outros elementos da estrutura. Os leiautes da estrutura são desenhados em escala, mas normalmente não entram em detalhes sobre a localização de cada montante nas paredes, já que os construtores de estruturas devem seguir certas regras e normas para garantir que a estrutura cumpra as especificações do código de edificação.

Desenhos de escoramento mostram apoios temporários de madeira ou aço que, em alguns casos, são necessários durante a montagem de estruturas complexas ou importantes. Quando o escoramento é exigido em uma escala detalhada, desenhos similares aos desenhos gerais e de detalhes podem ser fornecidos para orientar a construção. Para escoramentos simples, croquis de campo podem ser o suficiente.

Desenhos de planos diretores são comuns no campo da arquitetura, topografia e construção. Eles apresentam características suficientes para serem utilizados como guias em um empreendimento em uma grande gleba. Geralmente, contêm uma quantidade considerável de informações, incluindo divisas, curvas de nível, área do terreno, redes públicas existentes, vias públicas, índices de ocupação do terreno, limites de altura, localização e descrição de construções existentes ou planejadas, ruas e calçadas pavimentadas ou não, já existentes ou em planejamento, cursos d'água e indicação de norte (uma seta).

» Selos de prancha

É prática usual incluir um selo em cada prancha de um jogo de desenhos técnicos. Geralmente, ele está localizado no canto inferior direito da prancha. Muitos escritórios, no entanto, estão utilizando pranchas padronizadas próprias que estendem o selo por todo o lado direito da prancha, do canto inferior ao superior (Figura 2.13). O selo deve apresentar o nome do projeto e o número do desenho e da prancha, assim como o título do desenho (por exemplo, "planta de localização"). O número do desenho é especialmente importante, tanto para fins de arquivamento do desenho técnico, como para a localização do desenho correto quando estiver especificado em outro desenho. O selo apresenta ainda o nome do especialista, arquiteto, engenheiro

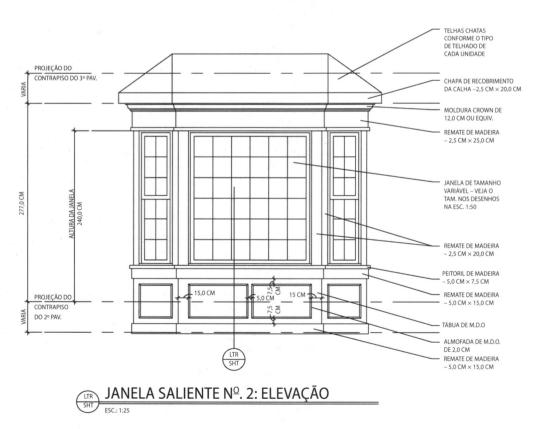

Figura 2.11A Desenho em AutoCAD da elevação de uma janela de sacada residencial.

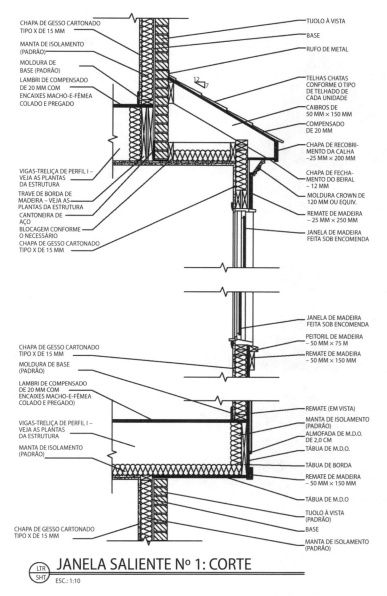

Figura 2.11B Detalhe de uma janela de sacada residencial gerado em AutoCAD. As informações apresentadas no detalhe permitem que o construtor execute a janela saliente conforme o planejado.

ou projetista e a assinatura da autoridade que aprovou o projeto. Em geral, o selo deve indicar a data em que o desenho foi feito e as iniciais de quem o fez. Essas informações são importantes, pois o uso de um jogo de pranchas desatualizadas pode causar sérios problemas. Qualquer revisão deve ser registrada no selo da prancha.

Resumindo, o selo de prancha deve geralmente conter as seguintes informações:

- Nome do especialista, da empresa ou da organização, com endereço e número de telefone.
- Título do desenho. Trata-se de uma identificação do projeto por meio do nome do cliente, da empresa ou do projeto.
- Número do desenho. Pode ser o número do contrato ou um número de arquivamento para o desenho.

Figura 2.12A Croqui do quarto de uma suíte presidencial – Crowne Plaza, Abu Dhabi.

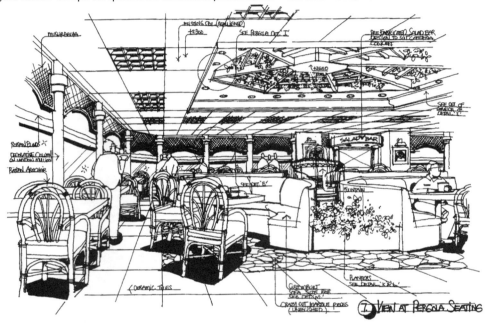

Figura 2.12B Croqui do Havana Internet Café, Abu Dhabi.

- Escala. Algumas empresas especializadas reservam uma localização específica para a escala geral do desenho no selo da prancha, ainda que a maioria das empresas venha, hoje, omitindo a escala no selo de prancha e colocando-o na prancha imediatamente abaixo do título de cada planta, elevação, corte ou detalhe. Nas situações em que mais de uma escala é utilizada, como ocorre nas pranchas de detalhamento, o espaço reservado à indicação da escala deve dizer "como indicada".
- Assinatura ou iniciais do desenhista, do revisor, do fiscal e da agência que aprovou o projeto, com as respectivas datas.
- Identificação do desenho ou prancha. Cada prancha deve ser numerada tomando por base o jogo inteiro de desenhos. Portanto, se um jogo consiste em 10 pranchas, cada prancha na sequência será numerada 1 de 10, 2 de 10 e assim por diante.
- Outras informações necessárias.

Em geral, as informações a seguir também devem ser inseridas nos selos de prancha: nome e localização da obra, números de especificações e contrato (se houver), a empresa de arquitetura/engenharia, se for o caso, e o nome dos funcionários envolvidos na preparação dos desenhos.

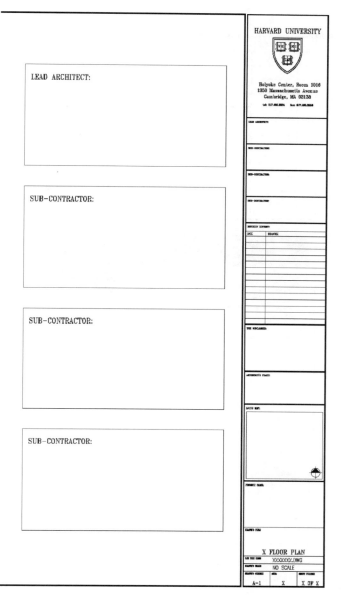

Figura 2.13 Folha de rosto incluindo o selo utilizado pela Universidade de Harvard em seus documentos de projeto.*

» Bloco de revisões

Muitos escritórios incluem uma coluna de revisão, na qual as mudanças que o desenho sofreu são identificadas e registradas. O bloco de revisões costuma localizar-se no canto direito do desenho técnico. Todas as revisões são registradas nesse bloco e datadas e identificadas por uma letra e uma breve descrição opcional da revisão com as iniciais do indivíduo que fez a modificação (Figura 2.14). Se as alterações foram feitas diretamente no desenho depois de ele ter sido finalizado para a execução, um círculo com o número ou letra de revisão deve acompanhar as mudanças.

---

* N. de T.: *Lead architect* = arquiteto responsável; *sub-contractor* = instalador.

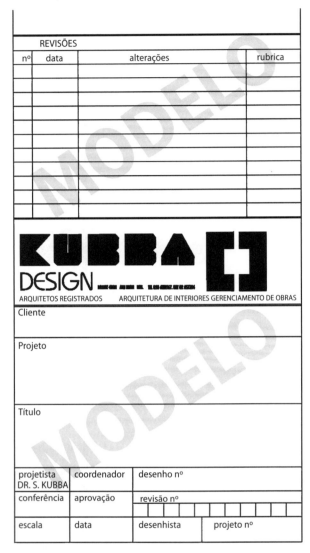

Figura 2.14 Selo mostrando a posição de um bloco de revisões em um típico projeto executivo de um profissional da construção civil.

Escala

A representação gráfica de um projeto é desenhada em alguma proporção em relação ao tamanho real do projeto; geralmente na escala de 1:50 ou de 1:100.

Ainda que o desenho original possa estar na escala precisa, a impressão será uma cópia do original e tende a não ser do mesmo tamanho que o desenho original. A cópia pode ter sido levemente reduzida. Da mesma forma, o tamanho do papel costuma ser afetado pela temperatura e umidade, e pode, portanto, se deformar. Devido a esses e outros fatores, evite confiar em medidas tiradas com o auxílio de um escalímetro colocado sobre o desenho.

Zoneamento

Para projetos de grande porte, um desenho pode, em alguns casos, ser dividido por uma retícula identificada por letras e números. Quando o zoneamento é utilizado, normalmente se localiza dentro da estrutura do desenho. O zoneamento permite que se faça fácil referência a diferentes partes do desenho por meio de coordenadas, como B4.

» capítulo 3

Tipos de linha

Você já aprendeu que os desenhos técnicos constituem uma linguagem universal utilizada por todos os profissionais envolvidos em um projeto. Para entender essa linguagem, é imprescindível o domínio dos diversos tipos de linhas. Você verá que o chamado "alfabeto de linhas" tem detalhes e características de extrema importância para que a comunicação das informações por meio do desenho seja bem-sucedida.

Objetivos deste capítulo

» Esquematizar os diversos tipos de linhas de acordo com suas especificações no desenho.

» Detectar o propósito de cada tipo e espessura de linha.

≫ Introdução

O alfabeto das linhas é uma linguagem universal compreendida por técnicos, arquitetos e engenheiros. Na verdade, as linhas são a base de todos os desenhos executivos. A fim de ler e entender os desenhos técnicos, você deve entender o uso das linhas. Por meio da combinação de diferentes espessuras, tipos e comprimentos, é possível descrever objetos graficamente com detalhe suficiente para permitir que alguém com entendimento básico de desenho técnico possa visualizar com precisão o tamanho e o formato. Como será explicado, as características das linhas, como espessura, interrupções e zigue-zagues, sempre têm um significado. Cada linha possui um desenho e uma espessura distintos para que se distingam das outras.

O desenho técnico é uma linguagem gráfica internacional que utiliza linhas, símbolos e notas para descrever uma edificação a ser construída; as próprias linhas são ferramentas expressivas em desenhos bem executados. Algumas linhas são desenhadas com determinada espessura, para que se destaquem claramente de outras informações no desenho, enquanto outras linhas são finas. As linhas finas não são necessariamente menos importantes do que as linhas espessas; apenas estão subordinadas a elas para fins de identificação. Desenhos que apresentem todas as linhas na mesma intensidade geralmente são difíceis de interpretar e de leitura muito monótona.

Como foi mencionado no Capítulo 1, há algumas organizações, como o American National Standards Institute (ANSI) e a Organização Internacional para Padronização (ISO), que adotaram voluntariamente algumas normas de desenho técnico que em geral são aceitas e muito utilizadas em todo o mundo.

≫ Pesos e tipos de linha

Os pesos (ou as espessuras) de linha geralmente estão sujeitos às seguintes convenções:

1. Para desenhos técnicos à mão livre e a lápis feitos em mesas de desenho, os desenhos finais incluem linhas de objeto precisas (lápis 2H a B), linhas de cota leves, linhas de eixo, linhas de corte e assim por diante (lápis 3H a 5H). Linhas de construção temporárias, linhas de chamada para o texto e outros tipos devem ser bem leves (7H ou 8H). Linhas de margem das pranchas de desenho e dos selos devem ser fortes (3B a 6B).

2. Para desenhos a nanquim ou impressos com um plotador, diferentes espessuras de caneta são utilizadas para conseguir efeitos similares (Figura 3.1). Quando um desenho feito no AutoCAD for impresso em uma impressora a laser ou a jato de tinta, as convenções a respeito da intensidade das linhas são replicadas, por meio da configuração de cada cor correspondendo a determinada espessura de linha.

3. A linha de borda de uma prancha é, em média, duas vezes mais intensa do que as linhas de objeto, as quais, por sua vez, são por volta de duas vezes mais intensas do que as linhas de cota. Além disso, o desenho técnico feito no AutoCAD utiliza cores para representar cada espessura (preto ou branco para objetos, verde para cotas, azul para bordas, etc.). Na caixa de diálogo de impressão do AutoCAD, podem ser atribuídas diferentes espessuras de linha para cada cor.

A maior parte dos tipos e espessuras de linhas, executadas com caneta ou plotador, estão destacados a seguir. Torna-se evidente pelo quadro da próxima página que pranchas maiores exigem o uso de linhas mais espessas do que as exigidas para pranchas menores.

Letra	Tipo de linha	Espessura recomendada (mm)*			Uso
		A0	A1	A2 A3 A4	
A	Contínua e grossa	0,70	0,50	0,35	• Objeto em vista: linhas de silhueta • Quadro da folha ou prancha
B	Contínua e fina	0,35	0,25	0,18	• Linhas de cota • Linhas de chamada • Intersecções imaginárias entre superfícies • Linhas auxiliares e linhas de intersecção • Linhas de corte e hachuras • Partes adjacentes e juntas • Linhas de eixo curtas • Cotas de nível
C	Contínua e fina (à mão livre ou com régua e em zigue-zague)	0,35	0,25	0,18	• Indicação de detalhes repetidos • Linhas de interrupção de desenho (exceto as linhas em um eixo)
D	Tracejada e média	0,50	0,35	0,25	• Superfícies ocultas (projeções verticais) • Superfícies acima do plano de corte (projeções horizontais)
E	Traço fino e ponto	0,35	0,25	0,18	• Linhas de eixo • Linhas de caimento • Posição alternativa de parte móvel • Linhas de percurso, indicando movimento • Elementos em frente a um plano de corte • Vistas elaboradas • Materiais a serem removidos
F	Traço grosso e ponto	0,70 0,35	0,50 0,25	0,35 0,18	• Planos de corte

* A0 = 1189 mm × 841 mm   A1 = 841 mm × 594 mm
A2 = 594 mm × 420 mm   A3 = 420 mm × 297 mm
A4 = 297 mm × 210 mm   A5 = 210 mm × 149 mm

Figura 3.1 Principais tipos de linha utilizados em desenhos executivos. O peso da linha é claramente afetado pelo tamanho da folha. Quanto maior a folha utilizada, mais espessas serão as linhas. A linha de contorno em uma folha A0, por exemplo, deve ser duas vezes mais espessa do que uma linha de contorno desenhada em uma folha A2, A3 ou A4.

» Linhas de objeto

Linhas de objeto, também conhecidas como linhas em vista, são linhas contínuas utilizadas principalmente para definir o formato e o tamanho de uma edificação ou objeto. Elas são linhas contínuas que se destacam, representando as bordas de superfícies ou a intersecção de duas superfícies, como ilustrado na Figura 3.2. Uma linha de objeto ou linha em vista normalmente é desenhada espessa (escura) e contínua para que o contorno ou o formato do objeto (por exemplo, uma parede, piso, elevação, detalhe ou corte) se destaque claramente no desenho, marcando um contraste evidente entre essa linha e as linhas secundárias do desenho. Elas são mais pesadas do que as

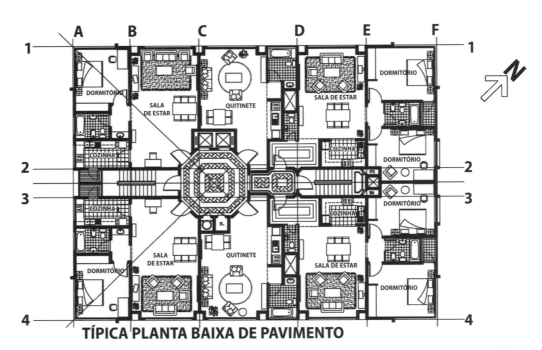

Figura 3.2 As linhas de contorno identificam e descrevem o formato de um elemento. Por exemplo, neste desenho, as linhas de contorno são utilizadas para representar os móveis, assim como os diferentes elementos de arquitetura do projeto (escadas, elevadores, paredes, etc.).

linhas tracejadas, de cota e de eixo. Como veremos neste capítulo, os desenhos técnicos costumam apresentar outros tipos de linha contínua que não são linhas de objeto.

» Linhas tracejadas

Linhas tracejadas servem para mais de um propósito em desenhos executivos. Elas se constituem em linhas tracejadas de tamanho uniforme que têm peso entre médio e leve, caracterizadas por pequenos traços uniformemente distribuídos. Em geral, servem para representar superfícies ocultas ou intersecções de um objeto. Em plantas baixas, elas podem ser utilizadas para representar elementos que se localizam acima do plano do desenho, como armários aéreos em uma cozinha. A extensão dos traços pode variar de acordo com o tamanho do desenho.

Em desenhos de obras de reforma, elas também são empregadas para indicar a posição de construções preexistentes. Em alguns casos, são utilizadas para esclarecimento da posição relativa entre dois elementos ou para apresentar posições alternadas de um componente móvel. Para estar completo, um desenho deve contar com linhas que representem as bordas e intersecções de superfícies no objeto. Muitas dessas linhas são invisíveis porque se encontram cobertas por outras partes do objeto. Por exemplo, na Figura 3.3A as linhas tracejadas indicam a localização de blocagens ocultas por trás da parede.

Em desenhos de arquitetura, linhas tracejadas podem ser executadas com diferentes pesos para corresponder a seu propósito (por exemplo, para refletir a importância ou a distância em relação à vista principal), ao mesmo tempo que apresenta elementos do desenho que não estão visíveis em correspondência com a vista ou a planta baixa. Esses elementos tracejados podem ser subordinados à ênfase principal do desenho. Linhas tracejadas normalmente devem começar e acabar com um traço, em contraste com a linha visível de onde partem, exceto quando um traço possa parecer a continuação de uma linha visível. Traços devem ser unidos nos cantos; igualmente, os arcos devem começar com traços em pontos tangentes. Linhas tracejadas devem ser omitidas quando não forem necessárias para a clareza do desenho. Apesar de os elementos localizados atrás de materiais transparentes poderem ser vistos, eles devem, de preferência, ser tratados como elementos encobertos e apresentados com linhas tracejadas. Exemplos de representações com linhas tracejadas incluem vigas mestras e secundárias, armários de cozinha aéreos, instalações abaixo do balcão (por exemplo, uma máquina de lavar louças ou refrigerador embutido) ou circuitos elétricos, como ilustrado na Figura 3.3B. A Figura 3.3C mostra outro exemplo de uso de linhas tracejadas.

» Linhas de corte

Linhas de corte indicam a superfície seccionada em uma vista de corte. Elas geralmente têm pouca espessura (são mais finas do que as linhas de objeto), em sentido angular (45 graus), dando destaque para as superfícies seccionadas (Figuras 3.4A e B). Linhas de corte são utilizadas para enfatizar a superfície do plano de corte e tornar a vista mais fácil de visualizar.

» Linhas de eixo

Linhas de eixo consistem em linhas tracejadas finas e leves compostas de traços alternadamente longos e curtos. São utilizadas para identificar o centro de objetos simétricos, como colunas, paredes e janelas. Linhas de eixo também são empregadas para indicar o centro de um círculo ou parte de um círculo e para indicar que um objeto é simétrico em relação a determinada linha (Figuras 3.5A e B). Linhas de eixo são simétricas no eixo de elementos circulares e são utilizadas para indicar o centro de símbolos de janelas e portas em plantas baixas.

Os traços longos nas linhas de eixo podem variar em extensão, dependendo do tamanho do desenho. Linhas de eixo devem começar e terminar em traços longos e não devem se cruzar nos espaços entre os traços. Elas devem se estender uniforme e distintamente por uma curta distância além do objeto ou elemento do desenho, a não ser que a linha auxiliar seja necessária para o dimensionamento ou outro propósito. Linhas de eixo muito curtas podem ser contínuas, contanto que não provoquem confusão com outras linhas.

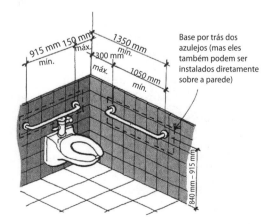

Figura 3.3A As linhas ocultas representam bordas e superfícies ocultas – neste caso, a base escondida por uma parede.

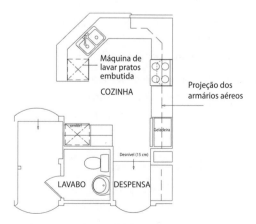

Figura 3.3B As linhas ocultas representam aqui um equipamento sob o balcão e um armário de cozinha aéreo.

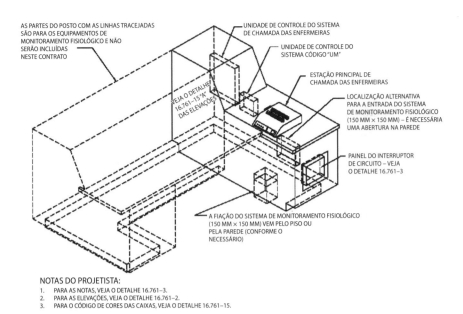

Figura 3.3C Ilustração de um posto de enfermagem mostrando amplo uso de linhas ocultas.

Linhas de simetria são linhas de eixo utilizadas como eixos de simetria para vistas parciais. Para identificar a linha de simetria, são desenhadas duas linhas paralelas, espessas e curtas, em ângulo reto em relação à linha de eixo. Linhas de simetria são empregadas para representar vistas parcialmente desenhadas e cortes parciais de partes simétricas. Linhas contínuas e tracejadas relativas à vista simétrica podem ser estendidas além da linha de simetria, se isso favorecer a clareza.

» Linhas auxiliares

Linhas auxiliares são utilizadas no dimensionamento, com o propósito de indicar o tamanho de um objeto. Linhas auxiliares são linhas contínuas, finas e escuras que se estendem a partir de um objeto nos pontos exatos, entre os quais as dimensões serão registradas. Um espaço de aproximadamente 1,5 mm costuma ser deixado entre o objeto e o início da linha auxiliar. Evite cruzar as linhas auxiliares entre si ou com as linhas de cota.

Linhas auxiliares são linhas finas que fazem a correspondência entre as linhas de cota e seus elementos. Elas não devem tocar os elementos; em vez disso, devem iniciar cerca de 5 mm de distância do elemento e se estender também por cerca de 5 mm em relação às setas da linha de cotas.

Linhas auxiliares apresentam a extensão de uma dimensão (cota). As linhas de cota indicam comprimento e terminam nas linhas auxiliares com barras, setas ou pontos. O valor da dimensão em centímetros é posicionado acima e próximo ao centro da linha de cota, que é contínua.

» Linhas de cota

Linhas de cota são linhas contínuas, similares em peso às linhas auxiliares e utilizadas para indicar o comprimento. Elas são desenhadas partindo de uma linha auxiliar até a outra, indicando a distância entre elas. Uma vez que o formato e os elementos internos de uma edificação foram representados por uma combinação de linhas, informações adicionais são disponibilizadas pelas dimensões.

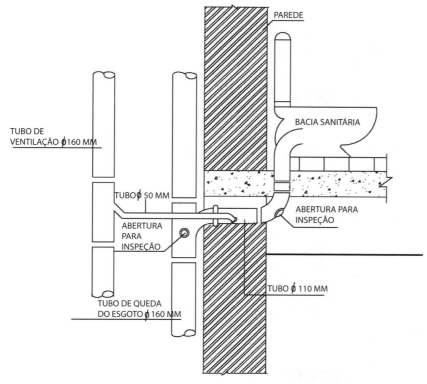

DETALHE DE INSTALAÇÃO DA BACIA SANITÁRIA

Figura 3.4A Nesta ilustração, o hachurado enfatiza as paredes.

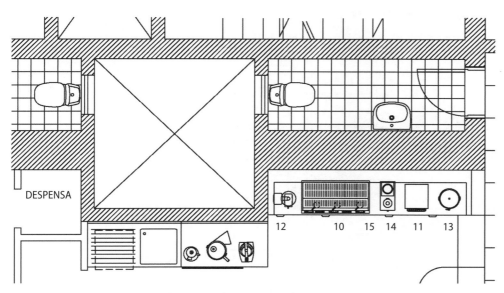

Figura 3.4B Nesta ilustração, o hachurado enfatiza as paredes.

Linhas de cota são linhas finas que costumam ser interrompidas na dimensão e acabam em setas, pontos ou uma linha diagonal pequena (Figuras 3.6, 3.7A e B). As pontas dessas setas indicam a distância exata, indicada por um valor numérico colocado em uma interrupção da linha ou diretamente acima das linhas, próximo ao centro.

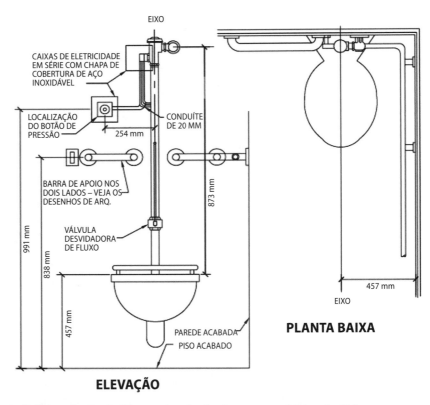

Figura 3.5A As linhas de eixo indicam o eixo de círculos, arcos e objetos simétricos.

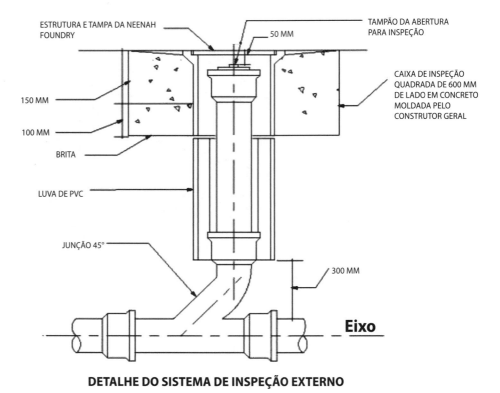

Figura 3.5B As linhas de eixo indicam o eixo de círculos, arcos e objetos simétricos.

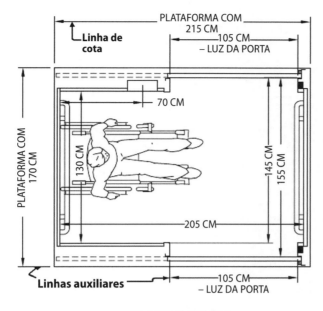

PLANTA BAIXA

Figura 3.6 As linhas auxiliares costumam ser utilizadas para o dimensionamento.

Diferentes tipos de setas são utilizados no dimensionamento. A ponta da seta encosta na linha auxiliar. O tamanho da seta é determinado pela espessura da linha de cota e o tamanho do desenho. Setas fechadas ou abertas são os dois formatos normalmente utilizados. Dá-se preferência para a seta fechada. A linha auxiliar em geral ultrapassa a linha de cota em alguns milímetros. Qualquer outro comprimento adicional na linha auxiliar não possui valor no dimensionamento.

Quando as dimensões podem ser somadas para se chegar a apenas uma dimensão total, elas são conhecidas como cadeias de dimensões. Sempre que possível, as cadeias de dimensões são apresentadas em uma única linha (Figura 3.7B).

» Linhas de projeção

Linhas de projeção se constituem em linhas finas e escuras que são compostas por um traço longo e dois curtos ou um traço longo e dois pontos. Elas se parecem com as linhas de plano de corte, sendo, no entanto, mais leves. Linhas de projeção são utilizadas principalmente para apresentar posições alternativas de móveis e acessórios, divisórias móveis, movimentos (por exemplo, a abertura de portas) ou construções que serão acrescentadas no futuro (assim como edificações ou elementos preexistentes que serão removidos). Também são utilizadas preferencialmente para indicar detalhes e materiais repetidos, e não tanto em máquinas.

» Linhas de chamada e setas

Linhas de chamada são linhas finas que terminam com uma seta ou um ponto em uma das extremidades para conectar uma nota ou chamada ao respectivo elemento. Em geral, são desenhadas em ângulo ou diretamente das linhas principais do desenho, ou em uma curva livre para distingui-las facilmente das linhas de objeto.

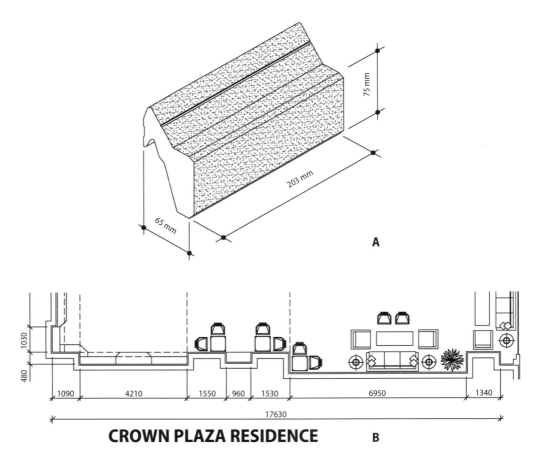

Figura 3.7 **A.** Cotas finalizadas com pontos. **B.** Exemplo de linhas de cota em cadeia (medidas em mm).

Linhas de chamada são utilizadas para identificar elementos, conectando um objeto a uma nota ou abreviação, ou uma dimensão ao objeto que ela representa no desenho (Figuras 3.8A, B e C).

>> Linhas de plano de corte e de plano de vista

Essas são linhas tracejadas (em geral, dois traços curtos e um longo ou um traço curto e um longo) muito importantes utilizadas para indicar a localização dos planos de corte a que correspondem as vistas de corte. As setas em duas extremidades indicam a direção em que a seção é observada (Figura 3.9A). Linhas ou símbolos circulares são, algumas vezes, colocados em suas extremidades para fazer a ligação entre os planos de corte e as vistas de corte correspondentes. Como as linhas de divisa, essas linhas são normalmente mais pesadas que qualquer outra linha no desenho.

>> Linhas de interrupção de desenho

São linhas contínuas e finas com trechos em zigue-zague para indicar a interrupção ou o fim de uma vista parcial ou para omitir partes de um objeto (Figuras 3.10A e B). Arquitetos frequentemente utilizam linhas de interrupção de desenho para eliminar porções irrelevantes de detalhes; com isso, as partes importantes podem ser ampliadas. Elas também são utilizadas em

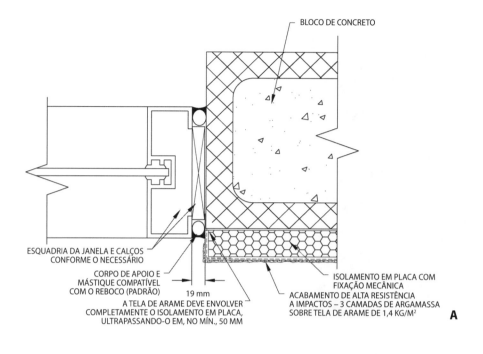

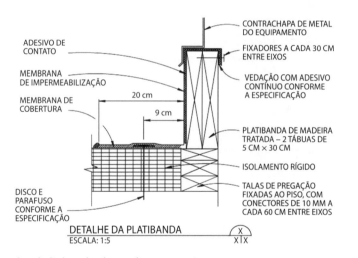

Figura 3.8A,B Exemplos de linhas de chamada que terminam com setas.

desenhos de detalhes e de montagem. Linhas de interrupção de desenho pequenas em geral são finas e têm zigue-zagues pequenos.

Uma linha curta e fina feita com zigue-zagues à mão livre é utilizada em interrupções longas. Uma linha espessa feita à mão livre indica interrupções curtas. Já uma linha dentada é feita para estruturas em madeira. Interrupções especiais podem ser utilizadas para representar estruturas cilíndricas ou tubulares e para indicar que parte da extensão do elemento não está sendo mostrada. Caso contrário, o mais comum é utilizar a linha de interrupção de desenho espessa. O tipo de linha de interrupção normalmente associado com o desenho de arquitetura é a linha de interrupção longa. Linhas de interrupção são utilizadas para interromper elementos em um desenho quando a extensão do elemento já tiver sido claramente definida.

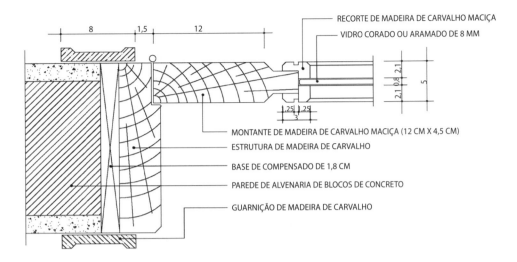

Figura 3.8C Exemplo de linhas de chamada que terminam com um ponto (cotas em centímetros).

» Curvas de nível

São linhas finas utilizadas principalmente para delinear variações na elevação de um terreno. Se o terreno estiver em nível, haverá poucas curvas de nível ou não haverá curva. Por outro lado, se ele possui um declive significativo, é provável que a planta de localização apresente inúmeras curvas de nível. Às vezes, utiliza-se uma maquete para representar a topografia do terreno.

» Linhas de divisa

Linhas de divisa definem os limites de uma propriedade. Essas linhas normalmente são mais pesadas do que outras linhas em plantas de localização ou situação.

» **NO SITE**
Visite o ambiente virtual de aprendizagem Tekne (**www.bookman.com.br/tekne**) e tenha acesso a atividades para reforçar o seu aprendizado.

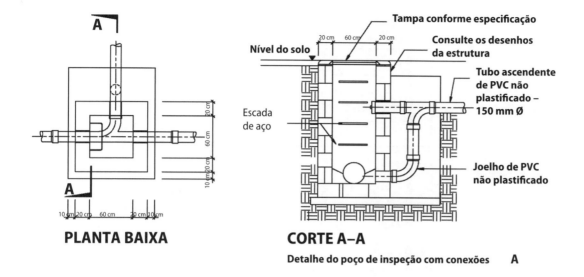

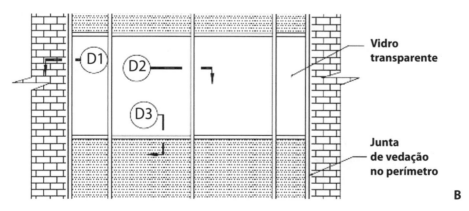

Figura 3.9A,B Exemplos de linhas de plano de corte.

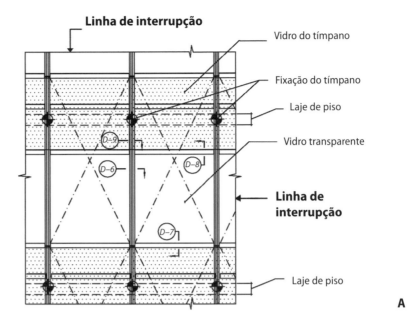

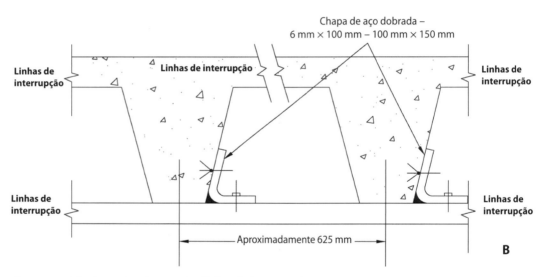

Figura 3.10A,B Exemplos de usos das linhas de interrupção.

» capítulo 4

Dimensões

Neste capítulo, você verá a importância do processo de dimensionamento em um desenho: ele não só possibilita a identificação das medidas dos diferentes elementos como também permite a exata localização de determinadas partes da edificação. A caracterização dos diversos tipos de dimensões (ou cotas) e suas unidades de medida também são assuntos deste capítulo.

Objetivos deste capítulo

» Adaptar-se às inúmeras convenções referentes ao dimensionamento.
» Distinguir os diferentes tipos de dimensões (cotas) e suas unidades de medida.

>> Introdução

Uma dimensão é um valor numérico expresso em uma unidade de medida apropriada. Em desenhos, é indicada junto a linhas, setas, símbolos e notas para determinar o tamanho e a especificação de um objeto. Na arquitetura e engenharia civil, as dimensões são frequentemente chamadas de cotas.

O dimensionamento é, portanto, um processo de incorporação de valores numéricos em um desenho para permitir a identificação das medidas de diferentes elementos e a localização de partes de uma edificação ou objeto. Os desenhos devem ser totalmente dimensionados, para que seja necessário o mínimo possível de cálculos e para que todas as partes possam ser executadas sem ser preciso transformar as escalas de um desenho a fim de determinar o tamanho real de um objeto. Dimensões duplicadas devem, sempre que possível, ser evitadas, a menos que isso ofereça mais clareza. A Figura 4.1 apresenta exemplos de diferentes tipos de dimensão.

As distâncias podem ser indicadas com uma das seguintes formas padronizadas de dimensão: linear ou ordenada. Dimensões lineares são utilizadas para apresentar e medir o comprimento ao longo do eixo X ou Y. Como o nome sugere, só podem ser alinhadas ao longo de tais eixos e costumam ser empregadas para indicar comprimentos (Figura 4.1A). Junto às dimensões lineares, há duas linhas paralelas chamadas linhas auxiliares, que cobrem a distância entre dois elementos e são apresentadas em cada um deles (Figura 4.2A). A linha de cota consiste em uma linha perpendicular às linhas auxiliares. Ela é traçada entre as linhas auxiliares e termina nestas, geralmente com setas, traços ou pontos. (Para exemplos de diferentes pontos de extremidade, veja as Figuras 4.2A, 4.2B e 3.8C.) A distância é indicada por números no ponto intermediário da linha de cota, em um local adjacente a esta ou em um espaço específico designado para ela.

Dimensões ordenadas são utilizadas para medir o comprimento ao longo do eixo X ou Y e para apresentar o comprimento como um texto por meio do uso de uma linha de chamada. Geralmente, essas dimensões são utilizadas para indicar comprimentos de elementos utilizando linhas de chamada (Figura 4.1B).

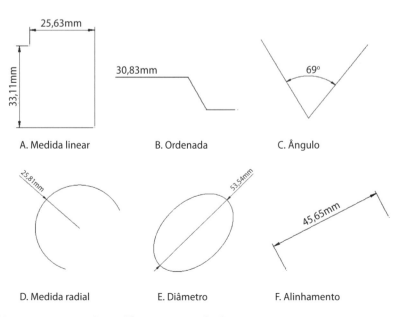

Figura 4.1 Diagrama mostrando os diferentes tipos de dimensões.

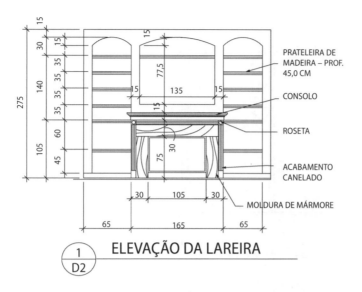

Figura 4.2A Elevação de uma lareira, mostrando as várias dimensões, inclusive as cadeias de dimensões externas (medidas em cm).

Dimensões de raio são utilizadas para medir o raio de arcos, círculos e elipses e para apresentá-lo com uma linha de chamada. As dimensões de raio em geral são apresentadas com um "R" acompanhado pelo valor do raio (Figura 4.3). Dimensões de diâmetro geralmente são sinalizadas por um círculo cortado por uma linha em diagonal, chamado símbolo de diâmetro, seguido pelo valor do diâmetro. Uma linha alinhada ao raio com uma seta apontando para o elemento circular, conhecida como linha de chamada, é utilizada juntamente com dimensões de diâmetro e de raio. Todos os tipos de dimensão costumam ser compostos por duas partes: valor nominal, que é o tamanho "ideal" do elemento, e tolerância, que especifica o limite de variação do valor real, acima ou abaixo do valor nominal.

» O sistema internacional de unidades

Esse sistema, muitas vezes chamado sistema métrico, se originou na França, na década de 1790, como uma alternativa às unidades tradicionais de medida da Inglaterra (o Sistema Imperial). Sua intenção era padronizar as unidades de medida de forma a auxiliar na expansão da indústria e do comércio por toda a Europa continental. Hoje, a maioria dos países adotou um sistema de medida exclusivamente métrico. Os Estados Unidos, no entanto, são ainda um dos poucos países que não adotaram esse sistema. Espera-se que o setor da construção, em algum momento, passe a utilizar o Sistema Internacional de Unidades. Algumas de suas muitas vantagens incluem a eliminação de frações em desenhos, cálculos mais simples e uniformidade internacional.

» Convenções de dimensão

Há inúmeras convenções relativas ao dimensionamento que o desenhista técnico deve conhecer:

1. As linhas de cota em geral são contínuas, e a colocação do número se dá no centro e levemente acima da linha. Como alternativa, a linha de cota pode ser tracejada (comum em desenhos de engenharia), e a dimensão numérica é então posicionada na interrupção.

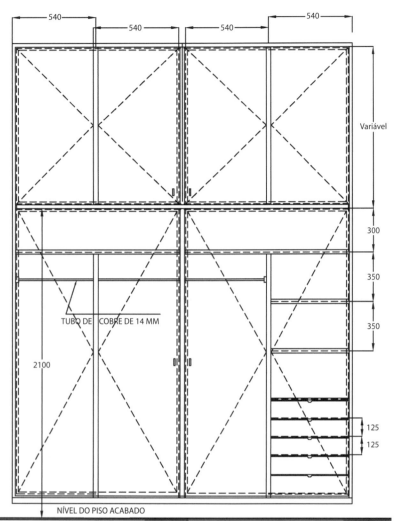

ELEVAÇÃO DO ROUPEIRO

Figura 4.2B Desenho mostrando as linhas de cota que terminam nas linhas auxiliares e que apresentam setas em suas extremidades. Na Figura 4.2A foram empregadas barras (/) nas extremidades; enquanto na Figura 3.8C foram empregados pontos.

2. No sistema norte-americano ou imperial, tanto pés como polegadas devem ser apresentados (por exemplo, 10 pés, 6 polegadas). Mesmo que a dimensão não tenha polegadas, o zero deve permanecer como parte da designação (por exemplo, 10 pés, 0 polegada).

3. No sistema norte-americano ou imperial, quando as dimensões são pequenas (menos de 1 pé), apenas as polegadas são utilizadas.

4. As dimensões totais ou cadeias de dimensões são colocadas fora das dimensões menores (Figura 4.1).

5. Setas, pontos ou traços são colocados nas extremidades de linhas de cota para indicar os limites da dimensão (Figuras 4.2A, 4.2B e 3.8C).

6. As dimensões correspondem às medidas reais das edificações, independente da escala utilizada.

7. Em desenhos nos quais se utilizem linhas de uma malha (tal como em um desenho modular), não há necessidade de dimensionar todos os módulos. Normalmente, apenas um módulo é dimensionado.

8. As dimensões similares não precisam ser repetidas nas diferentes vistas.

9. As dimensões de portas podem ser indicadas nos símbolos da planta baixa ou apresentadas na tabela com notas sobre as portas.

10. Costuma-se utilizar linhas de chamada curvas ou lineares para evitar a confusão com as linhas de cota.

11. As dimensões que indicam localização são apresentadas em linhas de eixo de portas ou janelas em plantas baixas.

12. Para evitar erros onerosos, recomenda-se o estudo de todas as informações disponíveis antes de se tomar uma decisão concernente às dimensões em questão. Certifique-se de que não há qualquer conflito ou discrepância com as informações disponibilizadas em outras vistas.

» *O uso de escalímetros*

Uma vez que os projetos de construção são grandes demais para serem desenhados em tamanho real em uma folha de papel, tudo deve ser desenhado proporcionalmente menor para que nela possa caber. As vistas em um jogo de plantas normalmente são desenhadas em uma escala reduzida. Indicações de escala acompanham cada desenho. A escala de um desenho, em geral, é indicada no selo ou logo abaixo da vista, quando difere da escala indicada no selo. Ao desenhar edificações em uma escala específica, é necessário que os desenhos mantenham a relação com o tamanho real da edificação ou objeto por meio do uso de uma razão simples. Essa prática de utilizar uma razão padronizada entre o tamanho real e o que é visualizado nos desenhos é conhecida como escala. A escala utilizada em desenhos executivos depende dos seguintes critérios:

1. O tamanho real da edificação ou objeto.
2. A quantidade de detalhes que é preciso apresentar.
3. O tamanho da prancha escolhido para o desenho.
4. A quantidade de cotas e notas necessárias.
5. Práticas comuns que regulam certas escalas (por exemplo, moradias normais geralmente são desenhadas na escala de 1:50).

Os escalímetros requerem marcações distintas divididas por máquina, junto com arestas vivas, para atingir medições precisas. O formato dos escalímetros pode ser triangular, chato ou chanfrado. Eles vêm em diferentes tamanhos: geralmente têm 30 cm de comprimento, ainda que também estejam disponíveis no tamanho de 15 cm (Figura 4.4). Os três escalímetros de desenho mais utilizados para ler desenhos executivos e desenvolver plantas são: escalímetro de arquitetura, escalímetro de engenharia e escalímetro métrico. Muitos arquitetos e engenheiros incluem uma nota em seus desenhos afirmando que "as dimensões apresentadas nas plantas devem prevalecer sobre a escala". Alguns dos problemas associados com o desenho em escala incluem mudanças no tamanho devido a métodos de reprodução, mudanças de dimensão de última hora e graus variáveis de precisão, dependendo das habilidades do desenhista.

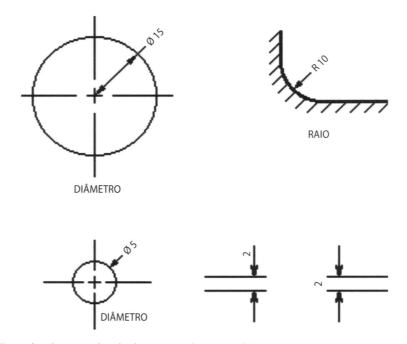

Figura 4.3 Desenho de exemplos de dimensões de raios e diâmetros.

» Escalímetro de arquitetura

Os escalímetros de arquitetura normalmente são chatos ou triangulares e têm diferentes comprimentos, sendo o triangular de 30 cm o mais popular. Os três lados do escalímetro triangular possuem duas escalas em cada face. Cada uma dessas escalas utiliza todo o comprimento do instrumento: um é lido da esquerda para a direita e o outro da direita para a esquerda. Da mesma forma, uma escala geralmente corresponde à metade ou ao dobro da escala do mesmo lado do escalímetro. Por exemplo, na face que apresenta a escala de 1:100 (um para 100) também costuma estar a escala de 1:50.

Os escalímetros em geral são feitos para medir metros e centímetros. As escalas mais comuns encontradas nos escalímetro triangular de arquitetura são: 1:100, 1:50, 1:25, 1:20, 1:10 e 1:5.

Por exemplo: a escala de 1:100, comum na planta baixa do pavimento tipo de um grande edifício, significa que um centímetro do desenho equivale a 100 cm (ou um metro) do tamanho real. Já na escala de 1:50, mais comum em plantas baixas de casas, um centímetro do desenho equivale a 50 cm do tamanho real; e assim por diante.

Não existe uma convenção que determine qual a escala a ser empregada em cada desenho, embora certas partes de um jogo de plantas costumem ser representadas em determinadas escalas. A maioria das plantas baixas dos pavimentos e das coberturas e das elevações externas geralmente é feita na escala de 1:50 (Figuras 4.5A e B) ou 1:100, embora escalas menores, como de 1:200 ou 1:250, também sejam usuais em grandes edificações comerciais ou institucionais, para que os desenhos possam caber nas pranchas de tamanho padrão e ser mais facilmente lidos. Já os cortes de pele ou de lado a lado de uma edificação costumam estar nas escala de 1:50 ou 1:100, mas escalas maiores, como a de 1:20, são usuais se a construção for complexa ou se deseja mostrar os detalhes. Dependendo da quantidade de informações apresentadas, os detalhes de construção podem estar na escala de 1:2, 1:5 ou 1:10 (Figuras 4.6A e B), embora também se use a escala real (1:1) no detalhamento de esquadrias ou móveis.

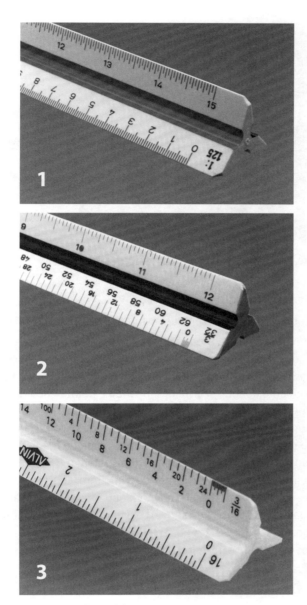

Figura 4.4A Três escalímetros triangulares diferentes.

» Escalímetros métricos

As unidades lineares do Sistema Internacional de Unidades mais comuns em desenhos são centímetros e milímetros, dependendo da escala ou do tamanho da edificação ou objeto sendo projetado. Um lote ou uma gleba muito grande, por exemplo, provavelmente será dimensionado em metros ou mesmo quilômetros. O American National Metric Council, em sua publicação *American Metric Construction Handbook*, recomenda o seguinte, em relação aos desenhos métricos:

1. Desenhos executivos de arquitetura devem ser dimensionados em milímetros (mm) e metros (m).
2. As plantas de situação e localização devem ser dimensionadas em metros (m) ou possivelmente em quilômetros (Km), dependendo da escala e do tamanho do lote ou terreno, com o nível de detalhamento de apenas três casas decimais.

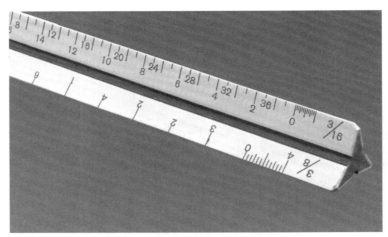 

Figura 4.4B Escalímetro de arquitetura padrão, mostrando a extremidade.

3. Não se utiliza ponto após os símbolos de unidade.
4. A escala nos desenhos deve ser apresentada no formato de uma razão (1:1, 1:10, 1:50, etc.).

No Brasil, o sistema preferido de dimensionamento é chamado de métrico, em que módulos métricos comuns são utilizados. Assim, uma peça de madeira de 2" × 4" corresponde a 40 mm × 90 mm quando convertido do Sistema Norte-Americano ao Sistema Internacional de Unidades. Esse método é muito mais conveniente quando se está desenhando e tirando medidas em uma construção. Quando se mede a espessura de uma chapa de madeira compensada em unidades de medida, 5/8" (polegada) de espessura corresponde a 17 mm e 3/4 de polegada corresponde a 20 mm. Por meio do mesmo método, o comprimento e a largura de uma chapa de madeira compensada mudam de 48" × 96" para 1.200 mm × 2.400 mm. Em países que adotaram o Sistema Internacional de Unidades, o módulo de dimensionamento corresponde a 100 mm, enquanto nos Estados Unidos os módulos de desenho e construção de arquitetura normalmente utilizados são 12 polegadas (30,48 cm, um pé) e 16 polegadas (40,56 cm). Portanto, os elementos de uma edificação que apresentam espaçamento de 24 polegadas entre eixos nos Estados Unidos, terão espaçamento de pouco mais de 600 mm entre eixos no Canadá e no Reino Unido, por exemplo.

Na leitura de dimensões métricas em um desenho, todas as dimensões que se referem às linhas de cota normalmente são apresentadas em milímetros, sendo o símbolo de milímetros (mm) omitido, a menos que mais de uma dimensão seja indicada, caso em que o símbolo (mm) é incluído após a última dimensão. Desenhos elaborados no sistema métrico, como plantas baixas, elevações e cortes, normalmente são desenhados nas escalas de 1:50 ou de 1:100, em contraste com as escalas de 1/4 de polegada = 1 pé, 0 polegada (1/4" = 1'-0") ou 1/8 de polegada = 1 pé, 0 polegada (1/8" = 1'-0") utilizadas no sistema imperial. A Figura 4.5 apresenta exemplos de desenhos elaborados na escala de 1:50 e 1/4 de polegada = 1 pé, 0 polegada.

» Indicação de escala

Normalmente, a escala deve ser indicada no selo do desenho. Quando mais de uma escala é utilizada, elas devem ser indicadas próximo às vistas a que se referem, e no selo deve dizer "escalas como indicadas". Se um desenho usa predominantemente uma escala, ela deve ser indicada no selo junto com a expressão "ou como indicada".

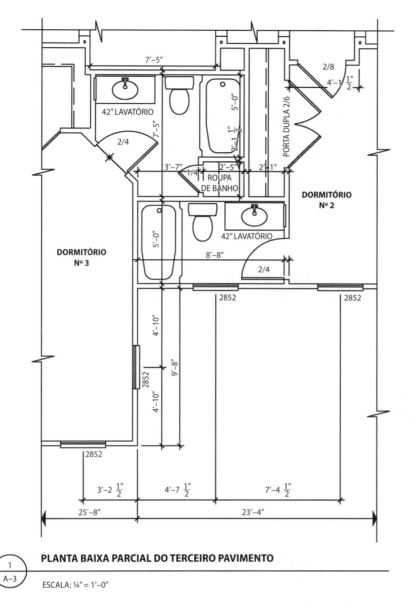

Figura 4.5A Planta baixa com cotas no sistema norte-americano ou imperial. A escala empregada (1/4" = 1'-0"), significa que ¼ de polegada (¼ de 25,4 mm, ou seja, 6,35 mm) no desenho equivale a 1 pé e 0 polegada (304,8 mm) nas dimensões reais. No Sistema Internacional de Unidades, essa escala corresponde a 1:50.

» Dimensões lineares

Dimensões lineares, ou unidades lineares, são utilizadas para medir a distância entre dois pontos. Uma vez que dois pontos definem uma linha, as unidades de distância, às vezes, são chamadas de unidades ou dimensões "lineares". No sistema métrico, as dimensões lineares geralmente são apresentadas em milímetros. A fim de evitar a necessidade de especificar os valores com "mm" após cada dimensão, os dizeres "todas as dimensões em mm" ou "todas as dimensões em mm, exceto quando indicado" são inseridos no selo da prancha. Se o valor da dimensão for menor do que um, um zero deve ser acrescentado antes da vírgula: por exemplo, 0,5. Unidades lineares também po-

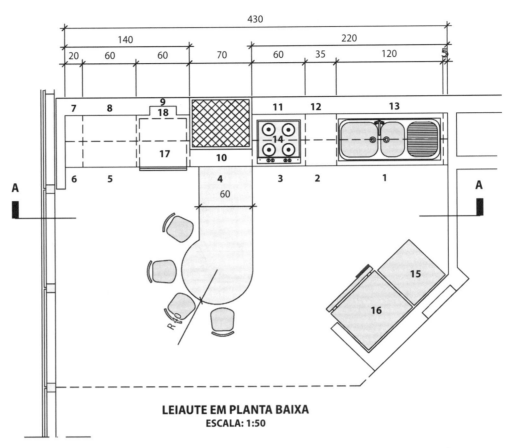

Figura 4.5B Planta baixa com dimensões no Sistema Internacional de Unidades (1:50). Todas as cotas estão em centímetros.

dem aparecer em centímetros e polegadas, metros e pés ou quilômetros e milhas, para citar alguns exemplos.

Em desenhos de arquitetura e engenharia, as dimensões mais importantes determinam as dimensões subsequentes, estabelecendo um padrão. Assim, se uma parede for dimensionada em relação a seu eixo, todas as dimensões subsequentes que utilizarem essa parede como ponto de referência devem ser dimensionadas em relação ao eixo.

Linhas de projeção são utilizadas para indicar as extremidades de uma dimensão. Linhas de cota são empregadas para rotular uma dimensão em especial. Linhas finas são utilizadas para linhas de projeção e de cota (Figura 4.7).

Dimensões de área são bidimensionais. Em geral, são expressas como o quadrado de dimensões lineares: metros quadrados (m²). Um retângulo que tenha 8 metros de extensão e 4 metros de largura, por exemplo, possui uma área de 32 metros quadrados (8 metros vezes 4 metros). Exemplos de unidades de área que não são o quadrado de uma unidade linear são o acre e o hectare. Há ainda outros.

Dimensões de volume são tridimensionais e expressas como o cubo de unidades lineares. Um cubo cujas arestas meçam 2 metros tem um volume de 2 × 2 × 2 = 8 metros cúbicos.

Dois métodos de notação da dimensão são de uso corrente:

- Unidirecional: As dimensões são escritas horizontalmente..

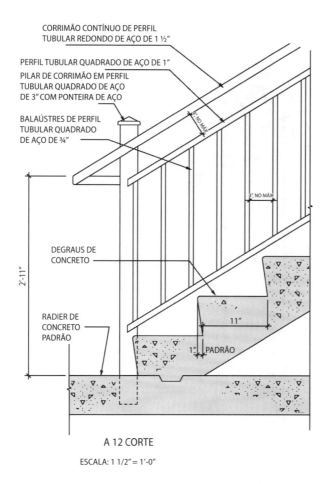

Figura 4.6A Detalhe de uma escada desenhado no sistema norte-americano ou imperial. A escala empregada (1 1/2" = 1'-0") significa que 1,5 polegada (1,5 × 25,4 mm, ou seja, 38,1 mm) no desenho equivale a 1 pé e 0 polegada (304,8 mm) nas dimensões reais.*

- Alinhada: As dimensões são escritas paralelamente às linhas de cota. Dimensões alinhadas devem sempre ser legíveis a partir da parte de baixo ou da direita do desenho.

Quando várias dimensões compõem um comprimento total, a dimensão total pode ser apresentada fora da disposição das dimensões do elemento. Quando uma dimensão total é especificada, uma ou mais dimensões do elemento podem ser omitidas, contanto que não sejam essenciais.

Quando todas as dimensões do elemento devem ser especificadas, um comprimento total ainda pode ser apresentado como uma dimensão auxiliar. Dimensões auxiliares jamais são arredondadas. Elas são apresentadas entre parênteses (Figura 4.8).

Dimensões que não são desenhadas em escala aparecem sublinhadas (Figura 4.9A). Quando uma linha de cota não pode ser desenhada completamente até o fim de sua extensão normal, a extremidade inacabada é interrompida com setas duplas (Figura 4.9B).

---

* N. de T.: No Sistema Universal de Unidades, essa escala corresponde à de 1:12,5 (uma escala que não é utilizada por nós – no Brasil, este desenho seria feito na escala de 1:10). 1" = 1 polegada = 25,4 mm.

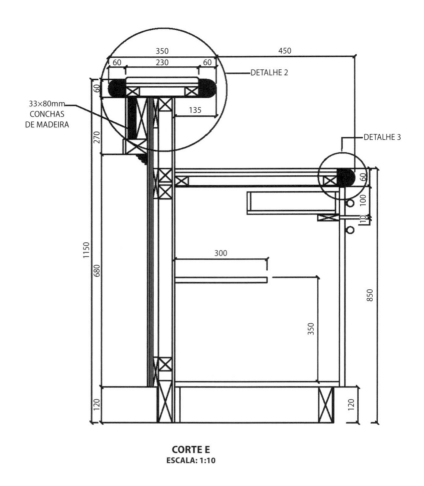

Figura 4.6B Desenho de um detalhe de balcão na escala de 1:10, no Sistema Internacional de Unidades (dimensões em mm).

>> Dimensões angulares

Dimensões angulares são utilizadas para medir e indicar ângulos internos e externos. Os ângulos são medidos em graus (Figura 4.1C). Quando uma maior precisão é necessária, o grau é dividido em 60 minutos e o minuto em 60 segundos. Como referência, o círculo possui 360 graus. Tanto polegadas como milímetros medem os ângulos em graus. Normalmente, dimensões angulares são especificadas em graus decimais, graus e minutos ou graus, minutos e segundos (por exemplo, 24,5°, 24° 30', 24° 30' 16"). Quando o ângulo for menor do que um grau, deve ser acrescentado um zero (por exemplo, 0,5°, 0° 30').

>> Dimensões de referência

Uma dimensão de referência é utilizada com propósitos informativos. A indicação "REF" deve ser indicada imediatamente abaixo ou ao lado da dimensão. Em geral, trata-se de uma duplicação da dimensão ou do valor acumulado de outras dimensões. Dimensões de referência são geralmente

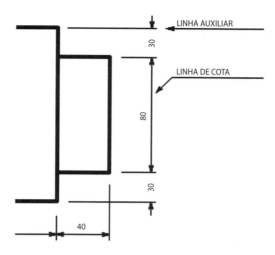

Figura 4.7 Diagrama mostrando o uso das linhas de cota e linhas auxiliares (dimensões em mm).

apresentadas entre parênteses. Dimensões de referência não sofrem arredondamentos e não devem ser utilizadas para fins de fabricação ou inspeção de peças. O propósito das dimensões de referência é disponibilizar informações adicionais. Alguns desenhos podem não apresentar as dimensões de referência entre parênteses, indicando-as com "REF" ou "REFERÊNCIA" após a dimensão (Figura 4.10).

❯❯ *Dimensões nominais e dimensões reais*

Em arquitetura, "dimensão nominal" refere-se a dimensões de uma peça de madeira antes de secar e ser aplainada.

Dimensões nominais são essencialmente dimensões aproximadas ou brutas, com as quais o material é em geral indicado e vendido no comércio, mas que diferem da dimensão real. No comércio de madeira, por exemplo, um pedaço acabado (desbastado) de 2 × 4 in (100 × 50 mm) mede menos do que 100 mm de largura e menos do que 50 mm de espessura. A dimensão nominal geralmente é maior do que a dimensão real.

Quando uma peça de madeira serrada (dimensão nominal) é curada, desbastada ou aplainada, a dimensão torna-se menor; essa é a "dimensão real". Por exemplo, uma peça de madeira de 100 mm × 50 mm pode vir a ter aproximadamente 90 mm × 45 mm quando já tiver sido desbastada

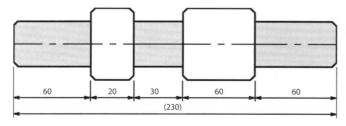

Figura 4.8 Desenho a traço mostrando o uso da dimensão total e das dimensões auxiliares (dimensões em mm).

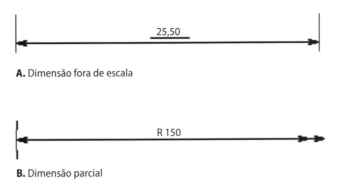

Figura 4.9 Diagrama mostrando uma dimensão fora de escala (A) e uma dimensão parcial (B).

e aplainada. A dimensão real, portanto, refere-se à dimensão mínima aceitável após a peça ter sido desbastada e aplainada. Uma peça que tenha dimensão nominal de 100 mm × 50 mm, terá dimensão real mínima de 90 mm × 45 mm. Para referir-se a uma peça de madeira específica, utiliza-se a dimensão nominal. A Figura 4.11 apresenta exemplos de dimensões nominais e reais de peças de madeira e tábuas.

Em desenho de engenharia, a dimensão é utilizada para fins de identificação geral. A dimensão real de uma peça será aproximadamente a mesma que a dimensão nominal, mas não necessariamente a mesma. Por exemplo, um cabo de aço pode ser especificado como tendo 10 mm, ainda que a dimensão real no desenho seja 9,95 mm. Nesse caso, 10 mm é a dimensão nominal.

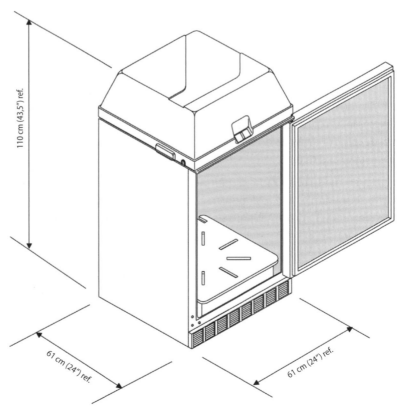

Figura 4.10 Desenho mostrando o uso de dimensões de referência.

DIMENSÃO NOMINAL	DIMENSÃO REAL	DIMENSÃO NOMINAL	DIMENSÃO REAL
2 × 2	1 1/2 × 1 1/2	1 × 2	3/4 × 1 1/2
2 × 3	1 1/2 × 2 1/2	1 × 3	3/4 × 2 1/2
2 × 4	1 1/2 × 3 1/2	1 × 4	3/4 × 3 1/2
2 × 6	1 1/2 × 5 1/2	1 × 5	3/4 × 4 1/2
2 × 8	1 1/2 × 7 1/4	1 × 6	3/4 × 5 1/2
2 × 10	1 1/2 × 9 1/4	1 × 8	3/4 × 7 1/4
2 × 12	1 1/2 × 11 1/4	1 × 10	3/4 × 9 1/4
4 × 4	3 1/2 × 3 1/2	1 × 12	3/4 × 11 1/4
4 × 6	3 1/2 × 5 1/2		
4 × 10	3 1/2 × 9 1/4		
6 × 6	5 1/2 × 5 1/2		

A. PEÇAS DE MADEIRA ESTRUTURAIS   B. TÁBUAS

Figura 4.11 Tabela com exemplos de dimensões nominais e reais de peças de madeira estruturais e tábuas (dimensões em polegadas).

» Tolerâncias

A expressão "dimensionamento geométrico e tolerância" refere-se à variação da dimensão permitida. Representa a diferença entre os limites máximos e mínimos aceitáveis. Todas as dimensões devem ter uma tolerância, exceto as dimensões básica, de referência, máxima ou mínima. Esse é um método utilizado para especificar a geometria funcional de um objeto.

A compreensão da linguagem internacional de engenharia é essencial para se comunicar no mercado global altamente competitivo da atualidade. Você deve ler e interpretar os símbolos referentes a dimensionamento e tolerância, os quais fornecem informações detalhadas sobre a função das diferentes partes do sistema e a relação entre elas.

> » NO SITE
> Visite o ambiente virtual de aprendizagem Tekne (www.bookman.com.br/tekne) e tenha acesso a atividades para reforçar o seu aprendizado.

>> capítulo 5

Tipos de vistas

Já vimos que os desenhos são fundamentais para que exista comunicação adequada no setor da construção, por isso saber interpretá-los é indispensável. Este capítulo traz os princípios de projeção ortogonal (ou ortográfica), responsável por mostrar como o objeto é visto de todos os lados. Vamos aprender que uma única vista é quase sempre insuficiente para mostrar todos os detalhes do objeto de forma precisa. Além disso, você entenderá a importância de conhecer os símbolos de projeção e seus significados, assim como as notas, observações e outras informações possíveis. As vistas auxiliares, as diversas projeções e perspectivas também compõem este capítulo.

Objetivos deste capítulo

>> Comparar desenhos com duas e três vistas e vista única.
>> Interpretar adequadamente esses desenhos de acordo com as projeções ortogonais.
>> Identificar os símbolos de projeção.
>> Reconhecer as diferentes características entre projeções e desenhos.
>> Definir os princípios da perspectiva.

›› Introdução

Os desenhos são o principal meio de comunicação no setor da construção. Ao aprender a ler e interpretar os desenhos técnicos, é necessário desenvolver a capacidade de visualizar o objeto a ser construído. Os princípios de projeção ortogonal (ou ortográfica) são essenciais em todos os campos de atuação do setor da construção. Para poder interpretar um desenho, você deve ser capaz de relacionar diferentes vistas.

Muitas vezes não é possível ler um desenho técnico a partir de uma única vista; duas ou mais vistas podem ser necessárias para ler e visualizar a forma. A Figura 5.1 mostra três exemplos de objetos que exigem apenas duas vistas para serem lidos. A Figura 5.2 apresenta um desenho que utiliza três vistas. Esboçando à mão livre ou fazendo um desenho técnico, o objetivo é o mesmo. A meta é comunicar os detalhes necessários para determinado público-alvo, seja ele composto de construtores, fabricantes ou clientes.

Sem a capacidade de se comunicar, arquitetos e engenheiros não podem trabalhar em equipe. A competência em desenhos técnicos e esboços à mão livre são ferramentas de comunicação essenciais para arquitetos, engenheiros e todos aqueles envolvidos no setor da edificação civil e da produção fabril.

Na interpretação de objetos complexos, nem mesmo o uso de três tipos de desenho (plantas baixas, cortes e elevações) costuma ser suficiente para abarcar todas as informações necessárias. Vistas especiais adicionais podem ser necessárias, incluindo perspectivas artísticas, vistas auxiliares e vistas expandidas. A vista de um objeto é tecnicamente conhecida como uma projeção.

As perspectivas artísticas são uma categoria complementar dentro das projeções ortográficas. Elas mostram a imagem de um objeto visto a partir de um ângulo oblíquo, a fim de revelar todas as três dimensões (eixos) do espaço em uma imagem. As perspectivas ortográficas normalmente são adaptadas para serem mais realistas, mas sempre têm alguma distorção. Como as projeções em perspectiva possuem essa distorção inata, costuma-se tomar mais liberdade visando à economia de esforços e melhores efeitos. As perspectivas serão discutidas adiante neste capítulo.

›› Desenhos e projeções ortogonais (com vistas múltiplas)

Por muitos anos, os arquitetos e engenheiros têm utilizado um sistema conhecido como projeção ortogonal ou ortográfica para fazer a representação gráfica precisa de objetos tridimensionais. Recentemente, a expressão "desenho com vistas múltiplas" tem se tornado de uso comum, indicando que mais de uma vista é empregada para ilustrar um objeto; ainda assim, os termos são sinônimos. "Ortográfico" vem do grego e significa "escrita correta" (ou desenho correto). A projeção ortogonal mostra como é o objeto visto de frente, pela direita, pela esquerda, de cima, de baixo ou de trás. Diferentes vistas em geral são posicionadas umas em relação às outras de acordo com as regras de projeção no primeiro diedro ou projeção no terceiro diedro. As vistas ortogonais representam o formato exato de um objeto visto perpendicularmente, um lado de cada vez, sem mostrar a profundidade.

Uma única vista de um objeto raramente é adequada para mostrar todas as características necessárias. A Figura 5.3 é um exemplo de projeção ortogonal que apresenta as seis vistas principais utilizadas pelos arquitetos e engenheiros em desenhos do projeto executivo e de fabricação.

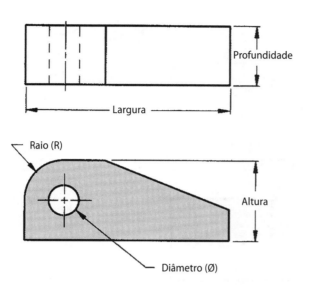

Figura 5.1A Exemplo de desenho simples de objeto que exige apenas duas vistas para ser lido.

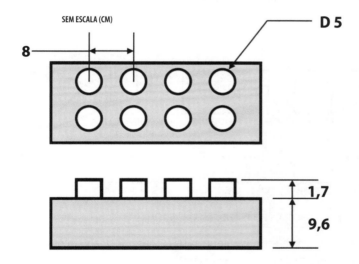

Figura 5.1B Exemplo de desenho simples de objeto que exige apenas duas vistas para ser lido.

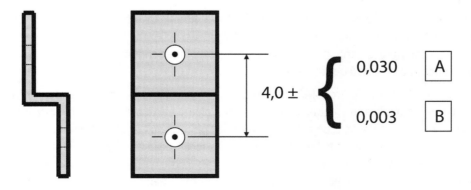

Figura 5.1C Exemplo de desenho simples de objeto que exige apenas duas vistas para ser lido.

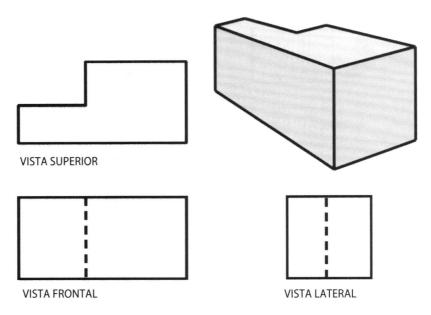

Figura 5.2 O desenho de um objeto que requer três vistas para ser corretamente interpretado.

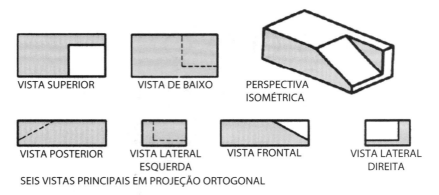

Figura 5.3 Ilustração de um objeto mostrando as seis vistas principais em projeção ortogonal baseada na projeção no terceiro diedro e uma perspectiva isométrica.

Tipos comuns de desenhos ortogonais incluem plantas baixas, elevações e cortes. O atributo mais evidente dos desenhos ortogonais é sua escala constante, ou seja, todas as partes do desenho são representadas sem escorço ou distorção, mantendo a dimensão, o formato e a proporção reais. Portanto, em um desenho ortográfico, uma janela representada com 2,40 m de largura por 1,20 m de altura será sempre desenhada com essas dimensões, independentemente da distância que a janela se encontra de nosso ponto de vista (Figura 5.4).

As plantas baixas são vistas ortogonais de um objeto visto diretamente de cima para baixo. As plantas baixas definem o leiaute de uma edificação. Uma planta baixa representa um corte horizontal da edificação, ou parte dela, logo acima do nível dos peitoris das janelas. Além da disposição de cômodos e espaços, as plantas baixas devem mostrar a localização de diversos elementos de arquitetura, como escadas, portas e janelas, além de detalhes, como a espessura de paredes externas e internas. Em geral, quanto maior for a escala de um desenho, maior será a quantidade de detalhes

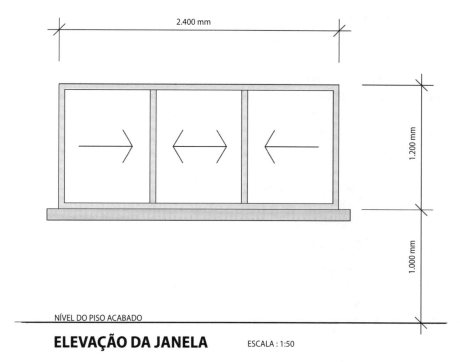

Figura 5.4 Elevação de uma janela desenhada em formato ortogonal, mantendo a real dimensão, o formato e a proporção, sem distorção ou escorço.

que ele conterá (Figura 5.5). Portanto, um desenho na escala de 1:50, geralmente terá mais informações e detalhes do que um desenho na escala de 1:100. Da mesma forma, uma escala de 1:2 é maior do que uma de 1:50. Outros tipos de plantas utilizadas na construção de edificações podem incluir plantas de localização, que em geral mostram o leiaute de um terreno; plantas de fundação, que apresentam a estrutura da edificação; e plantas de teto, que geralmente são empregadas para indicar a distribuição dos pontos de luz e dos elementos do projeto.

Há duas regras importantes que devem ser adotadas no desenho ortogonal: o posicionamento e o alinhamento das vistas, dependendo do tipo de projeção a ser utilizado. Essas regras serão discutidas a seguir. Além disso, as linhas de projeção entre as vistas devem ser alinhadas horizontal e verticalmente.

A projeção ortogonal (de vistas múltiplas) é uma convenção amplamente aceita para representar objetos tridimensionais (3D), fazendo uso de múltiplas dimensões (2D) representando as partes da frente, de cima, de baixo, de trás e dos lados do objeto. Na prática, utiliza-se o número mínimo possível de vistas para descrever todos os detalhes do objeto. Em geral, as vistas de frente, de cima e de um lado são suficientes, sendo orientadas no papel de acordo com as convenções. A Figura 5.6 apresenta uma projeção com vistas múltiplas para uma casa simples. A projeção mostra claramente que é uma forma de projeção paralela, e a direção da vista é ortogonal ao plano da projeção. A projeção isométrica busca representar objetos tridimensionais utilizando uma única vista. Em vez de o observador visualizar o objeto perpendicularmente, o objeto é girado horizontal e verticalmente em relação a ele. Existem regras e convenções que guiam a criação de ambos os tipos de projeção. Além disso, ambas podem ser complementadas com diferentes tipos de dimensões.

›› Projeção no primeiro diedro

A projeção no primeiro diedro corresponde à norma ISO e é utilizada principalmente na Europa e na Ásia. Se imaginarmos a projeção de um objeto tridimensional em um cubo de plástico transparente, as principais superfícies do objeto são projetadas nas faces do cubo, de forma que a vista superior encontra-se abaixo da vista frontal e a vista do lado direito encontra-se à esquerda da vista frontal. Forma-se uma representação bidimensional do objeto quando "desdobramos" o cubo e visualizamos todas as suas faces internas, como ilustrado na Figura 5.7A.

Em projeções no primeiro diedro, o objeto localiza-se acima e em frente aos planos de observação, e os planos são opacos. Estendendo-se até o cubo, cada vista do objeto é projetada na direção das faces internas do cubo; ou seja, cada vista do objeto é desenhada no lado oposto do cubo.

›› Projeção no terceiro diedro

Na projeção no terceiro diedro, a vista do lado esquerdo encontra-se no lado esquerdo, e a vista superior se encontra na parte superior (Figura 5.7B e C). Esse tipo de projeção é empregado principalmente nos Estados Unidos e no Canadá. Deve-se observar que nem todas as vistas são necessariamente utilizadas, e a determinação de qual superfície é identificada como anterior, posterior, superior e inferior varia de acordo com a projeção utilizada.

Figura 5.5A Planta de um escritório desenhado na escala de 1:50. Note que não há qualquer indicação de dimensões, como seria o caso em um desenho ortogonal típico.

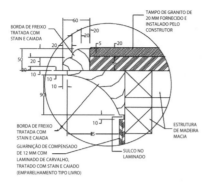

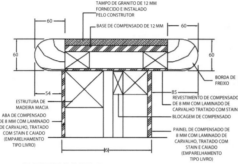

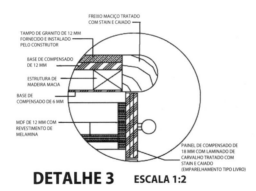

Figura 5.5B Detalhes de um balcão na escala de 1:2. Estes desenhos são em uma escala maior e possuem mais pormenores do que os desenhos na escala de 1:50.

Na projeção no terceiro diedro, o objeto se encontra abaixo e atrás dos planos de observação. Os planos são transparentes, e cada vista é projetada no plano mais próximo a ela. Utilizando-se o cubo, cada vista do objeto é projetada na direção oposta das faces internas do cubo; ou seja, cada vista do objeto é desenhada no mesmo lado do cubo. O cubo é então desdobrado para que sejam visíveis todas as suas faces externas, como mostrado na Figura 5.7C.

» Desenhos de vista única

Os desenhos de uma vista normalmente são utilizados na indústria para representar as partes que têm formato uniforme. Esses desenhos costumam ser complementados por notas, símbolos e in-

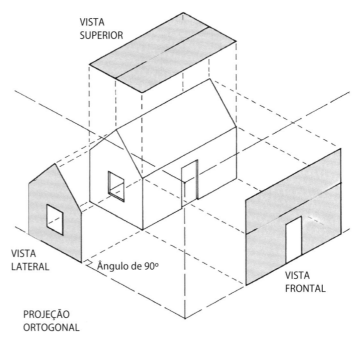

Figura 5.6 Projeção com vistas múltiplas de uma casa simples. Este é o formato mais utilizado por arquitetos e engenheiros.

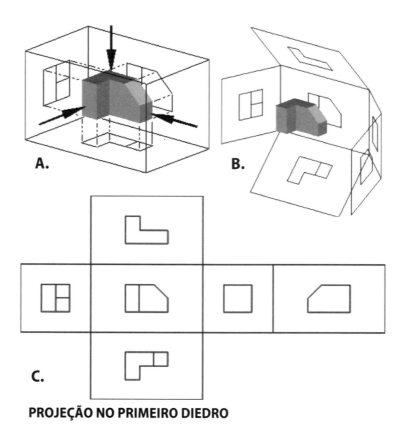

PROJEÇÃO NO PRIMEIRO DIEDRO

Figura 5.7A Vistas de um objeto sendo projetado de acordo com a projeção no primeiro diedro, a qual corresponde à norma ISO e é utilizada principalmente na Europa e na Ásia. Fonte: Wikimedia Commons.

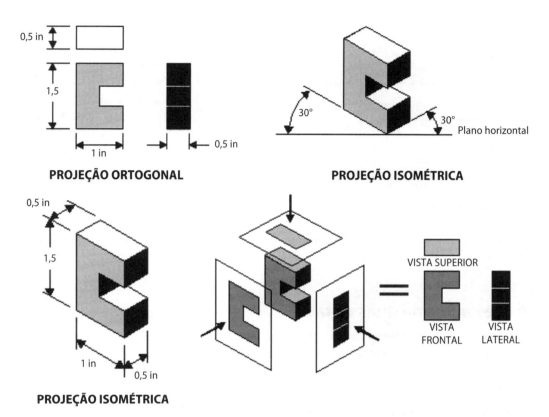

Figura 5.7B Exemplos de projeção no terceiro diedro, que é utilizada principalmente nos Estados Unidos e no Canadá. Esse tipo de projeção gera duas plantas baixas e quatro vistas laterais. Na projeção no terceiro diedro, a vista do lado esquerdo encontra-se no lado esquerdo e a vista superior encontra-se na parte superior.

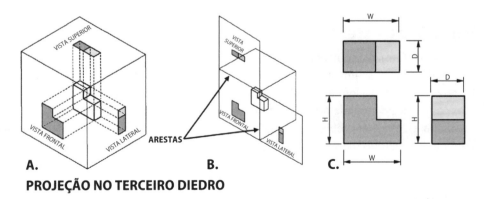

PROJEÇÃO NO TERCEIRO DIEDRO

Figura 5.7C Mais exemplos de projeção no terceiro diedro, que é empregada principalmente nos Estados Unidos e no Canadá. Esse tipo de projeção gera duas plantas baixas e quatro vistas laterais. Na projeção no terceiro diedro, a vista do lado esquerdo encontra-se no lado esquerdo e a vista superior encontra-se na parte superior.

formações escritas. Em geral, são empregados para descrever o formato de partes simétricas, como as cilíndricas, cônicas e retangulares. Na maior parte das vezes, linhas de chamada são utilizadas para relacionar a nota a um elemento específico, como na Figura 5.8. Objetos finos e planos de espessura uniforme costumam ser representados por desenhos de uma vista.

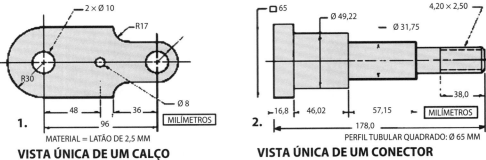

Figura 5.8 Dois exemplos de desenhos de uma vista, que costumam ser utilizados na indústria para representar as peças que têm formato uniforme.

» Desenhos de duas vistas

Objetos simples e simétricos e componentes cilíndricos, como luvas, pinos, barras e montantes, necessitam somente de duas vistas para indicar os detalhes completos da construção. As duas vistas geralmente incluem a vista frontal e uma das seguintes: a vista lateral direita ou esquerda ou a vista superior ou inferior.

Os elementos em ambos os lados do eixo geométrico apresentados em um desenho possuem a mesma dimensão e o mesmo formato. Essas linhas paralelas curtas de mesma extensão são colocadas do lado de fora do desenho do objeto, junto ao eixo geométrico (Figura 5.9). Um detalhe oculto pode ser plano, curvo ou cilíndrico. Seja qual for o formato do detalhe e independentemente do número de vistas, ele é representado por uma aresta oculta ou invisível.

» Desenhos de três vistas

Objetos planos de formato regular que requerem apenas operações mecânicas simples, na maioria das vezes podem ser descritos de forma adequada por meio de notas em um desenho de uma vista. Entretanto, quando o formato do objeto muda, quando algumas partes são retiradas ou se os processos complexos de maquinaria ou de fabricação devem ser apresentados, a vista única será inadequada para descrever o objeto adequadamente. A combinação de vistas (frontal, superior, lateral direita) é o método mais empregado pelos desenhistas técnicos para representar objetos simples (Figura 5.10). Para a construção de edificações, outras vistas costumam ser necessárias.

A vista frontal

Antes que um objeto seja desenhado, é feita uma avaliação para determinar quais vistas fornecerão a maior quantidade de informações necessárias para sua construção. A superfície que fica aparente quando o observador olha para o objeto é chamada de vista frontal. Para desenhar essa vista, o desenhista técnico imagina que o objeto é erguido ao nível de seus olhos e girado de maneira que apenas um lado possa ser visualizado. Se um plano imaginário transparente é colocado entre os olhos e a face do objeto, paralelamente a este último, a imagem projetada no plano será igual àquela que se forma nos olhos do observador.

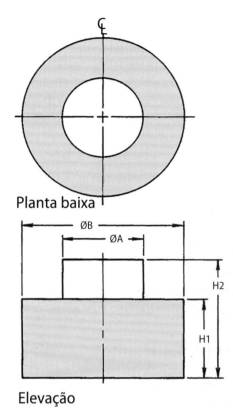

Figura 5.9 Desenhos com duas vistas são utilizados principalmente para representar objetos simples e simétricos e para componentes cilíndricos. As vistas em geral incluem a vista frontal e uma das seguintes: a vista lateral direita ou esquerda ou a vista superior ou inferior.

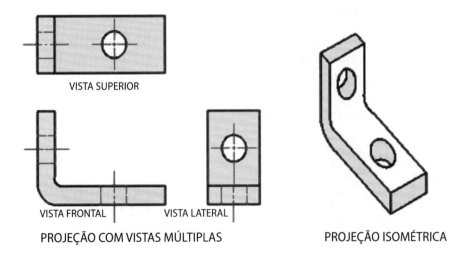

Figura 5.10 Desenhos de três vistas costumam ser necessários para formatos mais complexos. A combinação das vistas frontal, superior e lateral direita reflete o método normalmente empregado pelos desenhistas técnicos para descrever estes objetos.

A vista superior

Para desenhar uma vista superior, o desenhista técnico realiza um processo similar ao descrito anteriormente. Entretanto, na projeção no terceiro diedro, em vez de olhar para a frente do objeto, a vista é obtida a partir de um ponto diretamente acima dele. Quando um plano horizontal, no qual a vista superior é projetada, é girado para que se posicione em um plano vertical, as vistas frontal e superior se encontram corretamente relacionadas. Em outras palavras, a vista superior se encontra sempre acima e alinhada à vista frontal.

A vista lateral

Uma vista lateral é obtida quase do mesmo modo que as outras duas vistas. Ou seja, o desenhista técnico imagina a vista do objeto a partir da lateral desejada e assim o desenha da forma como apareceria se raios paralelos fossem projetados em um plano vertical.

A representação gráfica tridimensional

Fazer uma representação tridimensional em uma folha de papel plana é uma habilidade muito importante para os projetistas, possibilitando que eles comuniquem suas ideias para outras pessoas. Isso é especialmente útil ao apresentar seu projeto para leigos, como administradores e profissionais de marketing.

Existem diversos sistemas de representação gráfica tridimensional utilizados para gerar uma representação realista de um objeto. Algumas técnicas, como a projeção isométrica, se baseiam em sistemas matemáticos; outras tentam transmitir mais realismo ao aplicar a perspectiva ao desenho. Neste tutorial, apresentamos os métodos de desenho oblíquo, isométrico, axonométrico e em perspectiva.

» Símbolos de projeção

A Organização Internacional de Normalização (ISO) recomenda a adoção de símbolos de projeção em desenhos que possam ser utilizados em muitos países (Figura 5.11). Os símbolos de projeção são destinados a promover a precisão no intercâmbio de informações técnicas por meio de desenhos.

Como foi mencionado anteriormente, nos Estados Unidos e no Canadá utiliza-se a projeção no terceiro diedro para o desenho técnico, enquanto em outros países é utilizado outro sistema, co-

Figura 5.11 Os símbolos de projeção da Organização Internacional de Normalização (ISO) indicam se o desenho foi feito com a projeção no primeiro diedro ou no terceiro diedro.

nhecido como projeção no primeiro diedro. A finalidade de introduzir os símbolos de projeção ISO é mostrar que está ocorrendo um aumento contínuo no intercâmbio internacional de desenhos para a produção de elementos intercambiáveis. Portanto, o símbolo indica se o desenho segue o sistema de projeção no terceiro diedro ou no primeiro diedro.

O símbolo ISO de projeção, as observações sobre tolerâncias e a informação a respeito do emprego do sistema métrico ou imperial para as dimensões devem ser inseridos como notas no selo ou próximo a ele. A indicação do tipo de projeção nem sempre é mostrada no desenho com a inclusão do símbolo. O símbolo raramente é utilizado em desenhos de arquitetura, mas costuma aparecer em desenhos de engenharia.

Quando os desenhos são transferidos de uma convenção para a outra, gera-se muita confusão entre os desenhistas e nos departamentos de engenharia. Em desenhos de engenharia, o tipo de projeção é indicado por um símbolo internacional que consiste em um cone truncado, que pode estar do lado direito do símbolo com os dois círculos concêntricos, denotando a projeção no terceiro diedro, ou do lado esquerdo, denotando a projeção no primeiro diedro. A interpretação tridimensional do símbolo pode ser deduzida por meio da visualização de um cone sólido truncado colocado de pé, com a parte maior para baixo e a menor para cima. A vista superior é composta, portanto, de dois círculos concêntricos ("uma rosquinha"). Mais especificamente, o fato de o círculo interno ser desenhado com uma linha contínua, em vez de uma linha tracejada, indica que se trata de uma vista superior, e não inferior.

Tanto as projeções no primeiro como no terceiro diedro resultam em seis vistas; a diferença entre elas está em seu arranjo ao redor do cubo.

» Plantas oblíquas

A projeção oblíqua é uma simples forma de projeção gráfica paralela empregada principalmente na elaboração de imagens bidimensionais em perspectiva de objetos tridimensionais. As plantas oblíquas são similares às perspectivas isométricas, exceto pelo fato de que a vista frontal é apresentada em seu formato real na linha horizontal – ou seja, quando um objeto é apresentado em perspectiva oblíqua, a vista frontal é desenhada em forma plana (Figura 5.12). Portanto, ela projeta uma imagem ao fazer a intersecção dos raios paralelos do objeto-fonte tridimensional com a superfície do desenho. Na projeção oblíqua (bem como na ortogonal), as linhas paralelas do objeto-fonte geram linhas paralelas na imagem projetada. Os projetores fazem a intersecção com o plano de projeção em um ângulo oblíquo, de maneira a produzir a imagem projetada, em oposição ao ângulo perpendicular utilizado na projeção ortogonal.

O ângulo de 45° é mais comum para desenhar as linhas de recuo da vista frontal, mas outros ângulos também são aceitos. Em uma perspectiva oblíqua, as linhas circulares paralelas ao primeiro plano da projeção são desenhadas na dimensão e formato reais. Por essa razão, os elementos circulares são representados como círculos e não como elipses. Essa é a principal vantagem do croqui oblíquo. Os três eixos do croqui oblíquo são desenhados em ângulos horizontal, vertical e de recuo, que podem variar entre 30° e 60°.

Enquanto uma projeção ortogonal é paralela e os projetores são perpendiculares ao plano de projeção, a projeção oblíqua apresenta projetores que não são perpendiculares ao plano de projeção. Na oblíqua, todas as três dimensões de um objeto podem ser mostradas em uma única vista.

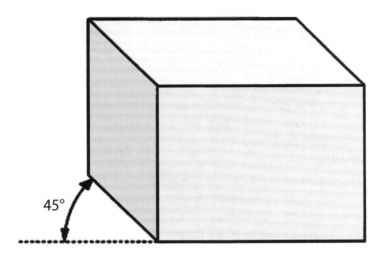

Figura 5.12 Técnica para realizar uma planta oblíqua. A vista frontal é apresentada em sua forma verdadeira na linha horizontal e deve ser desenhada plana.

As plantas oblíquas são uma forma primitiva de desenho tridimensional, sendo mais fácil de dominar. Não se trata de um sistema tridimensional, mas da vista bidimensional de um objeto com uma profundidade estimada. Em vez de as laterais serem desenhadas integralmente, elas são desenhadas com metade da profundidade, criando uma profundidade sugerida que acrescenta um elemento de realismo ao objeto. Mesmo com essa profundidade estimada, as plantas oblíquas têm uma aparência pouco convincente. Na Figura 5.13, as vistas laterais foram desenhadas em um ângulo de 45°. Na projeção oblíqua, as vistas laterais geralmente apresentam escorço (uma redução da profundidade aparente) para garantir uma vista mais realista do objeto. Para reduzir as vistas laterais, as dimensões laterais do objeto, em geral, são reduzidas à metade. Nesse caso, as laterais têm 50 mm de extensão, mas foram desenhadas com 25 mm. Como as plantas oblíquas não são realistas, raramente são empregadas por arquitetos e engenheiros profissionais.

» Vistas auxiliares

Ocasionalmente, encontramos alguns desenhos em que as superfícies ou os elementos são oblíquos aos planos principais da projeção e mesmo assim são mostrados em seu formato verdadeiro. Outros elementos presentes em construções modernas também são projetados em diversos ângulos em relação aos principais planos de projeção. As vistas auxiliares são empregadas a fim de apresentar esses elementos ou superfícies no formato verdadeiro, garantindo uma descrição precisa. Elas são apropriadas para se obter uma vista do tamanho real; técnicas similares são utilizadas em vistas convencionais geradas em relação a um eixo. As vistas auxiliares geralmente são vistas parciais, mostrando apenas a superfície inclinada de um objeto. Na Figura 5.14, o tamanho e o formato reais do objeto são apresentados nas vistas auxiliares da superfície angular. Uma vista auxiliar é similar a uma vista ortogonal, exceto pelo fato de que é projetada em um plano paralelo à superfície auxiliar, e não em planos ortogonais habituais. Ela é, portanto, desenhada em um ângulo que facilita a vista do objeto, distinta das vistas principais da projeção ortográfica. A vista resultante, então, reflete o formato real do elemento oblíquo, ao mesmo tempo em que elimina a necessidade de o desenhista técnico realizar projeções demoradas.

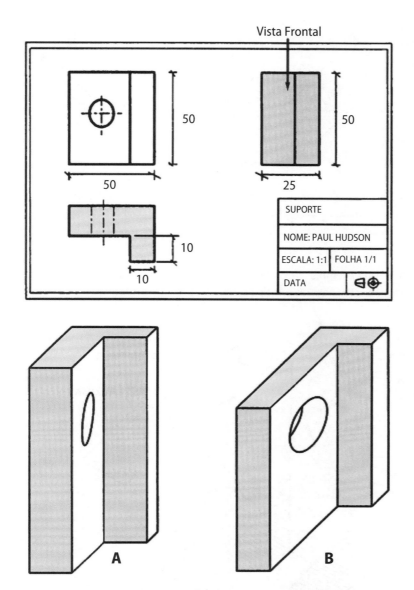

Figura 5.13A, B A. Planta oblíqua com escorço. B. Planta oblíqua sem escorço. Note como o círculo fica deformado. Fonte: Paul Hudson.

As vistas auxiliares podem ser completas ou parciais. As superfícies arredondadas e os orifícios circulares, que ficam distorcidos, parecendo elipses nas vistas usuais, aparecem com o tamanho e formato reais em uma vista auxiliar, como se pode ver na Figura 5.14B.

As vistas auxiliares são nomeadas de acordo com a posição a partir da qual a face inclinada é observada. Por exemplo, a vista auxiliar pode ser frontal, superior, inferior, esquerda ou direita (Figura 5.15). Em desenhos de peças complexas que envolvem ângulos compostos, uma vista auxiliar pode ser elaborada a partir de outra vista auxiliar. A primeira é identificada como a vista principal, e as vistas elaboradas a partir dela são chamadas vistas auxiliares ou secundárias.

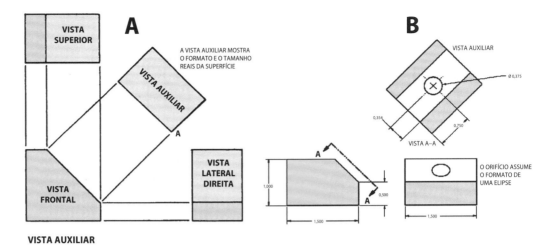

Figura 5.14A, B Dois exemplos de projeções com vistas auxiliares. As ilustrações mostram que as vistas auxiliares não estão entre as principais vistas da projeção ortogonal.

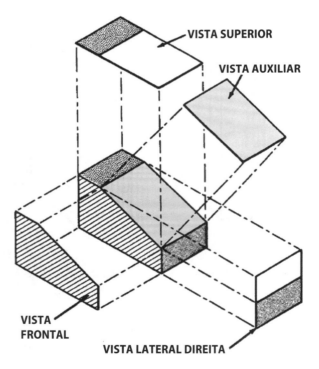

Figura 5.15 Outro exemplo de projeção com vista auxiliar, mostrando como ela se relaciona com a projeção ortogonal.

» *Projeção axonométrica*

A projeção axonométrica é uma técnica empregada em perspectivas ortográficas. Dentre as projeções ortogonais, a axonométrica apresenta a imagem de um objeto como visto a partir de uma direção inclinada capaz de revelar mais de uma lateral na mesma imagem, distinguindo-se de outras projeções ortogonais que apresentam vistas múltiplas de um objeto a partir de diferentes ângulos. Como nas projeções axonométricas a escala dos elementos distantes é a mesma dos elementos próximos, as imagens parecem distorcidas, especialmente se o objeto é composto principalmente de formas retangulares. A técnica, no entanto, é adequada para ilustrações.

A característica distintiva entre as projeções e os desenhos é a unidade de medida empregada. Nas projeções, uma escala é estabelecida, sendo utilizada para medições diretas no papel. As unidades de medida utilizadas, no entanto, são variáveis, dependendo da projeção, não havendo o uso de unidades de medida padronizadas. Todavia, nos desenhos sempre são utilizadas unidades de medida padronizadas (por exemplo, centímetros, metros, polegadas, etc.). As escalas construídas para as projeções isométricas, dimétricas e trimétricas são sempre menores do que as unidades de medida padronizadas das quais derivam. Basicamente, isso significa que as projeções axonométricas são sempre menores do que os desenhos axonométricos. O desenho axonométrico de um objeto, apesar de levemente distorcido, ainda assim é tão satisfatório visualmente quanto uma projeção axonométrica do mesmo objeto. Os desenhos axonométricos em geral são preferíveis às projeções axonométricas, já que, para aqueles, não se desperdiça tempo construindo as escalas necessárias para estas.

Um desenho axonométrico é desenhado com precisão, em escala, e representa um objeto que foi girado em relação a seus eixos e inclinado a partir de sua posição paralela original para ter uma aparência tridimensional. A principal vantagem de um desenho axonométrico é o fato de que se pode utilizar um plano ortogonal preexistente, sem a necessidade de realizar um novo desenho. O plano é simplesmente inclinado no ângulo desejado. É preciso observar que, na maior parte da Europa, o desenho axonométrico sempre tem seu eixo inclinado em um ângulo de 45°; um eixo isométrico consiste em 30°/30° ou 30°/60°. Os desenhos axonométricos mais frequentes são o isométrico, dimétrico e trimétrico (Figura 5.16). Em geral, nos desenhos axonométricos, um eixo do espaço é indicado como a vertical.

O desenho axonométrico, ou planométrico, como também é chamado, é um método utilizado para desenhar uma planta baixa acrescida de uma terceira dimensão. Ele é utilizado por arquitetos em geral, arquitetos de interiores e paisagistas. Uma planta baixa é desenhada com o ângulo de 45°, tendo a profundidade acrescentada verticalmente. Todos os comprimentos são desenhados em suas dimensões reais, ao contrário das plantas oblíquas. Isso confere a impressão de que estamos olhando os objetos de cima para baixo. Uma vantagem do desenho axonométrico é a de que os círculos desenhados nas faces superiores dos objetos têm seu formato preservado.

» Perspectiva isométrica e projeção isométrica

O termo "isométrico" é derivado do grego e significa "medidas iguais", no sentido de que a escala ao longo de cada eixo da projeção é a mesma, ao contrário de outras formas de projeção gráfica. Uma

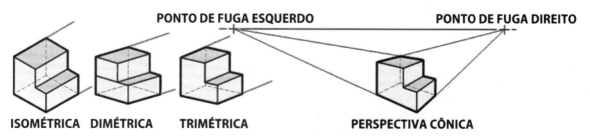

Figura 5.16 Diferentes tipos de projeções axonométricas (isométrica, dimétrica e trimétrica) e uma perspectiva cônica. Na maior parte da Europa, uma projeção axonométrica usa o ângulo de 45°, enquanto a perspectiva isométrica usa ângulos de 30°/60°.

das vantagens da perspectiva isométrica em desenhos de engenharia é o fato de que os ângulos de 60° são fáceis de construir utilizando apenas um compasso e uma régua.

A perspectiva isométrica é mais comum em sua forma verdadeira, conferindo "medidas iguais" e vistas escorçadas (reduzidas) de três lados do objeto. As linhas ocultas não costumam ser incluídas. A perspectiva isométrica é um método utilizado para representar objetos tridimensionais em duas dimensões, em que os três eixos coordenados aparecem igualmente reduzidos e os ângulos entre eles são de 120°. A projeção isométrica, como a projeção ortogonal, é utilizada em desenhos de engenharia. Uma perspectiva isométrica pode ser facilmente construída com um esquadro de 30–60–90° e uma régua T ou um programa de CAD. As Figuras 5.17A e B apresentam dois exemplos de projeções isométricas em um contexto de arquitetura. A Figura 5.17C mostra um exemplo de

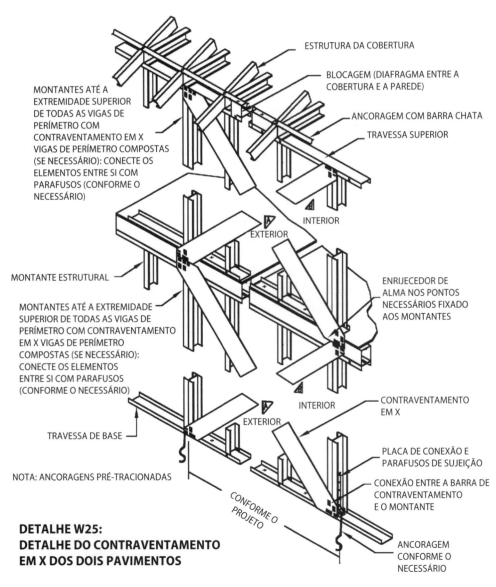

Figura 5.17A Um exemplo do uso de perspectivas isométricas na arquitetura e na engenharia. Fonte: North American Steel Framing Alliance.

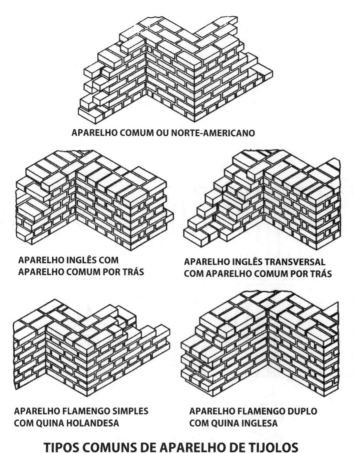

Figura 5.17B Um exemplo do uso de perspectivas isométricas na arquitetura e na engenharia.

desenho de arquitetura que utiliza tanto a projeção ortográfica (elevação) como a projeção isométrica (detalhes).

Comparação entre projeções isométricas e ortogonais

Compare o bloco retangular simples apresentado em representação ortogonal (projeção no terceiro diedro) na Figura 5.18 com a representação isométrica tridimensional. Observe que as linhas verticais das projeções ortogonais e isométricas (vistas A e B) permanecem verticais. As linhas horizontais da projeção ortogonal não permanecem horizontais na projeção isométrica, sendo projetadas em ângulos de 30° e 60°; o comprimento das linhas permanece os mesmos tanto nas projeções ortogonais como nas isométricas.

Objetivo da perspectiva isométrica

A função principal de uma perspectiva isométrica é mostrar uma imagem tridimensional em apenas um desenho. É como uma imagem desprovida de detalhes artísticos. Muitos instaladores têm dificuldade de visualizar claramente uma instalação de redes de dutos e tubulações quando seu trabalho se baseia em uma planta baixa ou uma elevação. A perspectiva isométrica facilita o entendimento ao combinar a planta baixa e a elevação. Ela comunica com precisão os detalhes e esclarece a relação entre os tubos em uma instalação. Apesar de ser raro o desenho de perspectivas

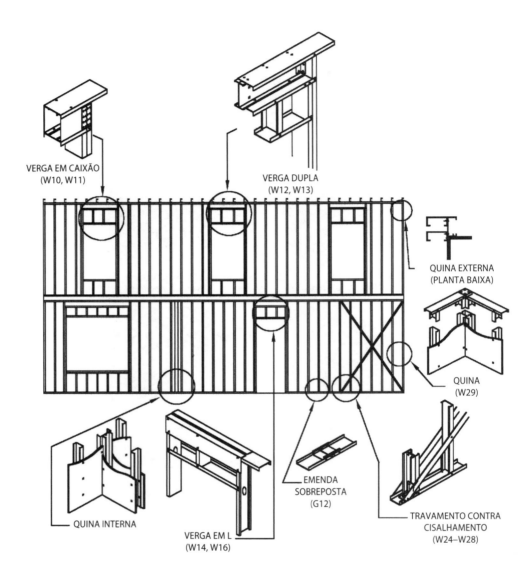

ELEVAÇÃO DA ESTRUTURA DA PAREDE – DETALHE W2

Figura 5.17C Um exemplo do uso de perspectivas isométricas na arquitetura e na engenharia. Fonte: North American Steel Framing Alliance.

isométricas em escala nos desenhos técnicos, alguns arquitetos e engenheiros preferem fazê-lo. As perspectivas isométricas, assim como outros tipos de desenho, seguem certas regras e convenções para mostrar três dimensões em uma superfície plana.

Como dimensionar as perspectivas isométricas

Uma perspectiva isométrica é dimensionada com linhas auxiliares e linhas de cota, de modo similar ao desenho bidimensional. As linhas auxiliares se estendem a partir do desenho, e as linhas de cota são paralelas às linhas do objeto, tendo o mesmo comprimento destas últimas. O dimensionamento de perspectivas isométricas é mais difícil, pois elas são compostas de apenas uma vista, havendo menos espaço do que no caso das três vistas separadas.

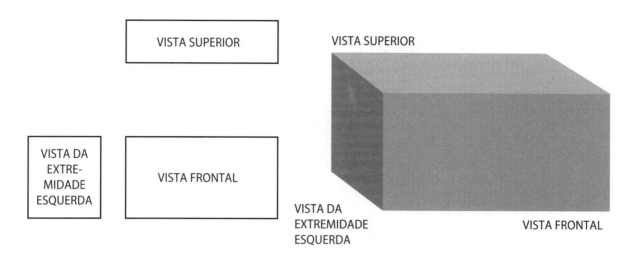

Figura 5.18 A. Vistas ortogonais de um objeto (projeção no terceiro diedro). B. Vista tridimensional da perspectiva isométrica do mesmo objeto.

Os círculos e orifícios serão inclinados e desenhados dentro de um quadrado isométrico. Por exemplo, um círculo terá aparência de uma elipse; seu desenho será feito por meio da conexão de quatro arcos desenhados a partir dos eixos geométricos do quadrado isométrico. As elipses também podem ser desenhadas com o uso de gabaritos. As quinas curvas ou redondas são desenhadas da mesma forma, com a localização da extremidade do raio na linha reta e a ligação entre os dois pontos para formar um triângulo. O terceiro ponto do arco é, na verdade, o centro do triângulo. Conecte os três pontos com um arco feito à mão livre.

Em projeções isométricas, a direção da perspectiva é tal que os três eixos espaciais aparecem igualmente reduzidos. Os ângulos apresentados e a escala de redução são universalmente conhecidos. No entanto, para criar uma perspectiva final prática, é comum utilizar uma escala do tamanho natural – ou seja, sem o uso do fator de redução –, pois é difícil perceber a distorção resultante.

A perspectiva isométrica gera uma vista tridimensional de um objeto na qual os dois conjuntos de linhas horizontais são desenhados com ângulos iguais, e todas as linhas verticais do objeto são traçadas verticalmente. No desenho resultante, todos os três ângulos são igualmente divididos em relação a um ponto central, e todas as três superfícies visíveis recebem a mesma ênfase. As técnicas ortogonais não podem ser empregadas em perspectivas isométricas.

Qualquer ângulo pode ser utilizado para desenhar uma vista isométrica, mas o mais comum é o de 30°, pois pode ser desenhado com um esquadro padrão e resulta em uma vista razoavelmente realista de um objeto. Hoje, os programas de CAD são a maneira mais fácil de fazer projeções isométricas, mas elas também são rapidamente desenhadas à mão e podem ser medidas na escala que for mais conveniente. Para desenhar manualmente em perspectiva isométrica, você necessitará de um esquadro de 30° e 60°.

Existem quatro passos simples para desenhar a perspectiva isométrica de um cubo (Figura 5.19):

1. Desenhe a quina frontal vertical do cubo.
2. As laterais do bloco são desenhadas em um ângulo de 30° em relação à horizontal, com o comprimento necessário.
3. Desenhe as verticais posteriores.
4. Desenhe a vista superior com todas as linhas a 30° em relação à horizontal.

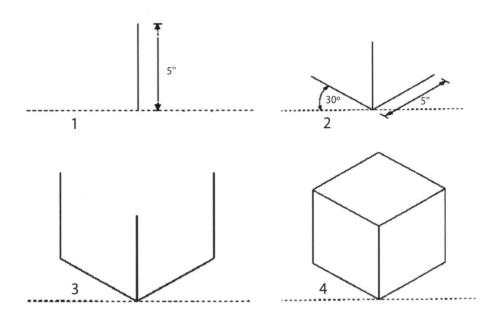

Figura 5.19 Os quatro passos para desenhar um cubo simples em perspectiva isométrica. Observe que todos os comprimentos mantêm as dimensões verdadeiras em perspectivas isométricas convencionais.

Quando você começar a trabalhar com as técnicas isométricas, use um bloco simples como um bloco de construção ou guia básico para auxiliá-lo a desenhar formatos mais complicados. A Figura 5.20 mostra como utilizar um bloco simples para desenhar com precisão um formato em L mais complicado.

O primeiro passo é riscar com linhas suaves o bloco que servirá de guia. Esse bloco tem o comprimento das dimensões máximas. Nesse caso, ele mede 5 polegadas de comprimento, 2,5 polegadas de largura e 5 polegadas de altura. Para obter o formato em L, devemos remover uma seção desse bloco. Desenhe um segundo bloco, medindo 4 × 1 × 5 polegadas, o formato que deve ser removido do bloco inicial para criar o bloco final. Para chegar ao formato acabado, desenhe o contorno do objeto usando uma linha mais pesada. Com a utilização dessa técnica, os formatos complexos podem ser desenhados com precisão.

Os círculos em perspectiva isométrica não têm aparência circular. Sua aparência é deformada e, na verdade, eles são elípticos. Existem vários métodos para construir círculos em perspectivas isométricas. Para muitas funções, o método mais fácil é a utilização de um gabarito de círculos isométricos, que pode ser adquirido na maioria das lojas de materiais de desenho. Esses gabaritos contêm alguns círculos isométricos de diferentes tamanhos.

Os círculos isométricos também podem ser desenhados à mão com o uso do seguinte método:

1. Desenhe um quadrado isométrico e, então, insira as diagonais, uma vertical e uma linha a 45° do ponto mediano dos lados, como ilustrado na Figura 5.21.

2. Coloque a ponta do seu compasso na interseção das linhas vertical e horizontal e desenhe um círculo que toque as quinas do bloco.

3. Para a seção seguinte do círculo isométrico, posicione a ponta do seu compasso na quina do quadrado isométrico e desenhe o arco, como apresentado na ilustração.

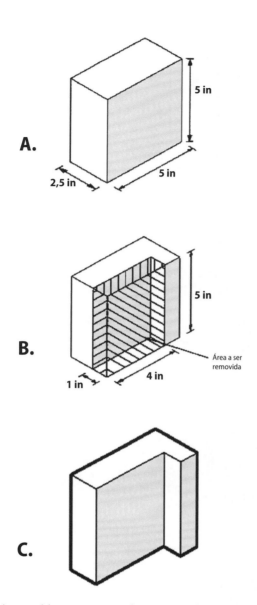

Figura 5.20 Como desenhar um bloco em L por subtração com base em um bloco retangular regular.

4. Complete o círculo repetindo o processo para as outras partes, usando as técnicas apropriadas.

» Projeção dimétrica

A projeção dimétrica é uma projeção axonométrica de um objeto posicionado de tal forma que dois de seus eixos formam ângulos iguais com o plano de projeção, e o terceiro eixo forma um ângulo menor ou maior. Em projeções dimétricas, as direções de visualização são tais que dois dos três eixos espaciais aparecem igualmente reduzidos; a escala e os ângulos de apresentação associados são determinados de acordo com o ângulo de visualização. A escala da terceira direção (vertical) é determinada separadamente. Arredondamentos são comuns em projeções dimétricas. A Figura 5.22 mostra diferentes arranjos para as projeções isométrica, dimétrica e trimétrica.

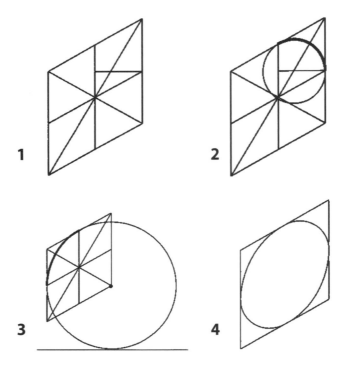

Figura 5.21 Os passos para desenhar um círculo em uma projeção isométrica.

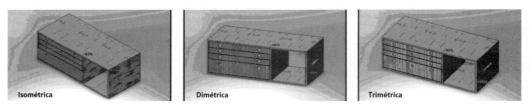

Figura 5.22 Uma comparação entre as projeções isométrica, dimétrica e trimétrica. Fonte: Wikipedia.

» Projeção trimétrica

A projeção trimétrica é uma projeção axonométrica de um objeto posicionado de tal modo que nunca há dois eixos com o mesmo ângulo em relação ao plano de projeção. Cada um dos três eixos principais e das linhas paralelas a eles, respectivamente, têm diferentes níveis de redução (e são, portanto, desenhadas em escalas diferentes) quando projetadas sobre o plano de projeção. A grande variedade de ângulos a serem utilizados dá ao desenhista uma flexibilidade considerável e o controle da vista em perspectiva.

Em projeções trimétricas, a direção da perspectiva é tal que os três eixos espaciais aparecem reduzidos de forma desigual. A escala ao longo de cada um dos três eixos e os ângulos entre eles são determinados separadamente, de acordo com o ângulo de visão. As aproximações são comuns em projeções trimétricas.

» Limitações das projeções axonométricas

Os objetos desenhados em projeção axonométrica não parecem maiores ou menores à medida que se aproximam ou se afastam do observador. Embora vantajoso para os desenhos de arquitetura e video games com criaturas fantásticas, isso resulta em uma distorção aparente, já que, ao contrário da projeção perspectiva, não é assim que nossos olhos ou a fotografia geralmente funcionam. Além disso, outro problema da projeção isométrica é que há casos em que se torna difícil determinar qual face do objeto está sendo observada. Na ausência do sombreamento adequado e diante de objetos que são relativamente perpendiculares e proporcionais, pode se tornar difícil determinar qual é a parte superior, inferior ou lateral do objeto, uma vez que cada face assume dimensões similares.

>> *Perspectivas*

As perspectivas normalmente não são utilizadas para fins de construção. No entanto, em alguns projetos executivos tais perspectivas são empregadas para apresentar informações que as vistas ortogonais por si só seriam incapazes de mostrar; outras situações podem exigir uma perspectiva essencialmente para complementar uma vista principal. Essas perspectivas, diferente das projeções com vistas múltiplas, são projetadas para permitir que o observador veja as três dimensões principais do objeto na projeção. Perspectivas de arquitetura e representações artísticas são fáceis de compreender e, portanto, muito utilizadas para retratar a vista tridimensional de um objeto e explicar o projeto a leigos em apresentações comerciais. Elas possibilitam que uma pessoa sem experiência interprete os desenhos e visualize rapidamente o formato de elementos individuais ou inúmeros componentes em mecanismos complexos. A fim de transmitir o máximo de informações possível, a vista é orientada para mostrar as laterais com o maior número de características. Em muitos casos, as projeções ortográficas (com vistas múltiplas) fornecem as informações em um formato muito complicado para que os leigos consigam visualizar o projeto como um todo.

Projeções ortogonais (com vistas múltiplas) geralmente são dimensionadas e desenhadas em uma escala específica (Figura 5.23). Apesar de as perspectivas às vezes serem dimensionadas e desenhadas em escala, seu principal propósito é oferecer uma representação tridimensional da edificação ou objeto. Como os ilustradores costumam tomar liberdades com a escala e a proporção, o leitor deve usar tais desenhos apenas para consulta geral. Mesmo que não sejam sempre dimensionados ou que o uso de uma escala exata não seja necessário, ainda assim espera-se que as proporções sejam mantidas. Quando as perspectivas são dimensionadas e contêm outras especificações necessárias para produzir a peça ou construir o objeto, elas são consideradas desenhos do projeto executivo.

Enquanto um desenho ortogonal ou de vistas múltiplas é feito para se ater a apenas duas das três dimensões do objeto, uma perspectiva fornece uma vista geral. A vantagem é que um desenho de vistas múltiplas geralmente possibilita uma vista menos distorcida dos elementos nas duas dimensões apresentadas, embora careça de uma imagem holística do objeto (e, portanto, necessita de múltiplas vistas para descrever o objeto de maneira completa).

As mesmas regras de dimensionamento que são aplicadas a um desenho ortogonal ou de vistas múltiplas também valem para uma perspectiva. Elas incluem:

- As linhas de cota e as linhas auxiliares devem ser desenhadas paralelamente ao plano da perspectiva.
- Sempre que possível, as dimensões são colocadas nos elementos visíveis.
- As setas ficam no mesmo plano das linhas auxiliares e das linhas de cota.
- Notas e dimensões devem ser inseridas paralelamente ao plano horizontal.

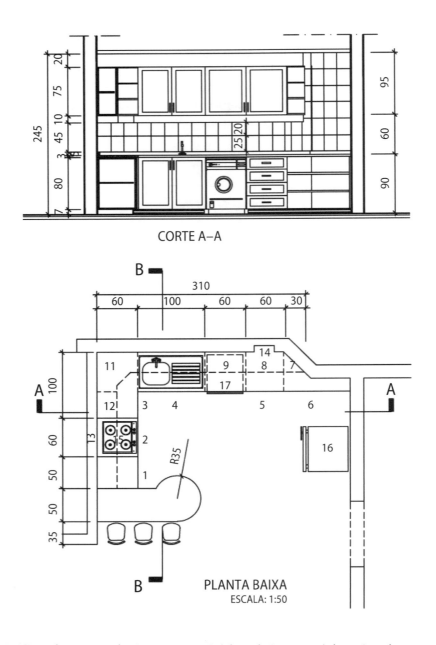

Figura 5.23 Desenho mostrando vistas ortogonais (planta baixa e corte) do projeto de uma cozinha. (Medidas em centímetros.)

Os três principais tipos de perspectiva amplamente utilizados em apresentações de arquitetura são as perspectivas cônicas, as perspectivas isométricas e as plantas oblíquas.

A principal diferença entre a perspectiva isométrica e a perspectiva cônica é o fato de que nesta última as linhas se afastam em direção a pontos de fuga. Isso confere ao desenho uma aparência mais realista, mas tecnicamente imprecisa. As perspectivas isométricas, por outro lado, mostram as dimensões verdadeiras (em escala). Entretanto, elas criam uma ilusão ótica de distorção, principalmente porque o olho humano está acostumado a ver as linhas dos objetos longos diminuírem à medida que se afastam. Por essa razão, as perspectivas isométricas são mais utilizadas para esclarecer os pequenos detalhes de construção, já que elas retratam as dimensões reais. Em uma projeção oblíqua, duas ou mais superfícies são apresentadas de uma só vez em um desenho. A superfície frontal de um objeto é desenhada da mesma maneira como a vista frontal aparece em um desenho ortogonal.

>> *Perspectivas cônicas*

Um bom entendimento dos princípios da perspectiva é necessário para criar um trabalho artístico preciso e atraente. As perspectivas cônicas são uma forma de representação artística. Pode ser que os leitores de desenhos técnicos não vejam perspectivas cônicas com muita frequência, mas eles sem dúvida saberão apreciar as informações que elas oferecem. As perspectivas cônicas são um sistema para representar o espaço tridimensional em uma superfície plana. Elas utilizam um, dois ou três pontos para onde as linhas de recuo se afastam. Esses pontos de fuga são colocados ao longo de uma linha horizontal chamada linha do horizonte. Em perspectivas cônicas, as linhas de recuo deixam de ser paralelas entre si, como ocorria em perspectivas isométricas ou em plantas oblíquas.

Nas perspectivas cônicas, os objetos distantes se apresentam menores, mas têm o mesmo formato e as mesmas proporções que teriam se estivessem bem próximos. Em outras palavras, à medida que os objetos se afastam, eles se tornam menores e parece que vão desaparecer. O princípio geral por trás da perspectiva cônica é simples e compartilha características com a forma como as pessoas de fato percebem o espaço e os objetos localizados nele. Isso depende, essencialmente, de quatro critérios relacionados entre si que invariavelmente afetarão a imagem final: o nível de nossos olhos ao observar a cena ou o objeto, determinando, desse modo, a linha do horizonte; a distância entre o plano do desenho e o objeto; a distância do ponto de observação até o objeto e o cone de visão; e o ângulo do objeto em relação ao plano do desenho.

As perspectivas cônicas podem ser desenhadas como representações artísticas para apresentar paisagens ou grandes edificações. Elas também podem ser empregadas para mostrar uma representação realista de peças mecânicas ou leiautes de móveis e acessórios em um cômodo. As perspectivas cônicas são difíceis e trabalhosas de construir, não sendo utilizadas com tanta frequência como poderiam. Elas são empregadas principalmente para fins ilustrativos. No entanto, não se deve ignorar sua utilização como desenho descritivo em ambientes industriais.

Na verdade, existem três tipos básicos de perspectivas cônicas que são utilizados em geral em desenhos de arquitetura e construção: perspectivas com um ponto de fuga, perspectivas com dois pontos de fuga e perspectivas com três pontos de fuga.

>> **Perspectivas com um ponto de fuga**

A lei da perspectiva diz que as linhas paralelas que estão em um mesmo plano parecem convergir para um único ponto em algum lugar do horizonte (ao nível do observador), chamado ponto de fuga (PF). Esse ponto em geral é posicionado no interior da vista e confere a impressão de profundidade aos objetos. Para desenhar uma perspectiva com um ponto de fuga, simplesmente desenhe uma linha de horizonte (LH) e coloque um ponto de fuga em qualquer lugar ao longo da linha. A linha de horizonte pode estar localizada acima ou abaixo do desenho ou sobre ele. As linhas verticais e horizontais são desenhadas como de hábito, e todas as linhas de recuo são desenhadas em direção ao ponto de fuga. Portanto, as laterais de um objeto diminuem em direção ao ponto de fuga, enquanto todas as linhas verticais são desenhadas sem qualquer perspectiva – ou seja, em vista frontal (Figura 5.24).

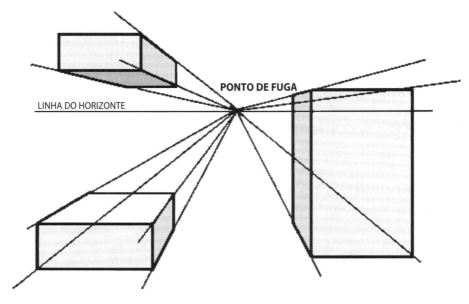

Perspectiva cônica com um ponto de fuga

Figura 5.24 Uma perspectiva cônica simples, com um ponto de fuga. Apesar de ser possível desenhar objetos com uma perspectiva com um ponto de fuga, esta perspectiva muitas vezes se torna agressiva, pois faz os objetos parecerem maiores do que eles são na realidade.

Um ângulo de vista normal coloca a linha do horizonte a uma altura natural como se o observador estivesse olhando para frente sem movimentar a cabeça para cima ou para baixo. A Figura 5.25 mostra dois exemplos de vista normal de perspectiva com um ponto de fuga. Alterar a posição do PF muda a visão do objeto que está sendo desenhado. Por exemplo, para analisar de cima a parte superior de um objeto, o ponto de fuga deve ser acima da linha do horizonte enquanto para olhar de baixo um objeto, deve ser abaixo da linha do horizonte. Recomenda-se praticar a identificação das melhores localizações de pontos de fuga para conseguir os resultados desejados. A perspectiva

Figura 5.25A Ilustração de um interior usando uma visão normal com perspectiva com um ponto de fuga.

Figura 5.25B Fotografia de um interior representando uma perspectiva com um ponto de fuga altura de visão normal e mostrando as linhas convergentes e a linha do horizonte. Fonte: Randy Sarafan.

com um ponto de fuga representa uma edificação ou espaço interior com um lado paralelo à imagem plana (perpendicular à linha de visão do observador).

Para criar uma perspectiva com um ponto de fuga, ligue os cantos da elevação para o ponto de fuga e marcar a profundidade através de linhas de visão na planta (Figura 5.26). Perspectivas com um ponto de fuga são sempre usadas para desenho de interiores, uma vez que elas representam com clareza a parede da frente, além dos recuos das paredes laterais. Elas também são usadas em geral para estradas, interiores e vistas de edificações para que a frente esteja voltada diretamente para o observador. Objetos que são feitos de linhas tanto diretamente paralelas ou perpendiculares ao campo de visão do observador podem ser desenhados com uma perspectiva com um ponto de vista. Entretanto, é de uso limitado, principalmente em função da perspectiva ser muito pronunciada para produtos pequenos, fazendo parecerem maiores do que realmente são.

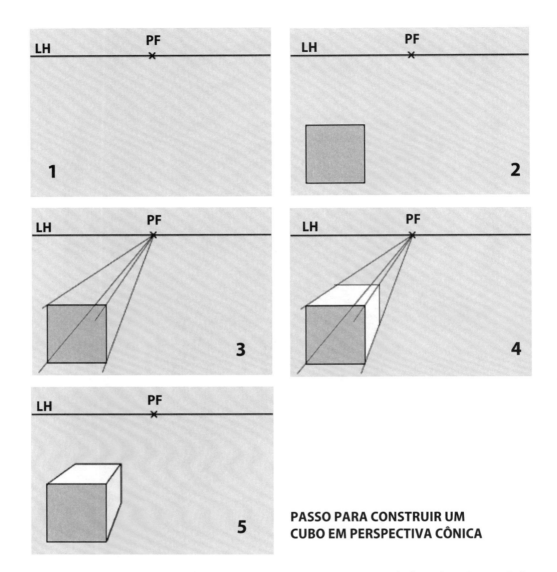

Figura 5.26 Para construir um cubo em uma perspectiva com um ponto de fuga, desenhe uma linha do horizonte (LH) e coloque um ponto de fuga (PF) em algum lugar dessa linha; desenhe um quadrado em algum lugar abaixo do horizonte – essa será a frente do seu cubo; trace quatro linhas, a partir de cada quina do quadrado, que devem passar pelo ponto de fuga; e por fim, desenhe a parte posterior vertical e horizontal, para completar o cubo.

» Perspectivas com dois pontos de fuga

Também chamada de perspectiva angular. Nesse método, apenas as linhas verticais são desenhadas verticalmente. As linhas horizontais, de profundidade e comprimento são desenhadas em direção aos pontos de fuga localizados na linha do horizonte. A vista frontal já não tem forma real, mas é agora desenhada em uma configuração isométrica. Novamente, a localização da linha do horizonte e dos pontos de fuga na linha proporcionarão diferentes "olhares" do objeto.

Nas perspectivas com dois pontos de fuga o objeto foge para um dos dois pontos de fuga no horizonte. As linhas verticais no objeto se mantêm paralelas entre si. Nossa distância de um objeto visto em ângulo determina onde o ponto de fuga fica no horizonte. A perspectiva com dois pontos de fuga é um sistema de desenho muito mais útil do que a perspectiva com um ponto de fuga, mais simples, ou a perspectiva de três pontos, mais complexa. Objetos desenhados em uma perspectiva com dois pontos de fuga têm um aspecto mais natural. A Figura 5.27 ilustra uma aplicação típica na arquitetura de uma perspectiva com dois pontos de fuga do interior de uma loja de departamentos.

Para criar uma perspectiva com dois pontos de fuga, conecte a linha de altura do canto com os pontos de fuga à direita e à esquerda, e, com as linhas de visão da planta, marque a profundidade do objeto. O procedimento para construir uma perspectiva com dois pontos de fuga é essencialmente o mesmo de uma perspectiva de um ponto de fuga, exceto pelo passo adicional de estabelecer dois pontos de fuga. Em uma perspectiva com dois pontos de fuga você pode fazer o objeto parecer maior ou menor apenas alterando a distância dos pontos de fuga em relação ao objeto (Figura 5.28).

Figura 5.27 Uma aplicação típica na arquitetura de uma perspectiva com dois pontos de fuga utilizada para mostrar o interior de uma loja de departamentos.

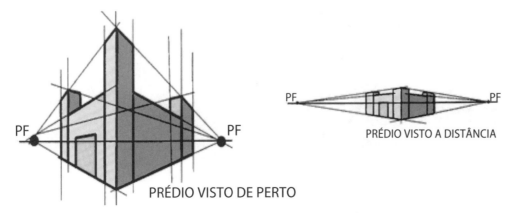

Figura 5.28 Em uma perspectiva com dois pontos de fuga você pode fazer o objeto parecer maior ou menor, apenas alterando a proximidade dos pontos de fuga (PF) em relação ao objeto. Na imagem à esquerda, os pontos de fuga estão mais próximos da edificação; a imagem à direita mostra os pontos de fuga mais distantes da edificação.

As sombras próprias e projetadas normalmente são utilizadas em perspectivas para uma melhor percepção da profundidade e da forma de um espaço ou objeto. Tanto o desenho de sombras como o de reflexos seguem as mesmas regras imutáveis da perspectiva.

A ilustração da Figura 5.29 demonstra como desenhar um cubo com uma perspectiva com dois pontos de fuga:

1. Coloque dois pontos de fuga nas extremidades opostas da linha do horizonte.
2. Desenhe a vista vertical do cubo. Se desenharmos a linha de terra embaixo da horizontal, teremos uma perspectiva como se estivéssemos olhando o objeto de cima. Para olhar o objeto de baixo, desenhe a vista vertical acima da linha do horizonte.
3. Desenhe linhas do alto da vertical que vão em direção a ambos os pontos de fuga. Repita o processo para a linha de terra.
4. Para completar os dois lados, desenhe as verticais posteriores.
5. Para desenhar o topo do cubo, desenhe linhas das verticais posteriores até os pontos de fuga opostos.

>> Perspectivas com três pontos de fuga

A perspectiva com três pontos de fuga é uma evolução da perspectiva com dois pontos de fuga e é normalmente empregada para representar edificações vistas de cima ou de baixo. Assim como a perspectiva com dois pontos de fuga, ela tem dois pontos de fuga em algum lugar do horizonte e um terceiro ponto de fuga em cima ou embaixo da linha de horizonte, para o qual as verticais convergem (Figura 5.30). Isso significa que o objeto está inclinado para o plano do desenho ou o eixo central de visão do observador está inclinado para cima ou para baixo e o plano do desenho está inclinado. A perspectiva com três pontos de fuga normalmente indica que o observador está muito perto do

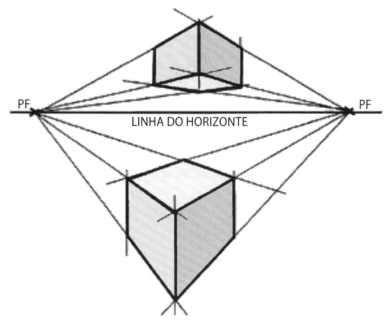

Figura 5.29 Uma perspectiva simples, com dois pontos de fuga, representando objetos desenhados acima e abaixo da linha do horizonte.

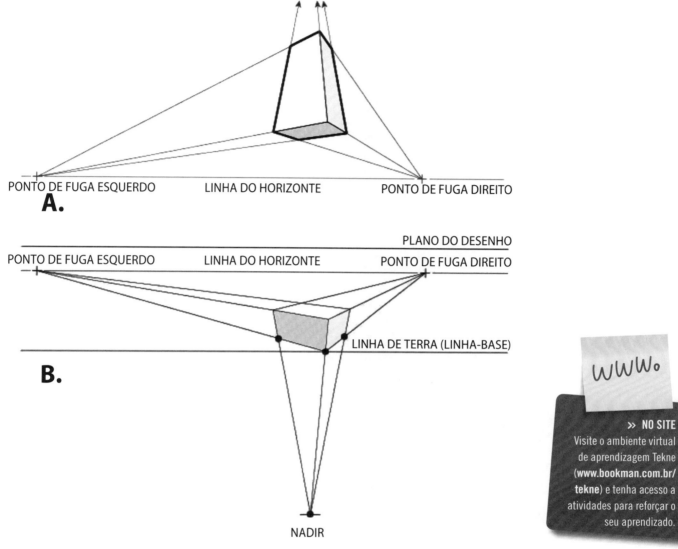

Figura 5.30A,B Dois exemplos de perspectiva com três pontos de fuga. No primeiro desenho, o ponto de fuga está acima da linha do horizonte, no segundo, abaixo. Fonte: Kevin Hulsey.

objeto ou que o objeto é muito grande. Ela é mais usada para o desenho de objetos altos, como edifícios, embora essa forma de perspectiva não seja muito comum em apresentações de arquitetura. Seu uso principal talvez seja para mostrar um ponto de vista especial de um objeto alto, como um arranha-céu. Esse tipo de desenho é às vezes chamado de perspectiva oblíqua, uma vez que as linhas verticais se direcionam para o terceiro ponto de fuga localizado fora da linha do horizonte.

Perspectivas com quatro, cinco ou seis pontos de fuga são mais complexas e desafiadoras e exigem considerável compreensão e habilidade para serem executadas.

A maioria dos desenhistas faz perspectivas com um ponto de fuga bem abaixo do horizonte, de modo que a profundidade acrescentada às verticais seja pequena. Em muitos casos, o ponto de fuga fica inclusive fora da prancha. Se você aprender a usar as perspectivas com três pontos de fuga, seus desenhos se tornarão muito mais reais.

>> **NO SITE**
Visite o ambiente virtual de aprendizagem Tekne (**www.bookman.com.br/tekne**) e tenha acesso a atividades para reforçar o seu aprendizado.

» capítulo 6

Leiaute de desenhos do projeto executivo

Como vimos, a comunicação entre engenheiros, arquitetos e técnicos deve acontecer da forma mais clara possível no desenho. Para tanto, temos tipos de desenhos específicos para cada etapa do processo e que levam em conta todos os envolvidos. Você verá que existem desenhos não utilizados na construção em si, como os desenhos de apresentação, por exemplo, que servem como ferramenta de venda, e desenhos de desenvolvimento do projeto, que estabelecem o diálogo entre o arquiteto e o cliente. Além desses, este capítulo apresenta outros tipos de desenhos em que são abordados detalhes importantes, responsáveis por diferenciar desenhos de engenharia, de arquitetura, de estrutura, de instalações, entre outros.

Objetivos deste capítulo

» Reconhecer os tipos de desenhos abordados e a finalidade de cada um.
» Sintetizar que tipo de desenho é empregado em cada etapa do projeto.
» Destacar os principais elementos dos desenhos de engenharia, de arquitetura, de estrutura, de instalações, do projeto hidrossanitário e do projeto elétrico.

» Introdução

Para fins de identificação, os desenhos utilizados no setor da construção e edificação podem ser categorizados em quatro tipos principais: desenhos do anteprojeto, desenhos de apresentação, desenhos do projeto executivo e desenhos de fabricação.

» Desenhos de anteprojeto

Esses desenhos servem, essencialmente, como explorações do projeto conceitual e como ferramenta de comunicação entre o arquiteto e o cliente. Eles não são utilizados para a construção, mas para interpretar as necessidades e instruções do cliente, preparar estudos de funcionalidade, selecionar materiais, estimar custos preliminares e solicitar a aprovação preliminar das autoridades competentes. Eles também servem de base para os desenhos executivos finais.

» Desenhos de apresentação

Esses desenhos são ferramentas de venda e normalmente consistem em perspectivas baseadas no conceito preliminar do projeto. Desenhos de apresentação são feitos para destacar as qualidades estéticas de um projeto e, além das perspectivas cônicas, podem incluir perspectivas isométricas, elevações e plantas baixas coloridas (Figura 6.1).

» Desenhos do projeto executivo

O termo "desenhos do projeto executivo" é genérico, no sentido de que inclui todos os desenhos necessários para que os diferentes operários e especialistas possam executar um projeto de construção. Esses desenhos são preparados pelo arquiteto, engenheiro e outros especialistas, dependendo da complexidade do projeto. Os desenhos do projeto executivo constituem instruções técnicas em formato gráfico, apresentando a dimensão, quantidade, localização e interações dos elementos que formam a edificação.

Nos desenhos do projeto executivo, a maior quantidade de informação possível é apresentada graficamente ou por meio de imagens. A maioria dos desenhos do projeto executivo consiste em vistas ortográficas. Desenhos gerais consistem em plantas e elevações desenhadas em uma escala relativamente pequena. Desenhos de detalhe (discutidos adiante neste capítulo) consistem em cortes e detalhes realizados em uma escala relativamente grande. Uma planta é uma vista de um objeto ou área representada como se tivesse sido projetada em um plano horizontal que atravessa a área do objeto, ou mantida acima desta. As plantas do projeto executivo mais comuns são: plantas de localização (também chamadas de plantas de locação), plantas das fundações, plantas baixas e plantas da estrutura. Uma planta de localização apresenta curvas de nível, divisas, vias, redes públicas, árvores, construções e elementos físicos significativos no local onde se situam no terreno. A localização das construções projetadas é indicada por meio de contornos e plantas baixas. Por exemplo, em uma planta de localização pode marcar as quinas de uma edificação projetada a certa distância de uma linha de referência ou de base. Como a linha de referência ou de base pode se localizar dentro do terreno, a planta de localização fornece dados essenciais para aqueles que demarcarão a edificação no lote. O lote também pode ter curvas de nível, que mostram as elevações da superfície existentes e projetadas e fornecem dados essenciais para os responsáveis pela terraplenagem.

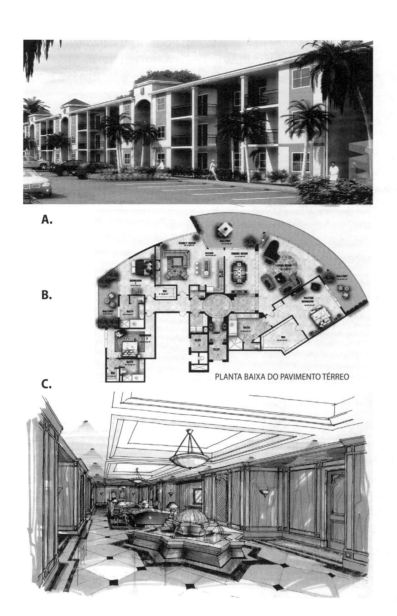

Figura 6.1 A e B. Representações geradas em computador do exterior e de uma planta baixa de edificação. Fonte: Archiform Ltd. **C.** Perspectiva interna à mão livre do saguão de um escritório, com painéis de mogno. Fonte: Kubba Design.

As principais funções dos desenhos do projeto executivo incluem:

- Instrumentos para estimativas de custos: Mão de obra, material e equipamento são estimados a partir dos desenhos do projeto executivo, antes do início da construção.
- Instruções para a construção: Os desenhos do projeto executivo apresentam as dimensões específicas, a localização e a interação entre todos os materiais.
- Instrumento para obter a licença para edificação: Antes que a construção possa iniciar, a secretaria de obras municipal deve examinar os desenhos do projeto executivo a fim de verificar se eles cumprem as exigências de segurança em termos de resistência estrutural, prevenção e combate a incêndio e outros riscos. Uma licença para edificação é emitida apenas após a aprovação das plantas.

- Instrumentos para elaboração de propostas: Na iniciativa privada, os desenhos do projeto executivo possibilitam que possíveis construtores tenham um guia uniformizado para elaborar propostas de preço; dessa forma, podem fornecer ao proprietário os menores custos possíveis.
- Ferramentas para coordenar diferentes etapas e trabalhadores da construção: Os desenhos do projeto executivo formam a base de entendimento entre os fornecedores de material e os operários especializados.
- Um registro permanente que serve de base para futuras reformas ou ampliações ou para uso legal no caso de um litígio judicial: Os desenhos do projeto executivo eliminam a necessidade de tirar as medidas novamente no caso de reconstrução. Os desenhos também devem ser fornecidos em caso de litígios legais. As patologias da construção podem vir a ocorrer devido a causas naturais ou inevitáveis, erros de projeto ou negligência, sendo os desenhos e cálculos do projeto utilizados como evidência; por isso, devem permanecer disponíveis por toda a vida útil da edificação.
- Base para o acordo entre o proprietário e o inquilino: Ao alugar toda a edificação, ou parte dela, o proprietário deveria incluir os desenhos do projeto executivo no contrato.
- Um complemento às especificações: Junto com as informações por escrito das especificações, os operários necessitam dos desenhos do projeto executivo para interpretá-las. As informações de uma fonte são incompletas sem as da outra.

» Desenhos de fabricação

Esses são desenhos técnicos elaborados pelos diferentes fornecedores envolvidos na construção. Em muitos trabalhos, o arquiteto ou projetista deve se basear nos especialistas para obter informações precisas sobre os componentes. Por exemplo, se um armário de maior complexidade é projetado, ele deve ser construído exatamente de acordo com o tamanho e as especificações solicitados. Um desenho de fabricação é necessário para assegurar que o armário caberá na edificação e que esta irá acomodá-lo. A aprovação dos desenhos de fabricação geralmente precede a fabricação dos componentes. Com os desenhos de fabricação, o arquiteto ou projetista pode verificar a quantidade de outros componentes que os operários especializados irão fornecer.

» O jogo de desenhos do projeto executivo

A transição de um conceito de projeto ou do projeto preliminar já aprovado para o projeto executivo completo é bastante significativa, porque representa a conclusão de uma fase – marcada pelas decisões de projeto – e o início de outra – marcada pela elaboração do projeto executivo, que é essencial para a execução do projeto.

O projeto executivo às vezes é chamado "projeto de construção ou projeto de execução". Esses desenhos fornecem todas as informações necessárias, tanto gráficas como escritas, sobre o projeto. As informações fornecidas serão específicas para cada aspecto do projeto elaborado. A preparação do projeto executivo representa a etapa final na elaboração do projeto. Os desenhos completos constituem um "jogo" que incorpora todas as modificações feitas pelo projetista durante o processo de transição da fase de desenho esquemático para a de desenhos executivos. No jogo de desenhos do projeto executivo serão incluídas informações a respeito de vedações externas, estrutura, instalações, mobília, equipamentos, iluminação, tomadas, demolição e assim por diante. Essas informações são ilustradas por meio de plantas baixas, elevações internas ou externas, cortes, desenhos das instalações elétricas e hidrossanitárias e detalhes. Especificações detalhadas também costumam ser incluídas.

Os desenhos do projeto executivo e as especificações também são utilizados para orçar o projeto. Dois ou mais construtores costumam receber o mesmo jogo de documentos para fazer suas propostas. Isso favorece a equidade de tratamento entre os empreiteiros, já que cada um possui as mesmas informações e nenhum recebeu mais ou menos informações que seu concorrente para apresentar seu orçamento.

Licenças e alvarás para edificação

Os desenhos técnicos finalizados devem ser submetidos à secretaria de obras municipal para garantir que o projeto proposto está de acordo com todas as exigências das agências de regulação, aquelas estabelecidas por outros departamentos municipais, como o de zoneamento, de saúde e os bombeiros. Uma licença para edificação só será emitida após o exame e a aprovação dos desenhos pelos diferentes departamentos.

Quase todas as novas construções (comerciais, civis, industriais, etc.) e reformas necessitam de uma licença para edificação. Para obter uma licença, é necessária a apresentação do jogo completo de plantas do projeto executivo. Uma licença não será requisitada apenas no caso de pequenas alterações em uma edificação já existente. Exemplos de pequenas alterações incluem pequenos reparos ou pintura. Para projetos residenciais, como reforma ou ampliação de uma edificação já existente, uma licença para edificação será necessária. Toda obra estrutural deve atender às normas aplicáveis.

Uma licença para edificação é um documento que declara que foi concedida a aprovação da secretaria de obras municipal para a construção ou demolição. Esse documento é numerado e registrado na secretaria de obras municipal. A(s) licença(s) deve(m) ser afixada(s) em local visível no canteiro de obras. É ilegal iniciar a construção ou demolição antes que a licença seja concedida. O documento é necessário para todas as construções novas, ampliações ou reformas de projetos residenciais e comerciais. A inscrição é feita na secretaria de obras do município em que o trabalho ocorrerá.

Um jogo completo de desenhos do projeto executivo pode ser grande – 30 desenhos ou mais –, ou pequeno – de 10 a 15 desenhos –, dependendo do tamanho e natureza do projeto. Um *shopping center* pode exigir muitos desenhos, enquanto uma pequena residência pode exigir menos. Hoje, quase todos os desenhos do projeto executivo são feitos no computador. Uma razão para isso é que o programa de CAD é mais rápido, resulta em maior precisão e consistência e facilita a correção e armazenagem.

Os desenhos do projeto executivo são considerados documentos legais. Todos os envolvidos no projeto – proprietário, arquiteto/engenheiro e empreiteiro – utilizam esses desenhos como fonte de informação. Mas, para que se possa produzir um jogo completo de desenhos do projeto executivo, são necessários conhecimentos sobre desenhos e técnicas de construção.

Os tipos de desenho discutidos neste capítulo são essencialmente os desenhos do projeto executivo, o que inclui desenhos de arquitetura, desenhos de estrutura, desenhos de instalações, detalhes e desenhos de fabricação. Os desenhos do projeto executivo compreendem qualquer desenho que forneça informações necessárias para que os operários possam prever os equipamentos necessários ou erguer uma edificação.

Folha de rosto

A primeira folha de um jogo de desenhos do projeto executivo é a folha de rosto (Figura 6.2). Essa folha é importante, pois lista os desenhos que compõem o jogo (um índice dos desenhos)

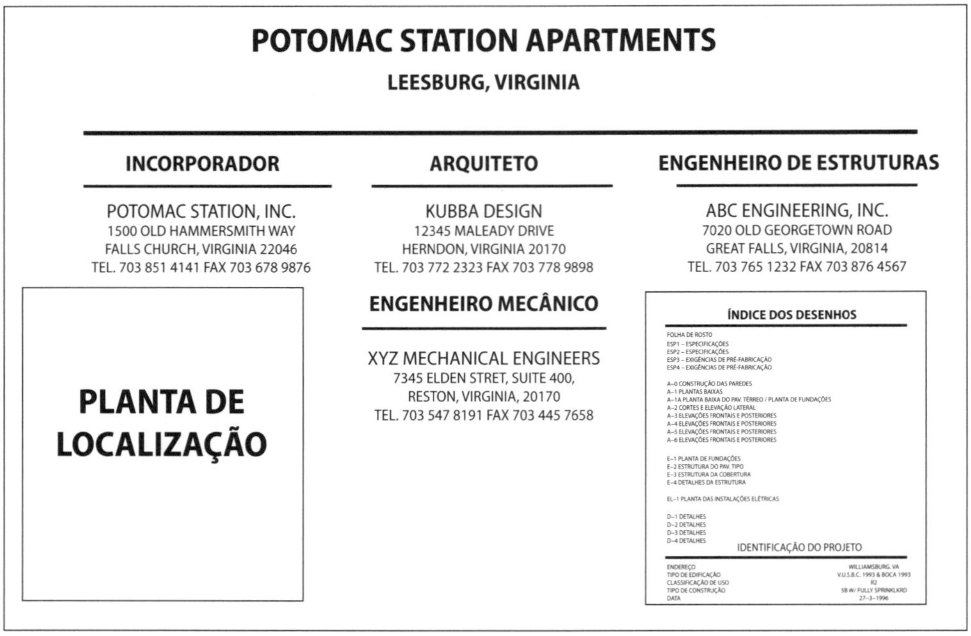

Figura 6.2 Exemplo de uma folha de rosto utilizada para um projeto de tamanho pequeno ou médio.

na ordem em que aparecem. Normalmente, também lista as exigências específicas do código de edificações que regula a elaboração do projeto. Uma folha de rosto deve listar ainda o nome e a localização do projeto, as informações sobre a licença para edificação, a planta de localização e as notas gerais. Os nomes e as informações de contato de todos os principais profissionais também devem ser incluídos. Outras informações importantes exigidas incluem a área total da edificação, o tipo de uso a que o prédio se destina e o tipo de construção. Outro elemento importante na folha de rosto é a lista de abreviações ou símbolos gráficos utilizados no jogo de desenhos. Geralmente, há uma seção contendo notas gerais para o construtor, como "Não tire medidas com um escalímetro" ou "Todas as dimensões devem ser verificadas *in loco*".

Em projetos maiores, uma segunda folha de rosto é às vezes incluída, contendo informações não apresentadas na folha de rosto principal. Da mesma forma, um mapa ou planta de situação, por vezes, é incluído para localizar o projeto em relação às cidades e estradas da redondeza.

As informações apresentadas em um jogo de desenhos do projeto executivo, junto com as especificações, devem estar completas, para que os operários que as utilizem não necessitem de informações adicionais. Desenhos do projeto executivo apresentam a dimensão, localização e a relação entre as partes do prédio. Geralmente, os desenhos do projeto executivo podem ser divididos em três categorias principais: de arquitetura, estrutura e instalações. Independente da categoria, os desenhos do projeto executivo servem a muitas funções.

Eles fornecem uma base para o orçamento de materiais, mão de obra e equipamentos antes que a construção seja iniciada. Eles oferecem instruções para a construção, indicando a localização das diferentes partes de uma edificação entre si e dentro do lote. Eles fornecem um meio de coordenar as diferentes estimativas. Eles complementam as especificações; uma fonte de informações fica incompleta sem a outra quando os desenhos são utilizados na execução da obra.

» Desenhos de engenharia civil

A diferença mais evidente entre desenhos de engenharia civil e de arquitetura é a utilização da escala de engenharia. Como os desenhos de arquitetura, os desenhos de engenharia civil incluem símbolos e representações gráficas que transmitem informações com um mínimo de palavras. Alguns desses símbolos são específicos para plantas de localização; outros são muito similares aos utilizados em plantas de arquitetura. Alguns desenhos de engenharia civil apresentam uma legenda para decifrar os símbolos e representações gráficas de um jogo específico de desenhos. As plantas de localização costumam ocupar muitas pranchas, dependendo da dimensão e complexidade do projeto. Em geral, a numeração é acompanhada por uma ou duas letras, por exemplo, prancha EC-1, EC-2 e assim por diante. O termo "lote" frequentemente é empregado como sinônimo de terreno ou sítio, embora isso não seja estritamente correto.

Os cálculos exigidos para a elaboração de uma planta de localização não são complexos. É necessário um entendimento básico do que se está calculando e por quê. Além disso, como mencionado anteriormente neste capítulo, a maioria dos desenhos e cálculos hoje é facilmente gerada com o uso de computadores. A Figura 6.3 é um exemplo de uma planta de localização simples gerada por computador pelo programa AutoCAD.

Há quatro cálculos básicos necessários para se fazer a planta de localização: área do lote (dimensão do terreno), índice de ocupação do lote (vista aérea expressa como uma porcentagem do lote),

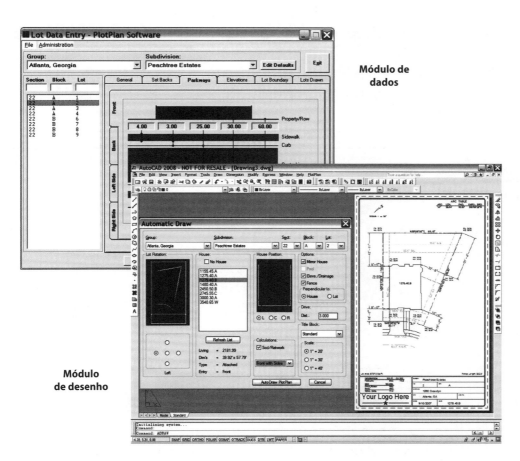

Figura 6.3 Exemplo de uma planta de localização gerada com o uso do programa AutoCAD.

área construída total (dimensão combinada das partes da edificação) e índice de ocupação, uma razão entre a área construída e a dimensão da propriedade.

» Planta de localização

Uma planta de localização ou de locação é um desenho em escala de uma propriedade, que mostra sua dimensão e configuração, incluindo a dimensão e localização de artefatos construídos pelo homem, como edificações, vias e passeios, presentes na propriedade. Plantas de localização apresentam o que já existe e as melhorias a serem feitas (Figura 6.4). A principal função de uma planta de localização típica é determinar o posicionamento da edificação em relação às divisas do terreno. As plantas de localização estabelecem de forma clara as cotas da edificação, geralmente por meio da dimensão das fundações e as distâncias em relação às divisas do terreno. Os recuos são indicados em metros e centímetros.

Uma planta de localização inclui não apenas o projeto, mas também o entorno imediato. Ela deve mostrar de modo geral a localização de redes públicas, instalações, recuos obrigatórios e vias públicas. Dados topográficos também costumam ser indicados, especificando o perfil do terreno. As cotas (as altitudes ou os níveis do solo) de determinados pontos são indicadas ao longo de toda a área para indicar o declive do terreno antes do início da obra e o nível do solo após sua conclusão.

As plantas de localização devem ser anexadas à maior parte dos requerimentos, que também incluem um relatório do terreno, encaminhados ao município para que seja autorizada a mudança da forma como determinado terreno é utilizado. Por exemplo, elas são exigidas para:

- Estudos prévios de elementos conceituais referentes a empreendimentos multifamiliares, comerciais e industriais.
- Licenças condicionais.
- Isenções quanto às exigências de zoneamento.

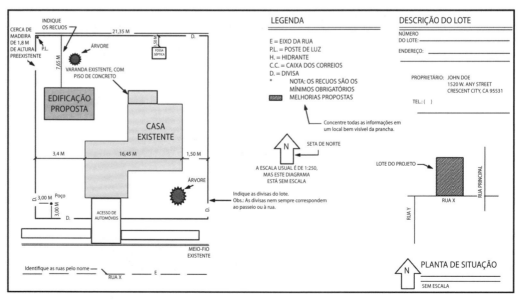

Figura 6.4 Uma planta de localização hipotética, mostrando as edificações propostas e as já existentes, os recuos, as divisas, a seta de norte, a descrição legal do lote e uma planta de situação esquemática.

- Construção de novas edificações que exigem um alvará de construção.
- Alteração de zona ou exceção especial de zoneamento.

Uma planta de localização, em geral, deve incluir:

- Descrição legal da propriedade baseada em um levantamento topográfico.
- Escala de desenho: a planta de localização deve ser desenhada com o uso da escala mais apropriada para o tamanho da área de intervenção e de suas edificações; por exemplo, de 1:100, 1:200 ou 1:500.
- Uma seta indicadora do norte, geralmente no canto superior direito da prancha.
- Orientação das divisas do lote: para a maior parte das ampliações, as divisas devem ser localizadas. Em muitos casos, é exigido um levantamento topográfico, assinado por um topógrafo licenciado.
- A distância entre edificações e entre essas e as divisas.
- As cotas das edificações preexistentes.
- A localização de ruas e vias de acesso adjacentes.
- Uma indicação clara de qualquer ampliação ou alteração proposta.
- Redes de serviços públicos.
- Outras informações relevantes para o projeto.

» Mapa de loteamento

É um mapa desenhado em escala (em geral, fornecido por um topógrafo ou engenheiro civil), apresentando uma área específica de parte de uma cidade ou distrito; por exemplo, o parcelamento de uma gleba em diversos lotes. O mapa de loteamento em geral inclui muitos terrenos ou lotes. Ele delineia as divisões de uma gleba (rumos das divisas dos lotes, cotas, ruas e vias públicas existentes) e representa o primeiro de inúmeros estágios da ocupação de um terreno. O mapa de loteamento de uma cidade ou vilarejo representa o parcelamento em quadras com ruas e vielas. Para maior clareza, as quadras são divididas em lotes individuais escriturados, geralmente com o propósito de venda dos lotes descritos. Para que tenham valor legal, os mapas de loteamento devem ser arquivados em jurisdições locais, como secretarias municipais, comissões de planejamento urbano ou comitê de zoneamento, que, em geral, devem revisá-los e aprová-los. Descrições legais tornam-se parte do registro público e podem ser revisadas em qualquer momento.

Existem três tipos básicos de descrição legal:

1. Descrição dos limites: Esse é um sistema que identifica uma propriedade por meio da descrição da forma e das dimensões da divisa de uma gleba utilizando rumos (orientações) e distâncias em relação a um ponto de origem específico. O ponto de origem pode tomar como referência o canto de alguma seção ou quarto de seção descrito pelo sistema de levantamento topográfico retangular. Os limites são medidos em centímetros, metros ou unidades topográficas. Essas descrições legais costumam ser utilizadas para definir lotes que não estejam localizados em parcelamentos de solo já registrados.

2. Sistema de levantamento topográfico retangular: Nos Estados Unidos, esse sistema prevê uma área de aproximadamente 24 milhas quadradas (62,16 km^2) para cada gleba, limitada por uma linha de base traçada na orientação leste-oeste e um meridiano na orientação norte-sul. Esse quadrado de 24 milhas de lado é então dividido em quadrados de 6 milhas de lado (15,54 km^2) chamados distritos. Um *range* é uma faixa de distritos distribuídos

entre dois meridianos distantes seis milhas um do outro. Um distrito é dividido em 36 seções numeradas, cada uma com uma milha quadrada (2,59 km^2). Fazendas, sítios e grandes áreas não urbanizadas costumam ser descritos por esse método.

3. Lotes e quadras: Por conta de sua simplicidade e comodidade, esse sistema costuma ser utilizado em diversas comunidades urbanas para fazer a descrição legal de pequenas glebas. Cria-se um mapa em que um terreno de maiores proporções é subdividido em unidades menores com o propósito de vendê-los. O mapa é registrado após o levantamento topográfico de cada lote por meio da descrição de limites e divisas. A escritura, então, precisa apenas mencionar o lote, a quadra e o livro de registros onde se encontra o mapa para que seja descrita a propriedade. Não é necessário especificar na escritura os rumos e as distâncias registrados no levantamento topográfico ou a descrição do levantamento topográfico retangular.

As divisas do lote são ordenadas em coordenadas polares: ou seja, cada linha é descrita por sua extensão e pelo ângulo em relação ao norte ou sul verdadeiro. Isso se consegue com o uso das coordenadas de uma bússola medidas em graus, minutos e segundos. A coordenada da divisa do lote pode ser N6° 49' 29" O. A bússola é dividida em quatro quadrantes: NO, NE, SO e SE.

Existem muitas razões para fazer um loteamento:

- Delimitar estradas e outras vias.
- Assegurar-se de que todas as propriedades têm acesso às vias públicas.
- Criar ou extinguir servidões de passagem.
- Destinar terrenos para outros usos públicos como parques ou áreas destinadas para a proteção contra enchentes.
- Garantir a adequação a um zoneamento.

≫ Planta de demolição

Muitos projetos serão executados em terrenos que têm construções prévias ou elementos internos ou externos que não estão previstos como parte do projeto final. Eles deverão ser removidos ou demolidos antes do nivelamento para a construção e são apresentados na planta de demolição. A planta de demolição mostra os elementos que serão demolidos e os que serão mantidos. Árvores e outros itens que serão mantidos devem constar nas notas. Linhas tracejadas costumam indicar os itens (paredes, móveis fixos, etc.) que serão removidos para preparar o espaço para o novo projeto. Uma legenda de notas costuma ser incluída na folha de desenho de uma demolição, mostrando cada número e a nota correspondente.

≫ Mapa topográfico

Outra função importante da planta de localização é destacar as condições peculiares da superfície, ou topografia, de um lote. Isso indica ao construtor a declividade ou o nivelamento do terreno. A topografia de um lote pode ser representada em uma planta de localização (Figura 6.5). Em alguns projetos, a topografia precisa ser apresentada separadamente para que se garanta a clareza; para isso utiliza-se uma planta topográfica. As informações topográficas compreendem as mudanças na cota do terreno, como declives, elevações, vales e outras variações na superfície. Essas alterações nas condições da superfície são apresentadas em uma planta de localização por meio uma curva de nível, que consiste em uma linha ligando pontos de mesma cota. Uma elevação é a distância aci-

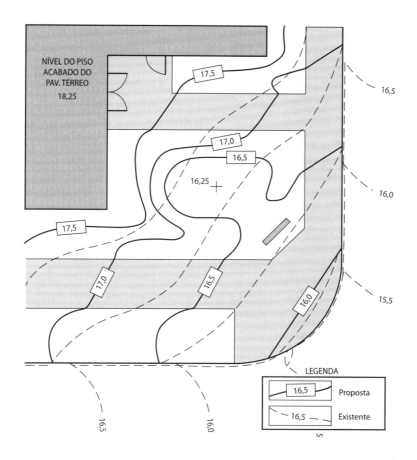

Figura 6.5 Exemplo de um mapa topográfico mostrando as curvas de nível existentes e as propostas pela intervenção. Fonte: United States Air Force Landscape Design Guide.

ma ou abaixo de determinado ponto de referência, chamado de referência de nível. Essa referência pode ser o nível do mar ou um marco arbitrário estabelecido para um projeto específico.

Os arquitetos geralmente adaptam as curvas de nível de um terreno para acomodar uma edificação ou atender às exigências do projeto de paisagismo. A adaptação das curvas de nível preexistentes é um dos estágios do processo de remodelação de um terreno, em que o arquiteto ou desenhista precisa de um mapa topográfico para estudar as condições de declive que podem repercutir no projeto. Esse mapa em geral é feito por um engenheiro civil e deve apresentar de forma gráfica as curvas de nível preexistentes e suas respectivas elevações. Normalmente, as curvas de nível preexistentes são ilustradas por uma linha tracejada, enquanto as curvas de nível novas ou projetadas em geral são apresentadas por uma linha contínua. O mapa topográfico, portanto, pode ser considerado um mapa de loteamento no qual as linhas tracejadas e os números indicam cotas, elevações e níveis do terreno. A distância entre as curvas de nível apresentam incrementos ou intervalos verticais constantes. Em geral, utiliza-se um intervalo de um metro, mas outros intervalos podem ser utilizados; intervalos de meio metro não são incomuns para plantas de localização que necessitam de maior detalhamento (ou em que as mudanças na elevação são mais intensas).

Ao ler uma planta de localização, tenha em mente que as curvas de nível são contínuas e costumam cobrir grandes áreas em comparação com a dimensão do lote de uma edificação. É por isso que as curvas de nível geralmente são desenhadas de uma margem a outra da planta de localização. As curvas de nível não se intersecionam ou se fundem, a não ser no caso de uma parede ou plano vertical. Por exemplo, um muro de arrimo indicado em uma planta apresentaria duas curvas de nível se tocando, e uma vala íngreme seria a interseção das curvas de nível. Quando as curvas de nível estão bem espaçadas, o terreno é relativamente plano ou possui um leve declive. Quando as curvas de nível estão bem próximas, o terreno é bem mais íngreme.

Em geral, necessita-se de uma referência de nível, a qual é basicamente um ponto de referência conhecido, como uma elevação no canteiro de obras. O marco é estabelecido em relação à referência de nível e costuma ser apontado na planta de localização com uma descrição física e sua cota em relação à referência de nível. Por exemplo, a inscrição "Borda nordeste da bacia hidrográfica – cota 3,25 m" pode ser encontrada em uma planta de localização. Quando elevações ou cotas individuais são necessárias em outros elementos do terreno, elas são registradas com um "+" e o valor. As cotas se diferenciam das curvas de nível pelo fato de aquelas registrarem com precisão de até duas casas decimais, enquanto estas são apresentadas como números inteiros. Uma planta topográfica mostra a topografia preexistente e a proposta (Figura 6.5) e é utilizada para delinear traçados de elevação e drenagem. As exigências da planta topográfica variam de uma região para outra, mas a planta definitiva geralmente apresenta as divisas do terreno, os acidentes topográficos preexistentes acompanhados de uma referência de nível, características prévias do terreno e as edificações projetadas. Em alguns casos, a planta topográfica também pode apresentar um corte transversal ao longo do terreno em intervalos ou locais específicos para possibilitar uma avaliação mais aprofundada da topografia da superfície.

A seta de norte é utilizada para indicar a direção do norte magnético como uma referência para denominar lados ou áreas específicos do projeto. Além disso, os topógrafos rotulam as divisas do terreno de acordo com as direções encontradas em uma bússola. Essa referência, na forma de um ângulo e suas respectivas distâncias, é chamada de rumo ou direção de uma divisa. Os rumos das divisas externas costumam fornecer a descrição legal do lote em construção. Projetos maiores geralmente necessitam inúmeras plantas de localização para mostrar diferentes escopos ou obras similares ou relacionadas, incluindo redes de esgoto e outras utilidades públicas e o projeto de paisagismo.

>> Plantas de redes de esgoto e utilidades públicas

Os desenhos de utilidades públicas apresentam a localização de redes de água, gás, esgoto cloacal e eletricidade que servirão a edificação (Figura 6.6). A localização das redes subterrâneas existentes é importante para que possam ser protegidas durante a escavação e a construção. As plantas de redes de esgoto detalham a forma como a água de superfície será coletada, canalizada e lançada dentro ou fora do terreno. As plantas de redes de esgoto e outras utilidades públicas ilustram a dimensão e o tipo da tubulação, além de seu comprimento e suas conexões e terminações. A cota de determinada tubulação abaixo da superfície é indicada em relação à parte inferior do tubo.

Joelhos (ou cotovelos) são indicados nas interseções dos canos ou em outras mudanças da tubulação contínua, como um poço de inspeção, etc. (Figuras 6.7A e B). Geralmente, os joelhos são utilizados apenas em tubulações que possuem caimento ou fluxo por gravidade. O método de escoamento do esgoto cloacal costuma ser considerado um elemento importante de uma planta de localização. Existem inúmeros métodos alternativos de escoamento do esgoto cloacal, incluindo redes públicas e sistemas privados.

Além da planta baixa, às vezes a planta de localização necessita fazer esclarecimentos na forma de detalhes, similares aos detalhes de arquitetura. Exemplos clássicos de detalhes de um terreno são

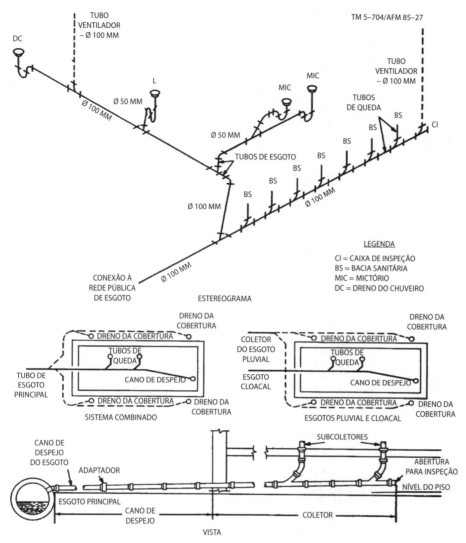

Figura 6.6 Diagramas isométricos de um sistema de esgoto típico para uma edificação, que em projetos hidrossanitários costumam ser denominados "estereogramas".

os cortes de pisos, elementos pré-moldados e meios-fios. Os detalhes não se limitam a desenhos em escala, podendo ocasionalmente, para fins de esclarecimento, aparecer sob a forma de perspectivas cônicas fora de escala.

» Planta de paisagismo e irrigação

Em geral, o paisagismo é a última etapa da ocupação do terreno. As plantas de paisagismo apresentam a localização das diferentes espécies de plantas, tipos de piso, gramados, terraços, áreas de jardim e cercas. As plantas são indicadas com uma abreviação, geralmente de três letras, acompanhada pela quantidade de exemplares das respectivas espécies. A designação corresponde aos dados organizados em uma tabela que elenca uma lista completa das plantas pelo nome popular, nome científico, quantidade e dimensão de cada planta. A tabela é acompanhada por algumas no-

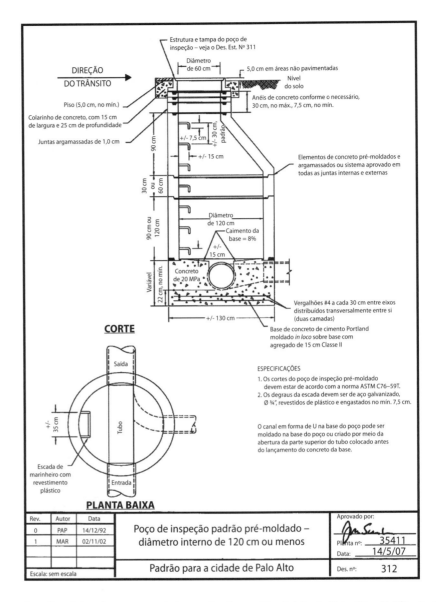

Figura 6.7A Detalhe típico de um poço de inspeção. Fonte: Município de Palo Alto, Califórnia, Estados Unidos. As especificações geralmente são colocadas no canto inferior direito.

tas descrevendo os procedimentos de plantio e as especificações de manejo. As plantas de paisagismo possuem também gráficos e símbolos próprios da profissão, os quais devem ser conhecidos pelas pessoas que irão interpretar os desenhos, em especial no que concerne aos símbolos de cada espécie vegetal.

A planta de irrigação costuma acompanhar a planta de paisagismo. Ela mostra todas as tubulações de água, válvulas de controle e todo o equipamento hidráulico necessário para a irrigação. As condições climáticas regionais têm impacto sobre as exigências do tipo de sistema de irrigação a ser implantado (Figura 6.8).

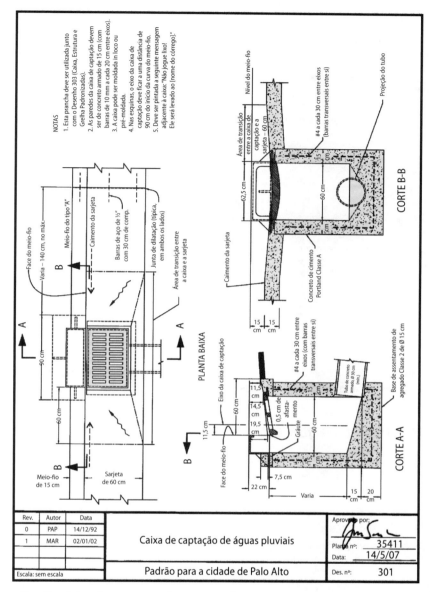

Figura 6.7B Detalhe típico de uma caixa de captação de águas pluviais. Fonte: Município de Palo Alto, Califórnia, Estados Unidos. As especificações geralmente são colocadas no canto inferior direito.

» Desenhos de melhorias no terreno

Os projetos complexos ou de grande magnitude exigem a produção de desenhos separados para esclarecer as propostas de melhorias no terreno, incluindo, entre muitos outros elementos, meios- -fios, passeios, muros de arrimo, calçamento, cercas, degraus, terraços e mastros de bandeira.

As plantas de calçamento e meio-fio indicam os diferentes tipos de pavimentação asfáltica, com blocos de concreto, tijolo ou outro material e o meio-fio a ser utilizado, além dos limites de cada um. Essas informações possibilitam o cálculo e o dimensionamento do calçamento e do meio-fio. Os símbolos da legenda informam onde um material acaba e o outro começa. A pessoa que lê as plantas não deve fazer suposições. Os detalhes mostrando cortes da superfície são utilizados para diferenciar as espessuras e os materiais e o substrato.

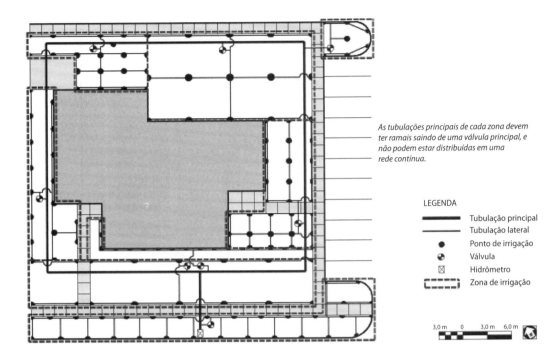

Figura 6.8 Planta esquemática de um sistema de irrigação, com legenda, escala e seta de norte. Fonte: United States Air Force Landscape Design Guide.

❯❯ *Desenhos de arquitetura*

Os desenhos de arquitetura contêm as informações necessárias sobre dimensão, material e composição de todos os componentes da edificação, assim como suas posições relativas e o método de conexão. Basicamente, eles consistem em todos os desenhos que descrevem os componentes estruturais da edificação e a relação entre eles, incluindo plantas de fundação, plantas baixas, plantas estruturais, elevações, cortes, desenhos de marcenaria, detalhes, tabelas e memoriais descritivos. Os desenhos de arquitetura costumam ser numerados sequencialmente com o prefixo "A" de arquitetura.

O número de desenhos de arquitetura necessário para cobrir o escopo de um contrato de construção e executar satisfatoriamente um projeto é determinado por fatores como a dimensão e a natureza da edificação e a complexidade das operações. As plantas gerais são formadas por plantas baixas, elevações e cortes da edificação e suas diferentes partes. A quantidade de informação necessária determina o número e o local dos cortes e elevações.

❯❯ **Plantas baixas**

Uma planta baixa é, na verdade, uma parte do desenho de arquitetura que representa uma vista do projeto de cima para baixo. A planta baixa é o tipo mais comum de planta. Ela é uma vista bidimensional do espaço, seja um cômodo ou um prédio. É uma vista do espaço a partir de cima, como se o espaço tivesse sido cortado horizontalmente na altura do parapeito da janela, tendo sido removida a parte de cima. Você está olhando para baixo e vendo o piso. Em geral, a principal função de uma planta baixa é identificar e definir o uso do espaço. Ela mostra a localização e a dimensão dos componentes, tais como cômodos, banheiros, portas, janelas, escadas, elevadores, rotas de fuga e acessos. A planta baixa também apresenta a localização de paredes externas e internas, portas, lavabos e móveis embutidos, assim como as dimensões e outras informações pertinentes. Quando há muita informação disposta em uma única planta, ela se torna confusa, razão pela qual é muito comum, especialmente em projetos complexos, a exigência de inúmeras plantas diferentes. Esses desenhos adicionais podem incluir esquemas de demolição, divisórias leves, equipamentos ou acabamentos do piso.

As plantas baixas de arquitetura, quando integram um jogo de desenhos executivos, devem apresentar as cotas de comprimento e largura, possibilitando assim que o usuário possa calcular as áreas. As cotas devem ser precisas, claras e completas, indicando medidas tanto externas como internas do espaço. Para projetos de menor porte, um jogo de especificações nem sempre é necessário, dependendo das limitações orçamentárias e da suposição de que as notas serão suficientes.

As plantas baixas geralmente são desenhadas em escala. As escalas mais comuns (dependendo da dimensão do projeto) são as de 1:50 (ou seja, cada centímetro do desenho equivale a 50 centímetros reais) e de 1:100. A escala da planta deve sempre ser indicada no desenho.

» Elevações

As elevações são um importante componente do jogo de desenhos de execução e do desenvolvimento do projeto. As elevações são essencialmente vistas que mostram o exterior (ou interior) da edificação. Elas representam vistas ortográficas de uma parede interna ou externa. São vistas planas bidimensionais com apenas a altura e a largura representadas. As elevações externas fornecem uma vista das paredes externas de uma edificação e indicam o material utilizado (pedra, reboco, tijolo à vista, madeira, etc.), a localização de janelas e portas, o caimento da cobertura e outros elementos visíveis do exterior. As elevações costumam ser identificadas com base em sua localização em relação aos pontos cardeais (elevações norte, sul, leste e oeste). Como alternativa, elas podem ser denominadas elevação frontal, posterior, direita e esquerda (Figura 6.9A). Em geral, são necessárias quatro elevações para apresentar as características de uma edificação, a não ser que esta possua um formato irregular, sendo então necessárias elevações adicionais.

As principais funções das elevações externas são fornecer uma clara representação do acabamento da fachada da edificação e as possíveis alterações nos materiais da superfície no plano da elevação. Elas também indicam a localização de portas e janelas externas (em geral, são marcadas com números ou letras em círculos para indicar os tipos correspondentes às informações disponíveis na tabela de portas e janelas).

As elevações costumam ser desenhadas na mesma escala que a planta baixa. A escala da elevação é indicada abaixo ou ao lado da legenda da elevação ou no selo da prancha. Uma escala geralmente utilizada é a de 1:50, apesar de as escalas de 1:100 e 1:200 serem utilizadas para edificações maiores.

Enquanto as plantas baixas apresentam medidas horizontais dos elementos, as elevações fornecem principalmente medidas verticais em relação a um plano horizontal. Essas cotas fornecem a altura de tetos, peitoris, vergas, lajes, telhados ou uma variedade de cotas em relação a uma superfície horizontal de referência. Essas medidas podem ser utilizadas para calcular a quantidade de material necessária. Às vezes, as cotas da elevação são apresentadas com casas decimais. Junto às cotas, são incluídas nas elevações notas para complementá-las e esclarecer as informações presentes na planta baixa. Em geral, as cotas não são numerosas nas elevações. A maioria dos profissionais utiliza as elevações para representar as dimensões dos principais componentes, sendo a maior parte das cotas indicadas nos cortes, que fornecem maior clareza quanto aos materiais e métodos de construção.

As elevações interiores mostram as paredes internas do espaço. A Figura 6.9B apresenta a elevação de uma cozinha. Observe que as anotações têm a forma de especificações e são escritas nos locais apropriados e não como notas na lateral da prancha.

» Cortes

Os cortes costumam ser utilizados para esclarecer o projeto da edificação e o processo de construção. Cortes transversais e longitudinais geralmente são desenhados na mesma escala da planta baixa e mostram vistas de seções feitas em planos verticais. Uma planta baixa ou uma planta de fundação, cortadas por um plano horizontal, são tanto um corte como uma planta baixa, mas raramente são chamadas de corte. Elas possibilitam uma vista de uma parte da edificação não encontrada em outros desenhos. Para mostrar o maior número possível de informações sobre os detalhes construtivos, costuma-se utilizar planos de corte desviados em cortes de desenvolvimento do projeto. Para reduzir o tempo e o esforço necessários para desenhar e com o intuito de simplificar o projeto executivo, uma prática comum é o uso de cortes padronizados em casos em que duplicações exatas poderiam ocorrer.

Exemplos de cortes de edificações podem ser vistos nas Figuras 6.10A e B; a Figura 6.11A representa um corte de uma escada desenhado na escala de 1:25. Inúmeros cortes distintos podem ser incorporados aos desenhos. A Figura 6.11B apresenta um típico corte de pele. Esse tipo de corte costuma ser desenhado na escala de 1:10 ou 1:20. Normalmente, passa pela estrutura e fornece informações necessárias para a compreensão dos vãos estruturais, métodos construtivos e a composição material das paredes da edificação. O uso de cortes junto com plantas baixas e elevações permite que a pessoa responsável por ler os desenhos tenha um melhor entendimento do projeto e de como executá-lo.

Os cortes são utilizados conforme forem necessários em cada seção do projeto executivo com o objetivo de indicar os tipos de construção previstos, os tipos e localizações dos materiais utilizados e

Figura 6.9A As elevações externas de uma casa (geralmente quatro) buscam representar de modo fiel suas características principais, incluindo os materiais empregados e aberturas e muitas vezes não apresentam cotas, embora sejam desenhadas em escala.

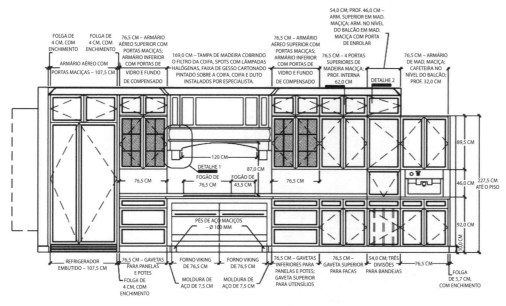

Figura 6.9B Elevação interna de uma cozinha residencial. Fonte: JLC Studio.

o método de montagem dos diferentes elementos da edificação. Apesar de poderem ser utilizados em cada uma das seções do projeto, os mais comuns são os cortes de arquitetura e de estrutura. Todos os cortes são importantes para aqueles responsáveis pela construção da edificação.

» Desenhos de estrutura

Os desenhos de estrutura fornecem ao leitor uma vista dos elementos de sustentação da edificação e informações de como ela irá suportar e transferir as cargas ao solo. Eles são numerados sequencialmente e abreviados com a letra "E", como em E-1, E-2, E-3, etc. Em geral, estão localizados após os desenhos de arquitetura no jogo de desenhos do projeto executivo. Para edificações novas, os desenhos estruturais de engenharia são necessários para os detalhes de fundação e de sapatas, o projeto estrutural, o tamanho das vigas e as conexões. Em estruturas de concreto, os desenhos da estrutura indicam os detalhes dos moldes de concreto, as dimensões dos elementos e os requisitos das armaduras. Se a estrutura é de aço, a dimensão e o tipo de seus elementos são indicados.

A importância dos desenhos de estrutura se deve ao fato de que fornecem informações úteis e podem ser apresentados de forma isolada para os operários especializados, como os instaladores de pré-moldados. Os desenhos de estrutura indicam com clareza os elementos principais da edificação e a forma como se relacionam com os acabamentos internos e externos, evitando fornecer informações desnecessárias para essa etapa da construção.

Os desenhos de estrutura, como os de arquitetura, iniciam pelas plantas da fundação, planta baixa do pavimento térreo, plantas dos pavimentos superiores e planta da cobertura. A principal diferença é o fato de que são apresentadas apenas as informações pertinentes aos sistemas de sustentação do prédio. Por exemplo, uma planta de estrutura do segundo pavimento apresenta a estrutura de madeira ou aço e a configuração e espaçamento dos elementos portantes (estruturais), mas não as portas ou elementos não portantes. Na sequência das plantas baixas vêm os cortes e detalhes

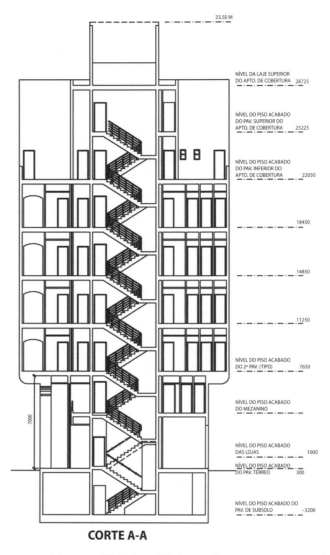

Figura 6.10A Corte transversal de um edifício de múltiplos pavimentos, apresentando apenas as cotas de nível dos pavimentos.

no mesmo formato padrão dos desenhos de arquitetura. As tabelas são utilizadas para registrar informações como sapatas, colunas e treliças.

» Tipos de fundação

Casas e edificações com pequenas estruturas não necessitam de sistemas de fundação complicados. Um simples T invertido é tudo o que usualmente se exige para sustentar uma construção em condições normais. As edificações maiores e mais complexas transferem cargas mais elevadas ao sistema de fundações e devem ser projetadas com maior cuidado por engenheiros de estrutura ("engenheiros calculistas"). As fundações para grandes edificações comerciais desempenham as mesmas funções que nas edificações. A principal diferença entre as fundações para uma edificação

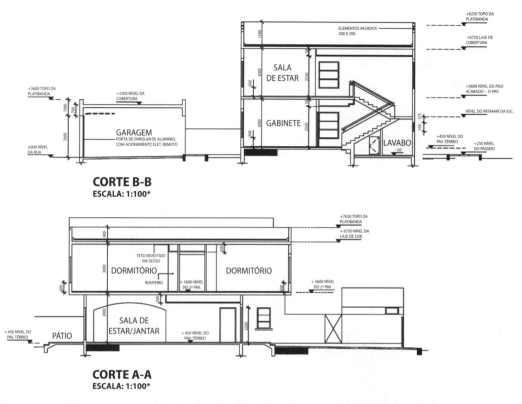

Figura 6.10B Cortes transversal (B-B) e longitudinal (A-A) de uma casa com dois pavimentos.

comercial e as de uma pequena residência geralmente se refere à espessura do concreto e à quantidade de armadura de aço.

Em geral, as fundações são construídas com sapatas, estacas ou vigas de fundação (baldrames ou vigas baldrame) contínuas. Fundações superficiais (também chamadas em superfície, rasas ou diretas) geralmente são utilizadas em edificações residenciais e comerciais leves. Esse tipo de fundação se baseia em sapatas e paredes. As sapatas de concreto formam a base do sistema de fundação e são empregadas para deslocar as cargas da edificação sobre o solo. As fundações profundas com estacas costumam ser utilizadas quando não há viabilidade para usar o equipamento convencional de abertura de vala, seja por motivo de segurança, seja por razões econômicas. O estaqueamento é um tipo de sistema de fundação que faz uso de colunas para suportar as cargas da estrutura. Raramente é utilizado em residências ou edificações comerciais baixas. As vigas de fundação são vigas de concreto armado posicionadas no nível do solo, abaixo da superestrutura ou de um muro de arrimo, com o objetivo de fornecer uma superfície de apoio para a superestrutura. Podem ser empregadas para reforçar a fundação, garantindo um suporte adicional à fundação em solo instável.

» Planta de fundações

A planta de fundações é uma planta baixa de uma estrutura projetada sobre um plano horizontal imaginário que passa pelo nível superior da fundação. Uma prancha de fundação indica a dimensão, espessura e elevação das sapatas, com notas relativas ao posicionamento da armadura. Em

---

* N. de T.: Para fins de impressão, os desenhos foram reduzidos, isto é, não estão mais na escala indicada.

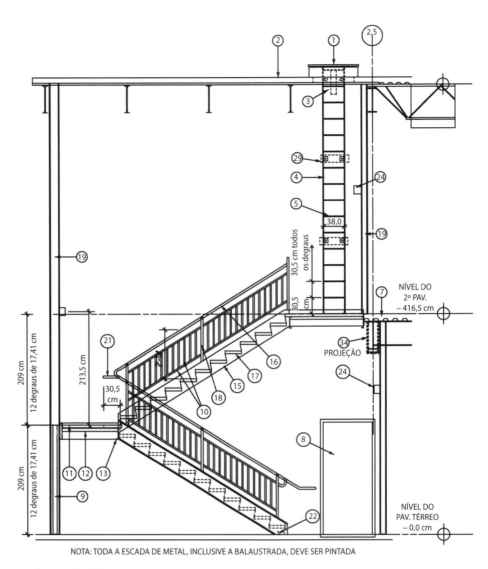

CORTE NA ESCADA Nº 1
ESCALA: 1: 33*

Figura 6.11A Corte em uma escada. A escala do desenho, típica do sistema norte-americano, é 3/8 polegada = 1 pé, 0 polegada e equivale à escala de 1:33.

geral, estarão indicados nas notas a localização dos chumbadores ou insertos de chapa soldada do aço estrutural e outros elementos. A tabela de sapatas geralmente encontra-se na primeira prancha das notas de estrutura, as quais também incluem notas relativas às exigências de armadura e outros avisos escritos sobre a resistência da estrutura e exigências de testagem. Para compreender de forma apropriada a planta de fundações, você deve primeiro visualizar as outras plantas, como os cortes e a planta da cobertura.

---

* N. de T.: Escala reduzida para fins de impressão. No Brasil, a escala utilizada provavelmente seria 1:20 ou 1:25.

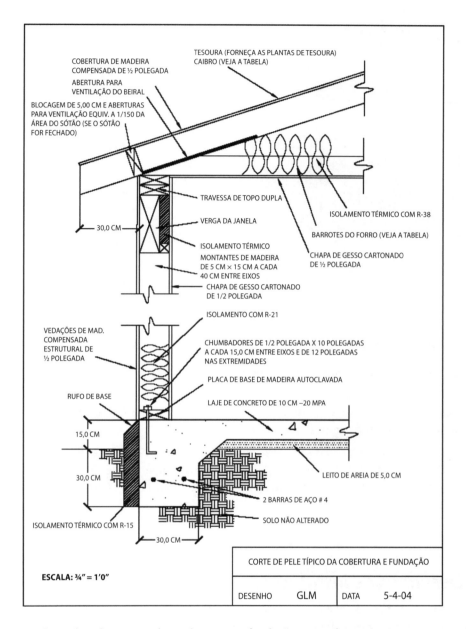

Figura 6.11B Corte de pele mostrando a cobertura e a fundação na escala, no sistema norte-americano, é ¾ polegada = 1 pé e zero polegada (1:16, no Sistema Internacional de Medidas).*

» Planta estrutural

A planta estrutural indica o material utilizado para sustentar a edificação e às vezes inclui montantes de madeira ou metal, blocos de concreto ou peças de aço estrutural. Os desenhos do projeto de uma edificação com estrutura independente incluem a sustentação básica em forma de esqueleto e são feitos em escala. A localização dos barrotes de piso, paredes e terças ou treliças da cobertura são parte do detalhe geral dessas plantas. Em geral, a localização de cada montante leve não está

---

* N. de T.: A escala foi levemente reduzida para fins de impressão. No Brasil, a escala utilizada provavelmente seria de 1:10.

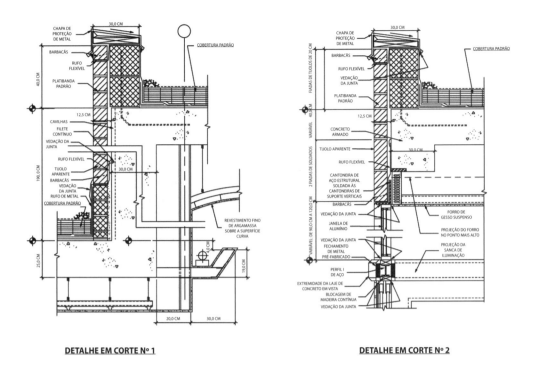

Figura 6.12 Exemplos típicos de detalhes estruturais.*

disponível, já que o processo é padronizado. No entanto, em alguns casos, há instruções sobre as técnicas de construção de paredes específicas.

Plantas estruturais intermediárias são utilizadas para edificações de vários andares, nas quais cada andar pode exigir pilares, vigas, caibros, tabuados e outros elementos de sustentação. Esses desenhos também costumam incluir inúmeros detalhes. A Figura 6.12 apresenta exemplos típicos de detalhes estruturais.

>> Desenhos de instalações

A folha de rosto do jogo de plantas das instalações deve conter notas, legendas (quadro ou tabela de símbolos e abreviações) e detalhes. A planta de instalações especifica o projeto ou as modificações do sistema de instalações, o leiaute e as dimensões dos dutos, a localização dos equipamentos mecânicos e dos registros, as taxas de trocas de ar utilizadas no projeto, a localização dos difusores e dos termostatos e os sistemas de refrigeração complementares, se necessário. A maior parte do trabalho apresentado nesse tipo de desenhos é em planta baixa. Devido à natureza diagramática dos desenhos de instalações, a planta baixa é a melhor forma de ilustrar a localização e a configuração da obra.

Em função da grande quantidade de informações exigidas para a execução das instalações e da grande proximidade das tubulações, válvulas e conexões, o engenheiro utiliza uma variedade de

---

* N. de T.: A escala original dos desenhos era de 1:12,5 (uma escala que não é utilizada por nós; no Brasil, esses desenhos seriam feitos na escala de 1:10), mas observe que os desenhos foram reduzidos para fins de impressão.

símbolos e abreviações para transmitir as intenções do projeto. Exemplos desses símbolos e seu significado podem ser encontrados no Capítulo 8.

Os sistemas mecânicos referem-se à calefação e refrigeração de edificações ou ambientes. Os dois principais métodos de calefação e refrigeração utilizam ar e água. Em um sistema a ar, o ar quente ou frio é transportado até o ambiente por meio de tubos de insuflamento e retorno de ar. Um exemplo típico é uma estufa residencial com ar forçado. A estufa usa gás ou óleo para esquentar o ar. O ar é forçado através dos dutos por um ventilador elétrico localizado na estufa. Uma unidade separada de condicionamento de ar é instalada para o ar frio. Para a maior parte dos prédios comerciais, uma central de grande porte, em geral localizada sob a cobertura alimenta o sistema a ar. Os dutos de insuflamento, registros e grelhas de retorno do ar devem ser instalados em todos os espaços da edificação.

Um sistema de calefação a água utiliza um tipo de bobina através da qual circula a água quente. O exemplo mais comum é o radiador de palheta encontrado em casas antigas, geralmente localizado logo abaixo de uma janela. Hoje, o sistema mais comum é o piso radiante.

Um sistema de calefação elétrico usa eletricidade para aquecer os componentes de um radiador. O mais comum é o rodapé radiante. Ele é utilizado quando não há uma fornalha instalada. Por exemplo, cabanas pequenas usam o rodapé radiante. As edificações comerciais de menor porte e mais antigas também dependem desse tipo de instalação. Esse sistema também pode ser encontrado em grandes prédios comerciais como um sistema adicional de climatização. Um radiador elétrico com ventilador interno pode ser posicionado em uma porta de entrada para garantir a manutenção do calor no interior.

Os desenhos de instalações fornecem ao cliente, ao construtor e à autoridade municipal um projeto completo do sistema de climatização a ser executado. Esses desenhos costumam fazer parte do conjunto de plantas do projeto executivo. Eles são enviados junto com os desenhos executivos no pedido de alvará para construção (Figura 6.13). Também fazem parte do pacote utilizado para fazer o orçamento do projeto. Eles são utilizados para a execução. Todas as tubulações, ventiladores de exaustão e unidades de calefação e/ou refrigeração devem ser fornecidos e instalados de acordo com os desenhos aprovados.

Um engenheiro civil ou mecânico realiza os desenhos de instalações. Muitas vezes, a mesma pessoa ou empresa elabora o projeto elétrico e hidrossanitário. Esses desenhos devem atender aos diferentes códigos de edificação, incluindo os códigos nacionais e municipais.

Geralmente, o engenheiro utiliza essas plantas e incorpora seu leiaute de tubulações. Difusores, grelhas de retorno de ar e ventiladores de exaustão são desenhados na forma de símbolos. Os sistemas de calefação e refrigeração são especificados e têm sua localização indicada. São acrescidas legendas, tabelas, detalhes e notas específicos ao projeto.

Em projetos pequenos, todas as informações necessárias são apresentadas em uma ou duas pranchas de desenho. Em projetos grandes ou complexos, são necessárias muitas páginas de desenho para dar conta de todas as áreas do projeto.

Em geral, os desenhos do engenheiro devem indicar o tipo, localização e número de unidades de calefação e/ou refrigeração. As conexões do sistema de climatização e de eletricidade são especificadas, assim como qualquer outra ligação com o sistema de distribuição de gás ou água. Também devem ser indicados o tipo, a localização e o número de termostatos. A Figura 6.14 mostra o diagrama detalhado de uma tubulação com líquido frigorífico (também chamado de fluido frigorígeno ou refrigerante).

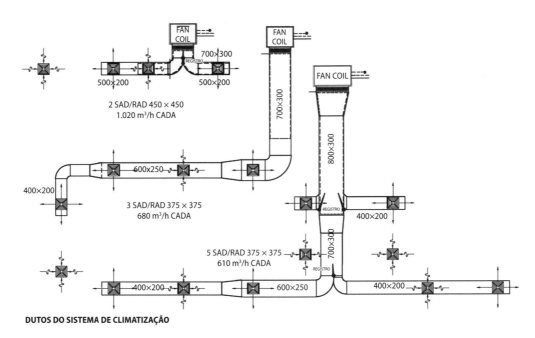

Figura 6.13 Diagrama mostrando o leiaute e os tamanhos de dutos, conexões e *fan coils* de um sistema de climatização.

Muitos projetos necessitam que os cálculos de ganho e perda de calor sejam fornecidos. As informações sobre a mistura do ar ou as tabelas de dispositivos de distribuição de ar geralmente são incluídas. As informações necessárias dependem do tipo de projeto que está sendo executado.

Muitas cidades possuem regras de conservação de energia. Os desenhos do engenheiro devem respeitar todos os regulamentos municipais ou nacionais onde o projeto se localiza.

Os seguintes itens costumam constar no jogo de desenhos de instalações:

- Plantas mostrando a dimensão, tipo e leiaute da tubulação.
- Difusores, registros de calor, grelhas de retorno de ar e registros.
- Dutos de isolamento e seus acessórios.
- Tipos, quantidades e localização das unidades do sistema de climatização.
- Tipos, quantidades e localização dos termostatos.
- Ligações elétricas, hidráulicas e de gás.
- Ventiladores e exaustores.
- Legenda de símbolos, notas gerais e notas específicas.
- Sumário das cargas de calefação e/ou refrigeração.

Dependendo da complexidade do projeto, podem estar disponíveis outras informações:

- Conexão com sistemas preexistentes.
- Demolição de parte ou de todos os sistemas preexistentes.
- Detectores de fumaça e detector de calor para a tubulação.
- Programação do termostato.
- Cálculos de ganhos e perdas térmicos por área.
- Detalhes dos dutos de seção circular, difusores e acessórios.

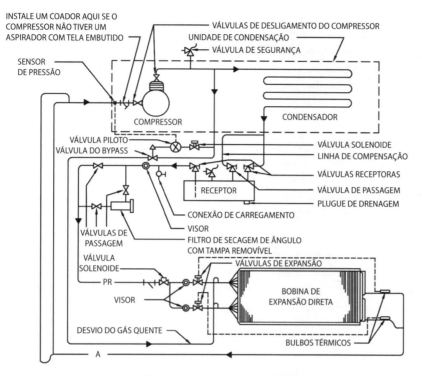

Figura 6.14 Diagrama mostrando o detalhe de uma tubulação com refrigerante de um sistema de climatização (dimensões em mm).

- Condições especiais, como códigos de proteção contra terremotos.

Desenhos de engenharia são necessários para todos os projetos comerciais que envolvam obras no sistema de climatização, incluindo ampliações, reformas ou construções novas. Uma licença deve ser expedida antes do início das obras.

Os desenhos e as licenças também são necessários para projetos residenciais toda vez que se realize algum tipo de obra substancial ligada ao sistema de climatização. Para projetos pequenos, um empreiteiro mecânico licenciado pode fornecer as informações necessárias para obter a licença.

A definição do conceito e o desenvolvimento do projeto de arquitetura são a primeira etapa de qualquer projeto. Uma vez elaborados, a etapa seguinte é a do projeto executivo. Assim que as plantas baixas e de teto estão completas, elas são encaminhadas ao engenheiro para que produza os desenhos de instalações. Os desenhos de engenharia tornam-se parte do conjunto de plantas do projeto executivo.

» Desenhos do projeto hidrossanitário

Os desenhos do projeto hidrossanitário fornecem todas as informações pertinentes sobre o sistema hidrossanitário de um projeto, incluindo dimensões e localização, distribuição dos aparelhos sanitários, válvulas de isolamento, capacidades do tanque de armazenamento, capacidade e localização do aquecedor de água e localização das tubulações de esgoto. Os sistemas hidrossanitários envolvem dois componentes principais: a tubulação de água e a de esgoto. A água é fornecida sob pressão por meio de tubos até os aparelhos sanitários. A rede de esgoto funciona por gravidade: os tubos de drenagem devem ter uma inclinação para baixo. São necessários respiradouros. Uma planta baixa do projeto hidrossanitário costuma apresentar a localização e o tipo de aparelho sanitário, assim como a distribuição dos tubos (no forro ou dentro das paredes) para água potável, esgoto e ventilação. Os desenhos do projeto hidrossanitário geralmente são numerados iniciando com a letra "P", como em P-1, P-2, etc.

O primeiro componente conectado a um aparelho sanitário é o sifão. Os sifões se encontram em todos os aparelhos. O sifão é o cano em forma de U localizado abaixo da pia ou lavatório. Alguns sifões estão integrados ao desenho do aparelho e não ficam à vista, como no caso da bacia sanitária ou de uma cuba dupla. O sifão captura e retém uma pequena quantidade de água para criar um fecho hidráulico. Esse fecho evita que gases do sistema de esgoto entrem na edificação.

Após passar pelo sifão, o esgoto corre pela tubulação em ramais (tubos derivados) até tubos de queda. Uma coluna de queda sanitária leva os dejetos vindos das bacias sanitárias. Uma coluna de despejo leva os resíduos vindos de uma pia, lavatório, máquina de lavar roupas ou lavadora de louças. Todas as tubulações de esgoto devem estar ligadas a tubos ventiladores. Esses tubos são abertos ao ar exterior. Os tubos ventiladores possibilitam o escapamento dos gases do sistema de esgoto saturados e o equilíbrio da pressão no sistema. A Figura 6.15 mostra uma perspectiva esquemática de um sistema hidrossanitário composto por dois banheiros e as diferentes conexões e respiradouros necessários.

Os desenhos do projeto hidrossanitário costumam fazer parte do conjunto de plantas do projeto executivo. Na maioria dos casos, eles são apresentados junto com o projeto executivo na solicitação da licença para a construção. Também fazem parte do pacote utilizado para fazer o orçamento do projeto para o cliente. Eles são utilizados para a execução. Todos os tubos hidrossanitários relacionados, suas conexões e seus respiradouros devem ser instalados de acordo com os desenhos aprovados.

Os desenhos são produzidos por uma companhia de engenharia mecânica. Eles devem respeitar os códigos nacionais, estaduais e municipais.

Os engenheiros produzem seus próprios desenhos. Eles se baseiam nas plantas fornecidas pelo arquiteto de interiores. Essas plantas mostram para o engenheiro a localização dos aparelhos sanitários, como bacias sanitárias, pias, lavatórios e aquecedores de água, no projeto. Alguns projetos exigem o uso de tubulações para outros equipamentos também.

Em geral, o engenheiro desenha uma planta da tubulação hidrossanitária e diagramas de conexão. Exemplos de diagramas são os chamados estereogramas do sistema de abastecimento de água e das colunas sanitárias (Figura 6.8, no alto). São acrescidas legendas, tabelas e notas específicas ao projeto. Em projetos pequenos, em geral há apenas alguns aparelhos sanitários, uma pia e uma bacia sanitária. Nesse caso, as informações necessárias são incluídas nas pranchas do projeto mecânico. Em projetos grandes ou complexos, as plantas, diagramas, notas, etc., vão em pranchas separadas. Podem ser necessárias muitas pranchas para dar conta de todas as informações.

Os desenhos de engenharia devem fornecer informações relativas às conexões com as principais redes de água e esgoto. A disposição de qualquer tubulação preexistente ou nova deve estar indicada na planta. A dimensão de todas as redes de água, esgoto e ventilação deve estar apontada. O circuito até o hidrômetro, novo ou preexistente, deve constar na planta, e o tipo, dimensão e localização do aquecedor de água devem ser especificados.

Os seguintes itens geralmente são encontrados em um jogo de desenhos do projeto hidrossanitário:

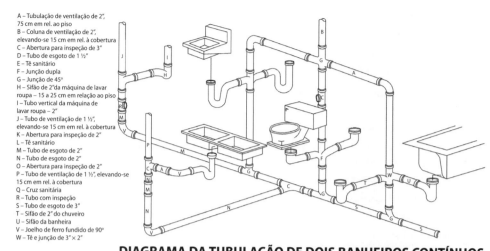

A – Tubulação de ventilação de 2", 75 cm em rel. ao piso
B – Coluna de ventilação de 2", elevando-se 15 cm em rel. à cobertura
C – Abertura para inspeção de 3"
D – Tubo de esgoto de 1 ½"
E – Tê sanitário
F – Junção dupla
G – Junção de 45°
H – Sifão de 2"da máquina de lavar roupa – 15 a 25 cm em relação ao piso
I – Tubo vertical da máquina de lavar roupa – 2"
J – Tubo de ventilação de 1 ½", elevando-se 15 cm em rel. à cobertura
K – Abertura para inspeção de 2"
L – Tê sanitário
M – Tubo de esgoto de 2"
N – Tubo de esgoto de 2"
O – Abertura para inspeção de 2"
P – Tubo de ventilação de 1 ½", elevando-se 15 cm em rel. à cobertura
Q – Cruz sanitária
R – Tubo com inspeção
S – Tubo de esgoto de 3"
T – Sifão de 2" do chuveiro
U – Sifão da banheira
V – Joelho de ferro fundido de 90°
W – Tê e junção de 3"× 2"

DIAGRAMA DA TUBULAÇÃO DE DOIS BANHEIROS CONTÍNUOS

Figura 6.15 Isométrica da tubulação de esgoto de dois banheiros contíguos.

- Uma planta com linhas e símbolos representando todas as tubulações.
- Legenda de símbolos e notas gerais e específicas.
- Tabela de aparelhos sanitários, especificando a marca e o modelo de cada um.
- As dimensões de todas as tubulações, água quente e fria, sanitária, dutos de ventilação, etc.
- Diagramas, como os de tubos de água ascendente e colunas de queda sanitária.
- Informações relativas ao aquecedor de água.

Podem ser necessárias outras informações, dependendo da complexidade do projeto:

- Detalhes (por exemplo, do aquecedor de água, da conexão com o hidrômetro ou dos ralos).
- Diagramas e detalhes mencionando as exigências de equipamentos especiais.
- Notas sobre a proteção contra incêndio.
- Notas e símbolos sobre sprinklers (chuveiros automáticos).
- Redes de ar especial.
- Redes de gás natural.

Os desenhos de engenharia são necessários para todos os projetos comerciais que envolvam obras com instalações hidrossanitárias. Isso se aplica a ampliações, reformas ou construções novas. Uma licença é necessária antes de iniciar qualquer obra no local.

Os códigos de edificação especificam o número de bacias sanitárias, urinóis e lavatórios exigidos para cada tipo de edificação ou espaço com base no tipo de ocupação. Em muitos casos, as instalações devem permitir acessibilidade universal para pessoas com mobilidade limitada, como discutido no Capítulo 11. O projetista, arquiteto ou engenheiro deve respeitar todos os códigos ao produzir seus desenhos finais.

Em algumas jurisdições, os desenhos e alvarás também são necessários em projetos residenciais quando estão previstas obras substanciais nas instalações hidrossanitárias. Em projetos pequenos, um instalador licenciado pode enviar as informações exigidas para obter uma licença.

Um engenheiro profissional também fornece os desenhos e relatórios necessários para a instalação de uma fossa séptica. Uma licença específica deve ser obtida. A fossa séptica é instalada em locais onde não há disponibilidade de uma ligação do esgoto sanitário com uma estação de tratamento municipal.

A definição do conceito e o desenvolvimento do projeto de arquitetura são a primeira etapa de qualquer projeto. Uma vez elaborados, a etapa seguinte é a do projeto executivo. Assim que uma planta baixa está completa, ela é encaminhada ao engenheiro mecânico que fará os desenhos do projeto hidrossanitário. Os desenhos tornam-se parte do conjunto de plantas do projeto executivo.

Em algumas edificações residenciais e comerciais, uma planta avulsa é desenhada para indicar aparelhos sanitários, tubulações de água e esgoto, equipamentos e outras fontes de abastecimento e descarte. Essas perspectivas facilitam o entendimento e são inestimáveis para os responsáveis pela preparação de estimativas de gasto de material e os operários responsáveis pela instalação dos sistemas de instalações hidrossanitárias. A seção mecânica de um jogo de desenhos do projeto executivo inclui, além das plantas e detalhes, os desenhos de qualquer sistema de calefação, ventilação e refrigeração que uma edificação possa apresentar. Na ordenação do jogo de desenhos, as pranchas contendo desenhos de calefação, ventilação e refrigeração costumam preceder as pranchas das instalações hidrossanitárias.

» Desenhos do projeto elétrico

O último grupo em um jogo de desenhos do projeto executivo costuma ser o referente aos desenhos do projeto elétrico. Os arquitetos geralmente contratam eletricistas para projetar as instalações elétricas das edificações (a menos que a firma conte com engenheiros eletricistas em sua equipe). Os desenhos do projeto elétrico apresentam os diferentes sistemas de eletricidade e comunicação de uma edificação e fornecem ao cliente, ao construtor e à autoridade municipal o leiaute completo das instalações elétricas para o projeto. A folha de rosto do projeto elétrico indica todas as especificações, notas e tabelas do quadro de ligações. Essa prancha inclui as especificações de quadros de ligações elétricas complementares, caso necessário. Esses desenhos costumam fazer parte do conjunto de plantas do projeto executivo. Geralmente, incluem plantas com pontos de energia elétrica e de iluminação, telecomunicações e qualquer tipo de sistema de fiação, como alarmes de incêndio ou de segurança.

Os desenhos do projeto elétrico indicam a localização de circuitos elétricos, painéis de força e componentes por toda a edificação, assim como de interruptores, caixas de passagem de eletrodutos (ou derivação) e transformadores quando estão integrados ao prédio. Eles são apresentados junto com o projeto executivo na solicitação da licença para a construção. Em alguns casos, são enviados de forma avulsa para a obtenção de uma licença de instalação elétrica. As plantas de instalações elétricas costumam ser numeradas com a sigla E-1, E-2, E-3, etc.

» Planta baixa do projeto elétrico

A planta baixa do projeto elétrico apresenta tomadas, interruptores, receptáculos e circuitos dos equipamentos e sistemas especiais que utilizam energia elétrica. O projetista ou arquiteto em geral desenha a planta do projeto elétrico e define o local desses pontos. Isso é importante para o engenheiro, especialmente se a conexão deve estar em um local ou altura específico ou se ela estará instalada no piso ou junto a algum móvel fixo.

Se uma planta baixa do projeto elétrico não for fornecida, então será feita por um engenheiro. Esse documento indica todas as tomadas e circuitos, o sistema de distribuição elétrica, a localização dos eletrodutos ascendentes, as redes, voltagem e amperagem de projeto e o tamanho e a localização do transformador. É um desenho de engenharia separado do jogo de plantas do projeto de arquitetura.

O engenheiro projeta o circuito para cada receptáculo. São feitas notas sobre a conexão dos circuitos com o quadro de força (painel de distribuição). Uma legenda fornece uma descrição de cada símbolo utilizado na planta. São incluídas a dimensão do eletroduto, especificações elétricas especiais e notas. Um projeto com equipamentos ou sistemas especiais exige legendas adicionais, tabelas de fiação ou diagramas.

Sistemas elétricos fornecem energia para iluminação, tomadas e equipamentos. A companhia distribuidora de energia local fornece eletricidade para a edificação, incluindo o medidor. Um eletricista pode instalar um painel de distribuição de tipo e dimensão apropriados.

Os disjuntores (interruptores de circuito) do painel são desligados automaticamente se o circuito está sobrecarregado. Em geral, isso é uma indicação de que há um problema com um eletrodoméstico ou outro equipamento ou de que há itens demais conectados em uma única tomada. As tomadas em áreas úmidas devem ser aterradas. Tomadas com interruptor de vazamento de circuito devem ser instalados em banheiros, cozinhas ou áreas externas.

Tomadas especiais são colocadas em circuitos próprios. Elas são utilizadas para equipamentos sensíveis, como computadores, ou equipamentos que necessitam de uma voltagem maior do que 120 volts, incluindo tomadas para fogões elétricos, máquinas copiadoras grandes ou outros equipamentos especiais.

Um engenheiro eletricista deve elaborar o sistema para um projeto comercial ou um residencial de grande porte. Um técnico em eletricidade geralmente consegue elaborar o sistema para projetos residenciais de menor porte. Os desenhos fazem parte do pacote utilizado para fazer o orçamento do projeto para o cliente e são utilizados posteriormente para a execução. O eletricista deve puxar a fiação de todas as tomadas, pontos de iluminação e quadros de força de acordo com os desenhos aprovados.

Nos Estados Unidos, a National Fire Protection Association publica o Código Elétrico Nacional, que especifica o projeto de sistemas elétricos seguros. Engenheiros eletricistas e eletricistas devem conhecer esse código, já que é uma norma padrão para instalações elétricas. Eles também devem estar familiarizados com os códigos estaduais e municipais aplicáveis.

» Planta de teto

Uma planta de teto é um desenho de um cômodo ou espaço a partir da perspectiva de quem está olhando de cima para o teto ou forro do interior. O projetista ou arquiteto elabora essa planta para mostrar de forma gráfica o tratamento do teto ou forro, a modulação do forro e a distribuição de todos os pontos de luz, assim como dos pontos de luz que serão realocados ou removidos. A planta indica o tipo de teto ou forro (placas acústicas, gesso cartonado, etc.) e as alturas do mesmo. A localização de todos os pontos de luz, alto-falantes, tomadas e interruptores deve ser indicada e rotulada. Uma legenda das instalações no teto costuma ser incluída de maneira a fornecer uma descrição para cada símbolo.

O engenheiro cria o desenho do projeto elétrico da planta de teto. É um desenho de engenharia separado do jogo de plantas do projeto de arquitetura. O engenheiro prepara seus desenhos com base em plantas baixas e plantas de teto fornecidas pelo arquiteto de interiores ou projetista. Essas plantas indicam ao engenheiro a localização dos pontos de luz, sistemas especiais localizados no teto, banheiros e lavabos e qualquer outro equipamento que exija alguma ventilação especial.

O desenho de engenharia apresenta os disjuntores e interruptores que correspondem a cada item localizado no teto. A conexão do circuito com o painel de distribuição é identificada. Nesse desenho são fornecidos o tamanho dos conduítes, quando necessário, legendas e notas gerais ou específicas.

A planta de teto é basicamente uma vista do teto de cima para baixo. É como se você estivesse flutuando acima do teto e olhando para baixo. Essa vista mostra a localização dos pontos de luz, dos de gesso cartonado ou do forro suspenso com uma estrutura de perfis metálicos e de qualquer elemento que penda do teto.

Muitos projetos exigem desenhos de instalações elétricas e hidrossanitárias. O arquiteto de interiores fornece ao engenheiro eletricista ou mecânico o projeto contendo a planta de teto. O engenheiro então acrescenta as informações necessárias.

Uma planta de teto é desenhada em escala. Isso significa que a planta é reduzida, mantendo-se suas proporções, de forma que caiba no tamanho de uma prancha de desenho. Uma planta de teto em geral segue a mesma escala da planta baixa. Uma escala habitualmente utilizada é a de 1:50. A planta de teto recebe um título e tem sua escala indicada na parte inferior da prancha.

Em uma planta de teto, cada ponto de luz recebe uma letra de identificação. Uma legenda dos pontos de luz é inserida na própria prancha de desenho. Na legenda, cada ponto é listado com a respectiva letra e uma especificação. Os números identificados com hexágonos são notas especiais. Eles descrevem itens presentes na planta de teto. Por exemplo, o número 2 poderia listar as especificações de um forro suspenso por uma estrutura de perfis metálicos. Os pés-direitos às vezes são registrados dentro de pequenas elipses.

Os desenhos de engenharia devem especificar o tipo, a localização e o número de painéis de distribuição. Em projetos grandes ou complexos é incluído um leiaute dos disjuntores. Isso pode ser feito na forma de uma legenda ou diagrama que costuma incluir o número de painéis e as cargas em ampères.

O engenheiro deve fornecer um relatório da carga total instalada (ampères/watts) para todos os itens indicados nos desenhos de instalação elétrica e nas plantas de teto. Isso assegura a adequação da alimentação principal. Muitas cidades têm normas de economia de energia no que diz respeito às cargas de eletricidade. Os desenhos do engenheiro devem respeitar todos os regulamentos municipais, estaduais ou nacionais onde o projeto se localiza.

Os seguintes itens geralmente são encontrados em um jogo de plantas do projeto elétrico:

- Tipo e localização das tomadas (simples, dupla, de uso específico, com interruptor de vazamento de circuito, etc.).
- Diâmetros e tipos de eletroduto (de dados, de comunicação, de telefonia).
- Voltagem de interruptores, fiação e circuitos.
- Tipo de lâmpada e modelos de luminária.

Outras informações podem ser necessárias, dependendo da complexidade do projeto:

- Conexões diretas (quadros de força, etc.).
- Iluminação e sinalização de emergência.
- Sistemas de alarme de segurança.
- Sistemas de alarme contra incêndios.
- Sistemas de som, alto-falantes, monitores e câmeras.
- Equipamentos especiais (cozinha, entretenimento).
- Equipamentos técnicos especiais (computadores, medidores, equipamentos hospitalares, etc.).
- Fiação especial (sinalização, calefação, serras elétricas).

Desenhos de engenharia são necessários para todos os projetos comerciais que envolvam obras no sistema elétrico, incluindo ampliações, reformas e construções novas. Uma licença deve ser obtida antes do início das obras. Em algumas jurisdições, os desenhos e alvarás também são necessários em projetos residenciais quando estão previstas obras substanciais nas instalações elétricas. Em projetos pequenos, um eletricista qualificado pode fornecer as informações necessárias para obter uma licença para reforma ou instalação elétrica.

A definição do conceito e o desenvolvimento do projeto de arquitetura são a primeira etapa de qualquer projeto. Uma vez elaborados, a etapa seguinte é a do projeto executivo. Assim que as plantas baixas e de teto estão completas, elas são encaminhadas ao engenheiro para que ele faça os desenhos do projeto elétrico. Os desenhos de engenharia tornam-se parte do conjunto de plantas do projeto executivo.

» Desenhos diversos

» Marcenaria

A marcenaria refere-se aos componentes de madeira projetados e feitos sob encomenda que são utilizados no acabamento do interior de obras residenciais e comerciais. São itens de madeira como trilhos de cadeira, rodapés, estantes e armários embutidos, painéis, portas, balcões, mostruários e assim por diante.

O arquiteto de interiores realiza os desenhos de marcenaria. Esses desenhos fornecem informações sobre cada peça projetada. Os estilos, dimensões, tipos de madeira, acabamentos e detalhes específicos são desenhados e acompanhados de notas.

Artigos de marcenaria geralmente são construídos com madeira, apesar de poderem incluir peças de vidro e metal. Por exemplo, um armário para equipamentos de entretenimento pode ter um suporte giratório de metal para a televisão e um porta-DVDs metálico. Um mostruário pode ter uma base de madeira e um tampo de vidro para que o interior fique visível.

Os tipos de madeira incluem, entre outras, madeira maciça, laminado de madeira, MDF, aglomerado ou compensado. Informações no desenho indicam o tipo específico de madeira – mogno, imbuia, ipê, etc. – e se ela é maciça ou laminada. O acabamento também é indicado – envernizada, laqueada ou laminada, por exemplo.

Em projetos de menor porte, os desenhos de marcenaria costumam fazer parte do conjunto de plantas do projeto executivo. Em projetos maiores, é comum a criação de um jogo separado de desenhos. Dessa forma, o processo de orçamentação e execução é simplificado. A empresa que trabalha com essa parte do projeto tem todos os itens apresentados com clareza.

Um jogo de desenhos separado também funciona bem para estabelecimentos comerciais em rede. O escritório central fica responsável pelo projeto e desenho dos elementos. Eles então encomendam grandes quantidades de elementos padronizados diretamente em uma marcenaria. Isso os permite produzir em massa itens para suas lojas, como balcões e mostruários. Ao produzir mais de um a cada vez, eles podem negociar um preço final melhor.

Normalmente, o construtor geral subcontrata os serviços de marcenaria de um projeto com uma companhia especializada em marcenaria. Essa companhia elabora os desenhos de fabricação quando um pedido está indicado nos desenhos do projeto. Os desenhos de fabricação mostram os

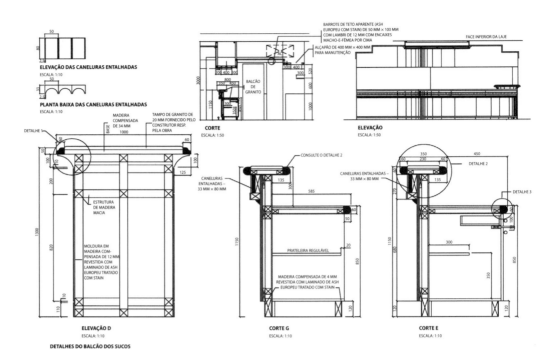

Figura 6.16A Exemplos de desenhos e detalhes de marcenaria.

métodos de construção em detalhes, incluindo o acabamento. Eles são submetidos ao arquiteto de interiores para aprovação antes da execução. Isso garante que os itens sejam construídos da forma como foram concebidos no projeto. Somente depois da aprovação dos desenhos de fabricação os elementos desenhados podem ser encomendados.

As Figuras 6.16A, B e C mostram exemplos de desenhos de marcenaria. Os desenhos foram reduzidos para caber na página e se destinam apenas para a apresentação de uma visão geral, sem a intenção de apresentar informações específicas.

Os desenhos costumam incluir uma planta baixa de cada elemento. As elevações frontal, lateral e posterior são utilizadas quando necessárias para explicar o perfil. São utilizados cortes quando há necessidade de fornecer informações sobre diferentes partes da edificação. Todos os desenhos apresentam cotas. Os materiais específicos e os acabamentos são indicados.

Unidades pré-fabricadas são montadas na marcenaria e enviadas ao destino em uma peça única. Os componentes instalados *in loco*, como rodapés, são enviados em segmentos para o local da obra. Eles são instalados na obra com o uso de conetores metálicos como parafusos ou pregos cegos em combinação com os diversos tipos de juntas.

» Detalhes

Detalhes de arquitetura são basicamente desenhos ampliados de componentes de construção específicos e são em geral fornecidos pelo arquiteto ou engenheiro civil. Seu principal objetivo é oferecer maior clareza e entendimento para a execução de um projeto. Os construtores frequentemente solicitam detalhes adicionais de construção durante a fase de execução. Chamamos de detalhes as ampliações de uma área de construção, que é então desenhada em escala maior para mostrar com clareza os materiais, as dimensões, o método de construção, a junta ou conexão solicitada, etc.

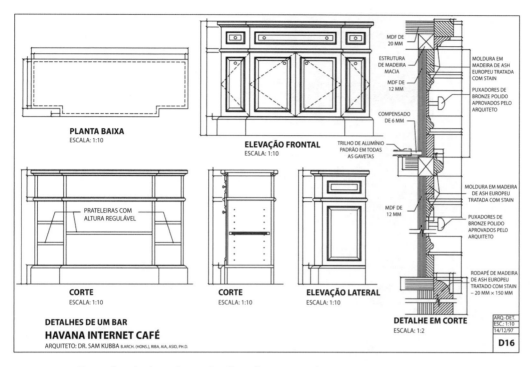

Figura 6.16B Exemplos de desenhos e detalhes de marcenaria.

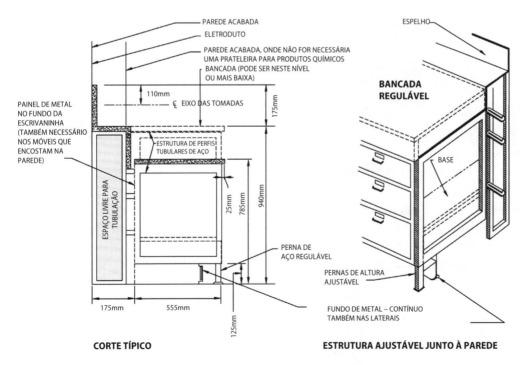

Figura 6.16C Exemplos de desenhos e detalhes de marcenaria.

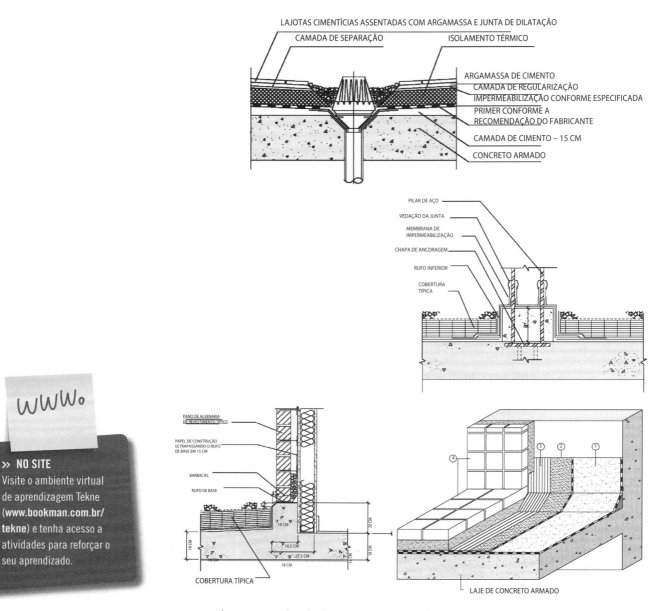

Figura 6.17 Alguns exemplos de detalhes de construção.

Os detalhes na maioria das vezes são desenhados em corte. É como se fizéssemos uma fatia em uma área específica de uma edificação e todos os componentes se tornassem visíveis. Os detalhes são uma das mais importantes fontes de informações disponíveis para o construtor, esclarecendo a composição e conexão de partes específicas da edificação. Um desenho de detalhes contém informações gráficas e escritas. Há muitos tipos diferentes de detalhes, e uma prancha de desenho geralmente reúne vários detalhes. A complexidade do projeto determinará quais áreas precisam ser apresentadas em uma escala maior. Os detalhes não se limitam aos desenhos de arquitetura, podendo ser empregados em plantas de localização e plantas do projeto da estrutura, além de existirem, ainda que em número menor, nos vários projetos de instalações, como o hidrossanitário e o elétrico.

Os detalhes são sempre desenhados em escala. Muitas escalas diferentes são utilizadas, mas as mais comuns talvez sejam as de 1:10, 1:5 e 1:2. A escala de cada detalhe varia dependendo de quanta informação é necessária para tornar o projeto o mais claro possível para o construtor. Cada detalhe terá sua escala indicada abaixo. A Figura 6.17 mostra diferentes tipos de detalhes encontrados em um jogo de plantas de construção.

» Desenhos de fabricação

Muitas vezes um profissional da construção civil solicitará os desenhos de fabricação de certos componentes durante a execução de uma obra. Esses desenhos normalmente são preparados pelo construtor, instalador, fabricante ou engenheiro, dependendo do tipo de elemento que será fabricado. Os desenhos de fabricação costumam ser exigidos para componentes pré-fabricados, como janelas, elementos pré-moldados, elevadores, peças de aço estrutural, treliças e móveis embutidos ou fixos. Os desenhos representam a interpretação dada pelo fabricante ou construtor ao desenho que fora feito pelo arquiteto ou engenheiro, assim espera-se que mostrem detalhes mais específicos do que aqueles normalmente fornecidos pelo projeto executivo. Eles são desenhados para explicar a fabricação e/ou instalação do produto solicitado. A ênfase dada a um desenho de fabricação sempre se relaciona ao produto particular que será manufaturado ou à sua instalação e exclui informações relativas a outros produtos, a menos que seja necessária uma integração entre eles.

Os desenhos de fabricação devem incluir as informações para que o profissional possa compará-los às especificações e à documentação contratual do projeto. Além disso, também devem incluir dimensões, normas, convenções e instruções especiais de fabricação e abordar a aparência, o desempenho e as descrições prescritivas constantes nas especificações e no projeto executivo. Os desenhos de fabricação são elaborados para ajudar os profissionais a obter a aprovação de um produto e devem ser precisos, claros e os mais completos possíveis. Eles normalmente são acompanhados de amostras, catálogos e qualquer outra informação pertinente, e todas as modificações que sofrerem devem ser de forma clara indicadas graficamente para a aprovação do profissional responsável. Observe que os desenhos de fabricação não costumam estar incluídos nos contratos assinados entre os arquitetos ou engenheiros e os proprietários da edificação.

capítulo 7

A interpretação de desenhos técnicos na indústria

Os desenhos empregados pela indústria muitas vezes requerem mais descrições e detalhes do que outros tipos de desenhos de construção, principalmente devido às tolerâncias mínimas e exigências impostas pelos acabamentos. Neste capítulo, cobriremos alguns dos termos e símbolos mais comuns com os quais o leitor de desenhos técnicos deve estar familiarizado a fim de ler os projetos de máquinas. Também serão apresentados alguns dos mecanismos básicos geralmente encontrados nos desenhos de montagem e detalhamento.

Objetivos deste capítulo

» Identificar as tolerâncias e folgas das dimensões em um desenho.
» Examinar os mecanismos básicos encontrados nos desenhos de montagem e detalhamento.
» Descrever as principais organizações internacionais que prescrevem normas sobre dimensões e tolerâncias.

» Introdução

Um dos primeiros passos para aprender a ler os desenhos empregados pela indústria é se acostumar com os principais termos, símbolos e convenções de uso geral na indústria. Embora os pacotes atuais de CAD tornem a geração de desenhos industriais muito mais fácil, ainda é fundamental seguir as normas e convenções do setor.

» Tolerância

A tolerância é a variação total que uma dimensão pode ter. Ela é basicamente definida como a diferença entre os limites superior e inferior. Trabalhar com dimensões básicas absolutas ou exatas é pouco prático e desnecessário na maioria dos casos; assim, o projetista deve fazer alguns cálculos, além de usar as dimensões básicas com uma variação aceitável. Portanto, o trabalho deve ser executado dento dos limites de precisão especificados no desenho. O entendimento claro das tolerâncias e folgas pode ajudar muito a prevenir erros que, embora pequenos, podem se tornar graves.

As tolerâncias são mostradas em um desenho como +/− determinado valor, seja uma fração ou um valor decimal. Os limites são os valores máximos e/ou mínimos prescritos para uma dimensão específica, enquanto as tolerâncias representam o valor total no qual determinada dimensão pode variar. As tolerâncias podem ser indicadas nos desenhos de diversas maneiras. A Figura 7.1 mostra três exemplos: A. O método unilateral, que é utilizado quando a variação do tamanho do elemento projetado é permitida apenas em uma direção; B. O método bilateral, quando a figura dimensionada mostra a variação aceitável em ambas as direções; e C. O método do dimensionamento limite, no qual tanto a medida máxima como a mínima é mostrada. A Figura 7.2 ilustra um método típico empregado para mostrar tolerâncias em orifícios e pinos. As superfícies que apresentam tolerâncias dimensionais têm características geométricas como o fato de serem cilíndricas ou perpendiculares a outras superfícies. A Figura 7.3 mostra símbolos típicos empregados em vez de notas (ou junto a elas) para mostrar as características geométricas que apresentam tolerâncias dimensionais.

Se as tolerâncias não tiverem sido claramente especificadas em um desenho, podem ser feitas certas suposições relativas à precisão esperada aplicando-se os seguintes princípios: Quando as dimensões terminam em uma fração de polegada (no sistema norte-americano), como 1/8, 1/16, 1/32 ou 1/64, a precisão necessária será de 1/64 de polegada. Quando as dimensões são dadas na forma decimal, dois princípios devem ser seguidos: se a dimensão dada for, por exemplo, na forma de 2,000 polegadas, a precisão esperada será de +/− 0,005 polegada; se a dimensão for dada como 2,00 polegadas, a precisão esperada será de +/− 0,01 polegada. No jargão da indústria, o valor de +/− 0,005 é chamado "mais ou menos cinco milésimos de polegada", enquanto +/− 0,010 é chamado "mais ou menos dez milésimos de polegada".

» Filetes e quinas arredondadas

Filetes são as superfícies internas e côncavas de um elemento de metal. Em uma peça fundida, um filete normalmente aumenta a resistência de uma quina do elemento de metal, pois uma quina arredondada esfria de modo mais uniforme que uma quina aguda, o que reduz a possibilidade de uma ruptura. Os cantos arredondados ou raios são as quinas ou arestas externas que foram arredondadas a fim de prevenir o lascamento e evitar a criação de superfícies cortantes. A Figura 7.4 mostra exemplos de filetes e quinas arredondadas.

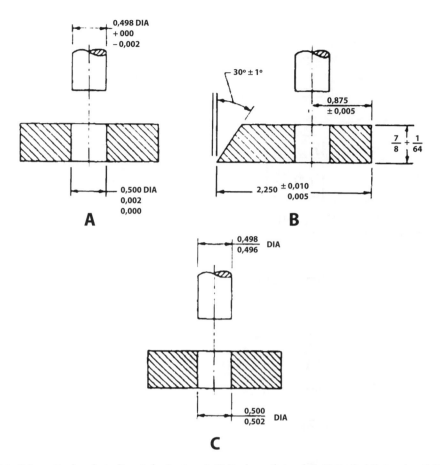

Figura 7.1 Três métodos de indicar tolerâncias: A. Método unilateral; B. Método bilateral; e C. Método do dimensionamento limite. Fonte: *Blueprint Reading and Sketching*, Navedtra 14040.

» Cavilhas e fendas

Cavilhas e fendas são empregadas para conectar duas peças de material de forma especial e mantê-las firmes, mas permitir que possam ser afastadas entre si ou desconectadas. Na Figura 7.5 temos dois tipos comuns: a fenda em T e a fenda em cauda de andorinha. As fendas em T geralmente são encontradas em fresadoras, enquanto as fendas em cauda de andorinha são comuns na parte de um torno mecânico que se desloca transversalmente.

» Chavetas e rasgos de chaveta

Esses termos se referem a vários tipos de pequenos objetos metálicos em forma de cunha que são desenhados para conectar as fendas correspondentes de um pino e do eixo de uma engrenagem ou polia, a fim de evitar o escorregamento e criar uma transmissão positiva entre as peças. Com esse sistema, as partes podem ser conectadas por meio de uma peça chata de metal, que é parcialmente inserida em uma fenda ou ranhura, chamada de rasgo de chaveta. A Figura 7.6 mostra três tipos de chavetas e um tipo de rasgo de chaveta. A chaveta é a fenda ou ranhura na qual a chaveta se encaixa. A ranhura de chaveta é a fenda ou o rasgo dentro de um cilindro, tubo ou cano. Uma chaveta conectada à sua ranhura se inserirá nesta e evitará o movimento entre as duas partes. Os

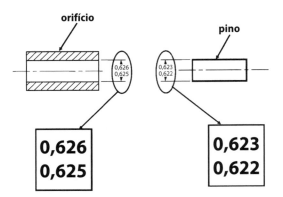

Figura 7.2 Método típico empregado para mostrar tolerâncias em orifícios e pinos. Fonte: College of Engineering, Ohio State University.

Figura 7.3 Exemplos de símbolos geométricos utilizados em desenhos industriais.

desenhos costumam incluir uma altura que equivale à medida da circunferência e à profundidade na qual a chaveta e seus rasgos são usinados.

» Máquinas de medidas coordenadas

As máquinas de medidas coordenadas (CMM, na sigla em inglês) usam software e sensores para comparar os desenhos de protótipo gerados em um computador ao protótipo acabado. Os fabricantes de ferramentas e moldes devem usar protótipos precisos para preparar uma linha de produção que gerará componentes de qualidade homogênea.

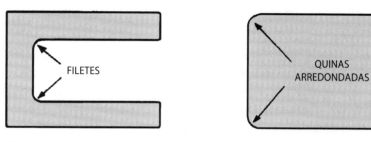

Figura 7.4 Filetes e quinas arredondadas.

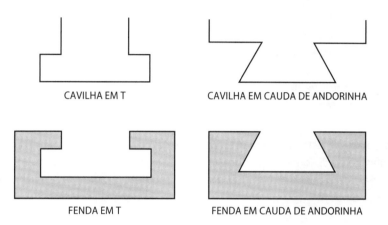

Figura 7.5 Exemplos de cavilhas e fendas.

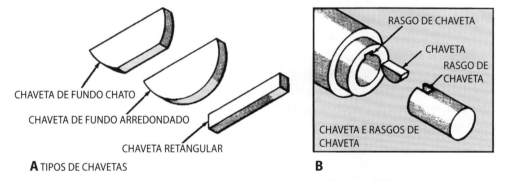

Figura 7.6 Axonométricas explodidas mostrando três tipos de chavetas (à esquerda) e a conexão de uma chaveta com seus rasgos (à direita). Fonte: *Blueprint Reading and Sketching*, Navedtra 14040.

>> Fundição

É a produção de componentes de metal por meio do lançamento de metal líquido em formas e a espera por sua solidificação. O termo também é empregado para se referir ao próprio componente de metal produzido com esse método.

» Forjamento

O forjamento é um processo de trabalho do metal enquanto ele ainda está quente e dúctil, por meio da aplicação de uma força de compressão. Em geral, a compressão é produzida pelos golpes de uma prensa ou de um martelo, seja mecânico ou hidráulico. Para que se obtenha uma boa forja, é necessário o uso de um lubrificante adequado. O lubrificante ajuda a prevenir que a peça sendo trabalhada grude no molde, além de agir como isolante térmico, ajudando a reduzir o desgaste do molde.

O forjamento refina a estrutura do grão e melhora as propriedades físicas do metal. Com um desenho adequado, a direção do grão do metal pode ser orientada na direção dos esforços internos principais que são gerados com o uso dado ao elemento. O fluxo do grão é a direção do padrão que os cristais assumem durante a deformação plástica do metal. Além disso, as propriedades físicas da peça forjada (como sua resistência, ductilidade e dureza) são muito melhores do que no metal-base, cujos cristais estão orientados de modo aleatório. O forjamento gera peças que têm uma alta razão entre sua resistência e seu peso. Existem muitos tipos de forjamento; entre os principais podemos destacar:

- **Forjamento manual, estampagem manual ou forjamento em matriz aberta** é um processo de manufatura tradicional, mas antiquado, baseado em golpes múltiplos aplicados sobre uma forma aberta, e o operário manipula a peça no molde. O produto final assume uma forma similar à do molde.

- **Forjamento por prensagem ou forjamento à pressão** é a conformação de uma peça de metal entre dois moldes de uma prensa mecânica ou manual. O metal é amassado por meio da aplicação de uma força relativamente lenta quando comparada à da força de um martelo. Isso resulta em propriedades uniformes do material e é um processo necessário para o forjamento de peças muito pesadas. As peças forjadas por meio desse processo podem ser enormes e muito longas, chegando a pesar 125,0 kg e a ter 3,0 metros de comprimento.

- **Forjamento de precisão** é feito a fim de refinar os forjamentos de bloco (os forjamentos de bloco são forjamentos que chegam ao formato aproximado da peça final, deixando folgas e raios relativamente generosos para o acabamento. Esse tipo de forjamento às vezes é especificado a fim de reduzir a despesa com o molde, quando o número de peças a ser produzido é pequeno e o custo da usinagem de cada peça até seu formato final não é exorbitante). Os componentes finais se parecem mais com aqueles produzidos pelo método de forjamento manual.

- **Forjamento de recalque ou extrusão** aumenta a seção transversal, ao comprimir e distender um elemento de metal, e é empregado para fazer cabeças de parafusos, conectores, válvulas e outras peças similares.

- Na **laminação**, uma barra chata ou um vergalhão de metal é inserido entre cilindros laminadores, que reduzem a seção transversal e aumentam o comprimento do perfil, formando peças como eixos, molas em folha, etc. A laminação também pode ser feita empurrando-se um tubo através de uma série de moldes de aço reforçados com diâmetros cada vez menores. Antes de cada passo do processo de laminação, o tubo tem uma de suas extremidades afuniladas, para que possa se inserir no molde seguinte, de menor tamanho, e então é puxado por garras automáticas conectadas a uma máquina rotatória de estiramento.

- Na **calandragem**, um perfil redondo ou tubular é forçado para dentro de um molde, e tem seu diâmetro gradualmente reduzido. O molde prensa o metal, fazendo com que a peça entre e o diâmetro externo do perfil redondo ou tubular assuma o formato do molde.

- **Forjamento "net shape" ("com produto na forma final") e forjamento "near net shape" ("com produto quase na forma final")** são dois processos recentes que resultaram do aprimoramento do forjamento manual. Esses processos se diferenciam entre si pelas características geométricas do primeiro, que são mais finas e detalhadas, bem como pela localização das linhas de divisão da peça, a eliminação quase total de riscos e menores tolerâncias dimensionais. Em comparação com os outros processos de forjamento, o produto resultante de ambos os métodos requer um número muito menor de operações de usinagem (em muitos casos, o único trabalho à máquina necessário é a abertura de furos para conexão), o peso reduzido das peças e os menores gastos com matéria-prima e energia. Contudo, esses processos são bastante caros em termos das ferramentas e dos investimentos de capital que são necessários, e por isso somente se justificam quando os processos que estão sendo substituídos implicam grandes desperdícios e as economias com materiais poderão pagar pelo aumento significativo nos gastos com os equipamentos.

» Molde

O molde é uma ferramenta utilizada para formar ou estampar peças de metal ou abrir roscas externas. Um molde pode ser um objeto bastante simples ou apresentar uma série de gabaritos e detalhes, a fim de garantir que o contato com o elemento de metal que está sendo trabalhado seja no local e ângulo corretos.

» Têmpera

Têmpera é um processo de tratamento térmico utilizado para modificar as características físicas das ligas de metais ferrosos, principalmente o aço. Os objetivos da têmpera são reduzir a fragilidade do aço endurecido e remover os esforços internos causados pelo resfriamento repentino provocado pela têmpera por imersão. O processo de têmpera consiste em aquecer o metal de várias maneiras até determinada temperatura e depois resfriá-lo. A taxa de resfriamento em geral não afeta a estrutura do aço durante a têmpera. Portanto, é comum deixar o aço esfriando em um local sem correntes de ar. Quando o aço está totalmente endurecido, sua estrutura consiste principalmente em martensita. O reaquecimento do aço a uma temperatura entre aproximadamente 150 e 400 °C, resulta em uma estrutura mais macia e mais resistente, conhecida como troostita. Se o aço for aquecido mais uma vez a uma temperatura entre cerca de 400 e 700 °C, será formada uma estrutura chamada sorbita que, embora não apresente a resistência da troostita, é muito superior em termos de ductilidade. O aço de alta velocidade é um dos poucos metais que se torna mais duro (em vez de mais macio) ao ser temperado.

» Broca

A broca é uma ferramenta pontiaguda utilizada com movimentos rotatórios para fazer furos nos materiais. A Figura 7.7A mostra uma broca comum, com sua nomenclatura, e dois furos feitos por uma broca, um com 0,75 cm de profundidade e o outro atravessando o material perfurado, em planta baixa e em corte.

» Broqueamento ou mandrilagem

Broquear ou mandrilar é alargar e acabar a superfície de um orifício cilíndrico por meio de verruma (um tipo de ferramenta de corte) ou pela ação de uma ferramenta estacionária que é prensada contra a superfície do material à medida que a peça é girada. O broqueamento produz um furo com diâmetro interno constante, afunilado ou variável. Quando é necessário um furo reto e liso grande demais ou de dimensão problemática para ser feito por uma broca ou um escareador, podemos utilizar uma verruma ou pua para broquear um furo de qualquer tamanho, preparando-o para o escareamento posterior com uma furadeira. Uma pua, que tem uma broca removível, é empregada para o broqueamento em furadeiras maiores. Para que o broqueamento seja exato, a montagem deve ser firme e a máquina deve ser robusta, e é necessário o uso de uma fonte de eletricidade.

» Alargamento

O alargamento consiste em aumentar o diâmetro interno de um furo. Ele é similar ao broqueamento, porém mais preciso e feito após o broqueamento ou a perfuração. O alargamento é realizado com o uso de uma furadeira ou um torno mecânico – é praticamente impossível. Quando uma precisão especial é especificada, os orifícios devem primeiramente ser feitos com dimensões um pouco menores e depois alargados até o tamanho exato. A maioria dos alargadores manuais e mecânicos tem um pequeno chanfro na ponta, para facilitar o alinhamento e o início do alargamento (Figura 7.8).

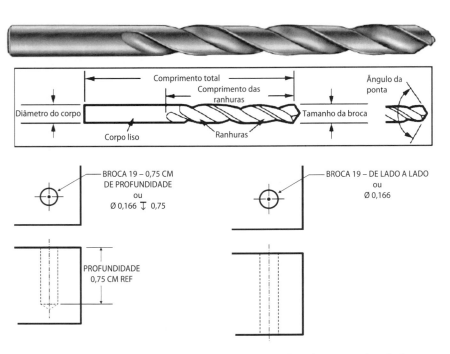

Figura 7.7A Uma broca típica, com sua terminologia relacionada e dois exemplos de furos – um furo com 0,75 cm de profundidade e o outro de lado a lado da peça.

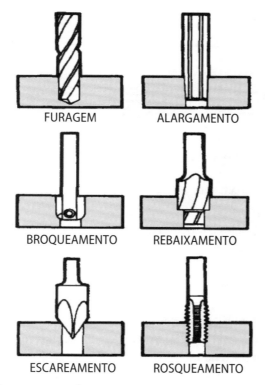

Figura 7.7B Operações feitas com uma furadeira na posição vertical.

» Rosqueamento

O rosqueamento é o processo de criar uma rosca em um furo previamente aberto e pode ser feito com um torno ou uma furadeira. O rosqueamento com uma furadeira é feito selecionando-se uma broca com tamanho adequado, que é então instalada na furadeira com o uso de um mandril, alinhado e girado à mão. Há três tipos de rosqueamento mais comuns: um rosqueamento afunilado, que facilita o início do trabalho; um tipo intermediário, utilizado para continuar a abertura da rosca, uma vez que ela já foi iniciada; e um rosqueamento de "assentamento", utilizado para se conseguir o comprimento total da rosca dentro da peça.

» Marcas de acabamento

Muitas superfícies de metal devem ser acabadas à máquina por vários motivos. A aspereza aceitável para a superfície depende de como a peça será utilizada. Às vezes, apenas certas superfícies de uma peça precisam receber acabamento. Um símbolo modificado (uma marca de "conferido" ou "verificado") com vários números acima é empregado para mostrar essas superfícies e especificar o grau de acabamento necessário. As proporções do símbolo de aspereza de superfície são mostradas na Figura 7.9. Em desenhos menores, o símbolo é proporcionalmente menor.

O número no ângulo da marca de conferido, nesse caso "02," diz ao operador qual o nível de acabamento a superfície deve ter. Esse número é o valor quadrático médio (ou valor eficaz) da altura da aspereza de superfície em milésimos de polegada. Em outras palavras, é uma medida da profundidade das estrias feitas pela máquina ou pelo processo de abrasão.

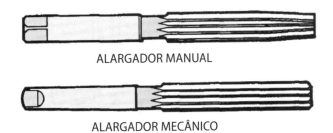

Figura 7.8 Um alargador manual e um alargador mecânico. Alargadores manuais maciços costumam ser utilizados quando se deseja uma maior precisão nas dimensões do orifício. Pode-se esperar que os alargadores mecânicos produzam orifícios limpos, desde que sejam utilizados de modo adequado.

Sempre que possível, o símbolo da aspereza de superfície deve ser desenhado tocando a linha que representa a superfície à qual ele se refere. Caso o espaço seja limitado, o símbolo pode ser colocado em uma linha auxiliar à da superfície ou em uma linha de chamada com uma seta que toque aquela superfície, como mostrado na Figura 7.9.

Quando uma peça recebe acabamento com a mesma aspereza de superfície, uma nota no desenho incluirá a instrução "usinar todas as superfícies" ao longo da marca de acabamento, bem como o número adequado. Quando uma peça for usinada em todas suas superfícies, mas algumas dessas tiverem aspereza variável, o número (ou os números) do símbolo da aspereza de superfície é aplicado (ou são aplicados) às linhas que representam essas superfícies, e uma nota no desenho incluirá o símbolo da aspereza de superfície do resto da peça.

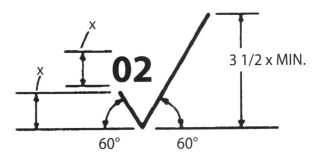

Figura 7.9A As proporções do símbolo da aspereza de superfície.

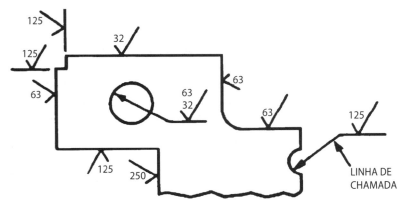

Figura 7.9B O método de registro dos símbolos da aspereza de superfície.

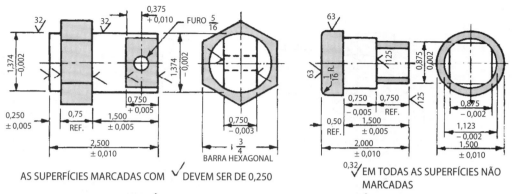

Figura 7.9C Exemplos das marcas de acabamento em um desenho.

» Desenhos industriais

Um desenho executivo é aquele que inclui todas as informações necessárias para executar um serviço de modo preciso e com sucesso. Já um detalhe é basicamente um desenho executivo que inclui um número muito maior de informações específicas, inclusive o tamanho e o formato do projeto, os materiais que serão empregados, os acabamentos e o nível de precisão necessário. Um desenho de montagem, por outro lado, pode apresentar pouquíssimos detalhes (Figura 7.10). No caso de uma máquina, o objetivo desse tipo de desenho técnico é principalmente mostrar como ela será montada.

Existem vários tipos de desenhos de detalhes, que são utilizados em diferentes contextos industriais. Os detalhes transmitem informações e instruções para a fabricação da peça, incluindo o formato, o tamanho e as especificações do objeto. O detalhe deve oferecer todas as informações necessárias para produzir a peça em questão (Figura 7.11). Além da produção da peça, o detalhe pode ser empregado para a orçamentação de um serviço ou como desenho-base para a geração de outros desenhos. As informações de um detalhe são específicas para a peça que será produzida, assim, é comum incluir apenas uma peça em cada folha ou prancha de desenho. Nas informações também devem estar incluídos dados sobre o formato, o tamanho, as especificações e as notas da peça pertinente. As notas e/ou as informações do selo geralmente devem incluir a escala, as tolerâncias, a textura da superfície e o material específico da peça. Às vezes, são necessários outros

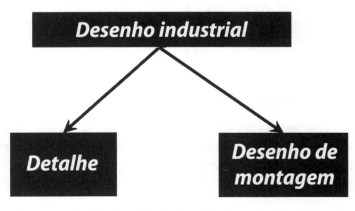

Figura 7.10 Duas das categorias dos desenhos industriais são os detalhes e desenhos de montagem.

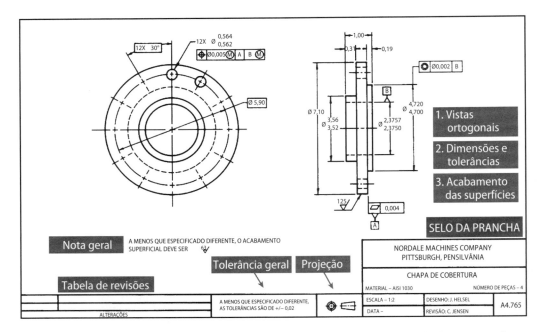

Figura 7.11 Exemplo de detalhe, mostrando alguns dos itens que devem ser incluídos na prancha, como as vistas ortogonais, as dimensões e tolerâncias, os acabamentos superficiais, as notas gerais, o quadro de revisões e o selo.

dados, como o tipo de acabamento, o conteúdo de umidade, o código da cor ou outras especificações exigidas pelo cliente.

O desenho de uma peça moldada ou fundida detalha o tamanho e a localização das linhas de separação, chamadas linhas de costura. Quando o molde é separado, a linha de costura fica na peça. Outras informações comuns em uma peça moldada ou fundida são o número do padrão, o lixamento (caso seja necessário), o nome do cliente, a versão do desenho, a retração, o acabamento, as nervuras ou abas de sustentação e o material utilizado na forma ou no molde.

Os padrões de madeira, criados por modelistas (fabricantes de moldes) no macho ou na fêmea da peça acabada, são transmitidos ao molde de areia, o qual, quando removido, cria uma impressão de que é preenchida com o metal fundido. Ao resfriar, a peça moldada em metal é removida e o processo continua. Essas peças são então usinadas, gerando itens como blocos de motor, ferramentas de ferro fundido ou outras fundições de metal que usamos cotidianamente. Blocos de apoio, bases e peças de máquinas, além de muitos outros itens comuns têm suas fundições feitas dessa maneira.

» Desenhos de mecânica

Os técnicos e engenheiros mecânicos em geral usam ferramentas de precisão como tornos mecânicos, furadeiras, fresadoras e esmeris cilíndricos ou de superfície para trabalhar materiais como aço, latão, ferro, bronze, alumínio, titânio e plástico, bem como para fabricar componentes conforme as especificações de seus clientes.

Um detalhe de máquina inclui todas as informações necessárias para fabricar uma peça específica e é utilizado para moldar um componente usinado. Em geral, o detalhe de apenas uma peça é incluído em cada desenho. Os detalhes de mecânica geralmente são utilizados para dar acabamento a uma peça bruta e especificam as superfícies que serão usinadas, os furos para parafusos (e suas localizações), os pontos de referência, as dimensões geométricas e as tolerâncias, bem como outras áreas usinadas. Os desenhos mecânicos incluem informações fundamentais para o trabalhador que utiliza sistemas numéricos controlados por computador (CNC, na sigla em inglês), que incluem ângulos, pontos de referência, acabamentos das superfícies, etc. Uma vez completa, cada peça usinada deve encaixar corretamente nas demais peças fabricadas, como definido nos detalhes ou desenhos de montagem. As peças que normalmente não precisariam ser desenhadas são componentes padronizados – aqueles que podem ser adquiridos de um terceiro a preços mais baixos do que o custo de fabricação, como parafusos, porcas, arruelas, chavetas e pinos. Embora seu desenho não seja obrigatório, ainda assim elas devem ser incluídas como parte das informações de cada prancha. É preciso que o leitor do desenho técnico consiga entender claramente o formato, tamanho, material e acabamento superficial da peça, quais operações de usinagem são necessárias e os níveis de precisão que devem ser observados nos detalhes.

Normalmente, os detalhes contêm informações que podem ser classificadas em três grupos:

1. Descrição do formato: descreve e explica ou retrata o formato do componente
2. Representação do tamanho: mostra a dimensão e localização das características do componente
3. Especificações: relacionam-se com itens como o tipo de material e os acabamentos

Os detalhes de desenhos de mecânica devem incluir todas as seguintes informações (ou ao menos a maioria delas):

- Vistas do componente necessárias para uma boa visualização
- Materiais utilizados para manufaturar o componente
- Dimensões
- Notas gerais e informações específicas sobre a fabricação
- Nome do projeto e da peça e número de série da peça
- Nome do desenhista ou projetista que elaborou o desenho ou o alterou
- Qualquer mudança na engenharia e informações relacionadas

Um desenho de montagem completo é uma apresentação do produto ou da edificação montado, mostrando os vários componentes em suas posições operacionais. Os componentes separados chegam ao departamento de montagem após o término de seus processos de fabricação e são montados ou instalados de acordo com seus desenhos de montagem.

Inúmeros produtos consistem em mais de uma peça ou componente. Para facilitar a montagem, muitas vezes é incluída uma relação de materiais ou lista de componentes em um desenho de montagem, bem como as dimensões necessárias e as legendas dos componentes (Figura 7.12). Uma imagem tridimensional de um desenho de montagem completo também costuma ajudar o leitor a entender o formato final da montagem. As vistas frontais, laterais e superior podem ser essenciais para comunicar as dimensões ou os formatos ao leitor. Se o desenho de montagem fizer parte de uma sequência, isso deverá ser indicado no selo da prancha ou na relação de materiais. O movimento dos componentes de um desenho de detalhe de montagem deve ser indicado por meio do uso de linhas invisíveis.

Entre os vários tipos e versões de desenhos de montagem, podemos citar:

- Leiautes de montagem utilizados no início do desenvolvimento de um novo produto.

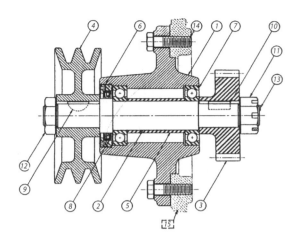

Figura 7.12 Desenho de montagem em corte, acompanhado de sua relação de materiais. Fonte: College of Engineering, Ohio State University.

- Perspectivas explodidas de montagens, mostrando as peças colocadas em sua ordem de montagem correta, encontradas nos catálogos de máquinas feitos para proprietários de imóveis ou fornecedores que encomendam as peças (Figura 7.13).

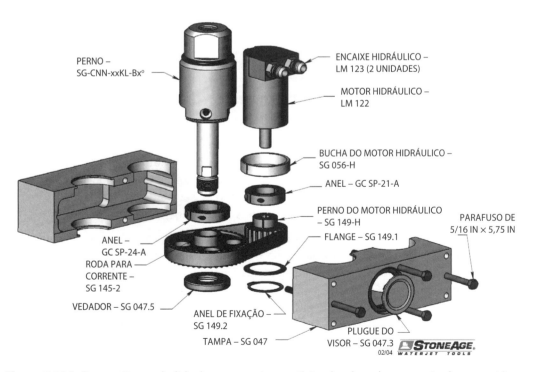

Figura 7.13A Perspectiva explodida de uma montagem típica dos desenhos encontrados em catálogos de máquinas que mostram os vários componentes colocados em sua posição de montagem correta. Fonte: StoneAge, Inc.

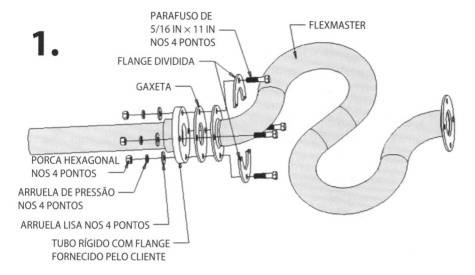

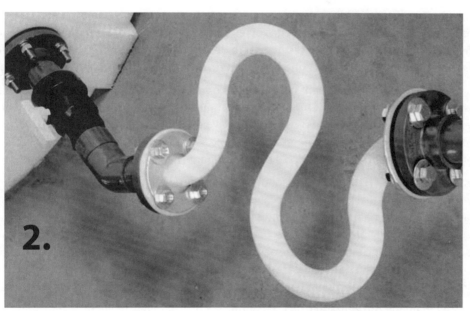

Figura 7.13B Perspectiva explodida e fotografia de uma junta de dilatação Flexmaster. Fonte: Snyder Industries, Inc.

- Diagramas de montagem que usam símbolos convencionais e são utilizados para mostrar a localização aproximada e/ou a sequência dos componentes que serão montados ou desmontados.
- Desenhos de montagem de projetos executivos que apresentam todas as dimensões das peças e notas. Quando utilizados em produtos muito simples, eles podem servir como alternativas aos detalhes.
- Os desenhos de instalação que são empregados para mostrar como instalar grandes componentes de um equipamento.

Como já mencionamos, um desenho de montagem é uma representação gráfica das várias partes de uma máquina ou estrutura em suas posições de funcionamento. Em essência, um desenho de montagem mostra o formato completo do produto, assim como suas dimensões totais, a posição relativa das diferentes peças e a relação funcional de seus componentes. Quando todas as partes são produzidas utilizando seus desenhos de usinagem respectivos, o desenho de montagem dá as informações que o leitor precisa para montar os componentes. A relação de materiais, que, em suma, é uma lista tabulada, pode estar inserida junto ao desenho de montagem ou em uma prancha ou folha separada. A lista oferece informações cruciais sobre o número de série das peças, seus nomes, quantidades, o número do detalhe do material e, às vezes, o tamanho padrão das matérias-primas. O termo "relação de materiais" geralmente é usado em desenhos de arquitetura e estrutura, enquanto no desenho de máquinas é mais comum se falar em "lista de peças".

A imagem tridimensional de uma montagem completa facilita a capacidade de um leitor de visualizar o formato final da montagem (Figura 7.14). Pode ser necessária a inclusão de todas as vistas (frontal, laterais e superior), para que o leitor consiga entender suas dimensões ou formatos. Se esse desenho de montagem for composto de vários desenhos de montagem parciais, isso deverá ser indicado no selo da prancha ou na relação de materiais.

Da mesma maneira, um técnico de manutenção normalmente precisa ter os desenhos de montagem na obra, para poder avaliar a melhor sequência de desmontagem de uma máquina específica, localizar peças que precisam ser acessadas ou os parafusos que devem ser removidos e dar informações detalhadas dos componentes que serão desmontados para conserto. Por fim, o técnico precisa entender com exatidão o alinhamento correto dos componentes durante a remontagem.

Os clientes que trabalham com bens de consumo, como eletrônicos, em geral também precisarão de vistas explodidas geradas em CAD para entender melhor as relações entre as partes montadas. As perspectivas ou vistas explodidas são indispensáveis para vários setores industriais. Ao fazer os desenhos de montagem, devem ser feitas conferências para garantir que toda a montagem seja integrada, economizando muito tempo e dinheiro durante a fase da elaboração de protótipos.

Os programas de CAD têm oferecido economias enormes de tempo durante a geração dos desenhos de montagem. Atualmente, há um grande número de programas de CAD e equipamentos sofisticados, e a grande maioria dos fabricantes usa esses programas para ter um retorno mais rápido dos elevados custos de produção iniciais. Embora muitos desenhos de montagem não exijam dimensões, podem ser incluídas as dimensões totais e as distâncias entre os eixos ou entre as partes das diferentes peças, a fim de esclarecer as relações das peças entre si. Contudo, o mais importante de tudo é que o desenho de montagem seja fácil de ler e não fique sobrecarregado com detalhes.

Da mesma maneira, os programas de CAD permitem que detalhes individuais de componentes sejam fundidos, criando um desenho de montagem ou construção dos componentes. Com o uso desses programas, também podem ser gerados modelos tridimensionais (maquetes eletrônicas) que tornam possível a sobreposição de imagens e a medição gráfica de folgas e afastamentos entre as peças. Se as peças tiverem sido projetadas ou desenhadas incorretamente, os erros em geral ficarão muito evidentes e poderão ser feitas correções apropriadas. Isso torna o trabalho do desenhista técnico mais eficiente e melhora a precisão do desenho final, fazendo as peças funcionarem adequadamente.

Os desenhos de montagem em geral têm as seguintes informações:

- Peças desenhadas em sua posição de funcionamento
- Lista de peças (ou relação de materiais), incluindo o número do item, seu nome, material e quantidade, para cada unidade de máquina
- Linhas de chamada, com círculos contendo o número da peça
- Operações de fabricação e montagem e dimensões importantes relacionadas à operação da máquina

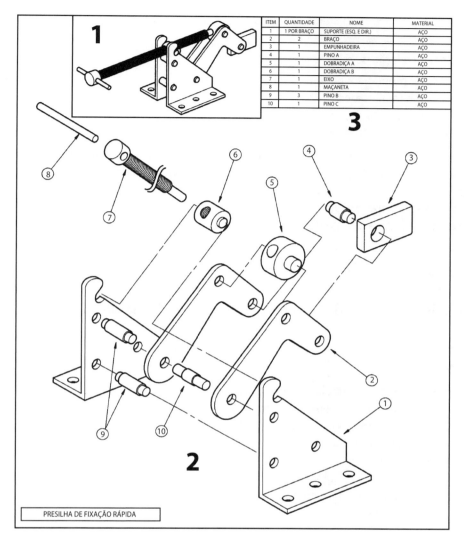

1. Perspectiva   2. Perspectiva explodida
3. Relação de materiais

Figura 7.14 Diagrama mostrando como as diversas peças de um produto se encaixam, complementado pela relação de materiais e uma perspectiva explodida do objeto montado. Fonte: College of Engineering, The Ohio State University.

As principais etapas de criação de um desenho de montagem são:

1. Análise da geometria e das dimensões das diversas peças, a fim de entender os passos da montagem e o formato geral do objeto.
2. Seleção de uma vista apropriada do objeto.
3. Escolha dos principais componentes – aqueles que exigem a montagem de diversas peças.
4. Desenho de uma vista dos principais componentes, de acordo com uma direção de observação selecionada.
5. Acréscimo de vistas detalhadas, com os demais componentes em suas posições de funcionamento.

6. Desenho de linhas de chamada e círculos com o número das peças, notas e dimensões, conforme o necessário.
7. Preparo da relação de materiais.

Os desenhos de montagem podem exigir uma, duas, três ou mais vistas, embora o número dessas vistas deva ser o mínimo necessário para uma boa compreensão. Também deve ser escolhido um bom ponto de observação, ou seja, aquele que represente a totalidade ou a maioria das peças montadas em sua posição de funcionamento.

Nas conexões, as duas questões mais importantes são o acabamento das superfícies e a tolerância (especialmente o tamanho e a geometria). O acabamento da superfície se refere ao nível de rugosidade. Seu principal objetivo é controlar o nível de precisão no posicionamento e na firmeza entre as peças que se encaixam. Outro objetivo é reduzir a fricção, especialmente no caso de peças que se movem em relação a outros componentes.

» Roscas de parafuso, engrenagens e molas espirais

» Roscas

Os parafusos são muito utilizados na fixação das peças de uma máquina. Há muitos tipos e tamanhos de parafusos e complementos, como porcas e arruelas. Além disso, os desenhistas técnicos usam diferentes métodos para representar graficamente as roscas. A Figura 7.15 mostra um corte de rosca e um método comum de desenho de roscas. Para poupar tempo, os desenhistas costumam usar símbolos sem escala. Nesse caso, o desenho mostra as dimensões da peça rosqueada, mas outras informações são colocadas em notas, que podem estar em praticamente qualquer lugar do desenho, embora o mais comum seja listá-las no canto superior esquerdo da prancha ou folha de desenho. A Figura 7.16 mostra um exemplo de nota típica, com a especificação do tipo de rosca, "1/4-20×1, RHMS."

O primeiro número da nota, 1/4, se refere ao tamanho nominal em polegadas, que nesse caso é o diâmetro externo do parafuso. O número após o primeiro traço, 20, significa que há 20 fios (ou filetes) por polegada. O número 1 representa o comprimento do parafuso, e a sigla em inglês RHMS se refere ao tipo de cabeça ("round-head machine screw", ou seja, parafuso de máquina de cabeça boleada). Em geral, também seriam incluídas as letras que identificam a série da rosca (por exemplo, UNC, se fosse uma "unified national coarse thread" – rosca grossa do tipo "unified national") e um número para identificar a classe da rosca (por exemplo, "3") e a tolerância. Se a rosca for esquerda, um traço com as letras LH ("left-hand", ou seja, esquerda) seguiria a classe da rosca. As roscas que não apresentam a designação LH são roscas direitas, as mais comuns. A Figura 7.17 mostra como são as roscas esquerdas e direitas dos parafusos. A Figura 7.18 apresenta outro tipo de parafuso e a nomenclatura geral empregada para descrevê-lo.

As especificações necessárias para a fabricação de parafusos incluem o diâmetro da rosca, o número de fios ou filetes por polegada, a série da rosca e a classe da rosca. Os dois tipos mais comuns de séries de rosca de parafuso são "national coarse" (NC – rosca grossa nacional) e "national fine" (NF – rosca fina nacional). As roscas NF têm mais fios por polegada de comprimento do parafuso.

Tamanhos comuns de rosca de parafusos national coarse (NC)	
ɸ2–56	ɸ1/4–20
ɸ4–40	ɸ3/8–16
ɸ6–32	ɸ1/2–13
ɸ8–32	ɸ5/8–11
ɸ10–24	ɸ3/4–10

Diâmetro = (N*,013) + 0,060 (polegada)

As classes de roscas se distinguem entre si pelo nível de tolerância e/ou a folga especificada. Há muito tempo, as classes de rosca eram conhecidas por "classe de ajustagem" uma expressão que provavelmente continuará durante muitos anos. As roscas externas ou de parafusos são designadas pelo sufixo "A", e as roscas internas ou de porcas, pelo sufixo "B". A Figura 7.18 mostra diferentes tipos de parafusos e cabeças de parafuso.

Unified e American (national) são classificações de roscas, para garantir que a rosca empregada em um projeto seja adequada à peça e à tolerância especificada. O padrão "unified" especifica diversas classes de rosca:

- Classes 1A e 1B: para uso comercial grosseiro, no qual a ajustagem folgada, montagem rápida e produção rápida dos parafusos são importantes, e trepidações não são um problema grave.
- Classes 2A e 2B: o padrão reconhecido para produção normal da maioria dos parafusos, porcas e parafusos para madeira. As classes 2A e 2B não contribuem muito para evitar escoriações e gripagens na montagem e no uso, mas permitem certo nível de eletrogalvanização.
- Classes 3A e 3B: essas classes não admitem folgas e têm 75% da tolerância das Classes 2A e 2B. Um parafuso ou uma porca dessas classes pode apresentar uma pequena folga ou não ter folga alguma. Essa ajustagem representa um produto com rosca de altíssima qualidade e é recomendada somente nos casos em que são necessários o alto custo das ferramentas de precisão e a conferência contínua.
- Classe 4: essa classe é mais teórica do que prática e hoje é considerada obsoleta.

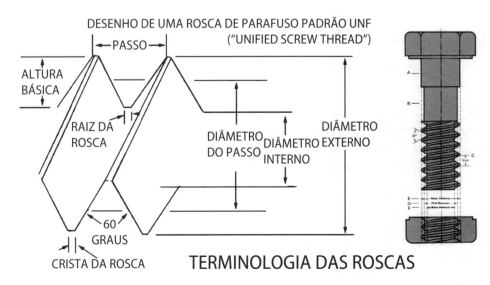

Figura 7.15 Uma rosca de parafuso típica, mostrada em corte, e a terminologia atualmente empregada pela indústria.

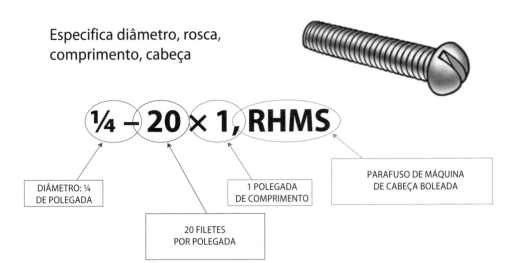

Figura 7.16 Nota de parafuso típica, com a designação "1/4-20×1, RHMS." Essa nota especifica, em ordem, o diâmetro, a rosca, o comprimento do parafuso e o tipo de cabeça do parafuso.

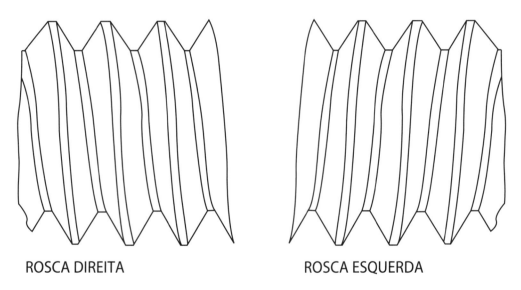

Figura 7.17 Os dois tipos de rosca de parafuso: a rosca esquerda e a direita.

- Classe 5: para a ajustagem de uma chave inglesa (chave combinada), empregada principalmente em montantes e seus furos rosqueados ou para uma ajustagem que exija a aplicação de alto torque em uma montagem semipermanente. Essa classe também permite a ajustagem seletiva, caso seja necessária uma montagem inicial à mão. Contudo, ainda não é uma classe que possa ser produzida em escala.

Roscas direitas ou esquerdas

Quase todos os conectores dotados de roscas apertam quando a cabeça ou porca é girada no sentido horário, ou seja, quando o operador gira, por exemplo, uma chave, apertando o parafuso, ele se afasta, entrando na peça. Dizemos que esse tipo de conector tem rosca direita, e os parafusos e as porcas, ao menos que haja indicação em contrário, sempre têm roscas direitas. As roscas esquerdas

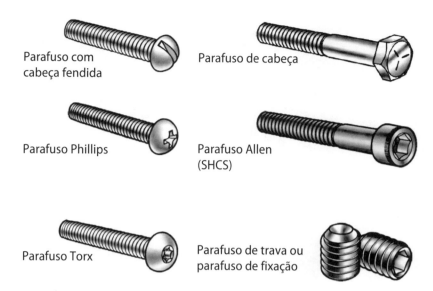

Figura 7.18A Diferentes tipos de parafusos e cabeças de parafuso.

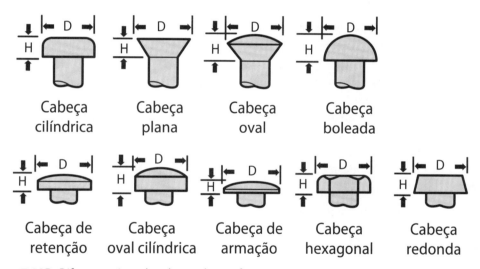

Figura 7.18B Diferentes tipos de cabeças de parafuso.

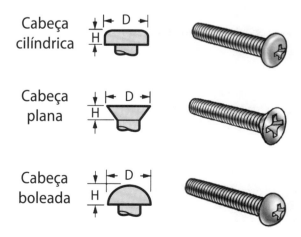

Figura 7.18C Diferentes tipos de parafusos e cabeças de parafuso.

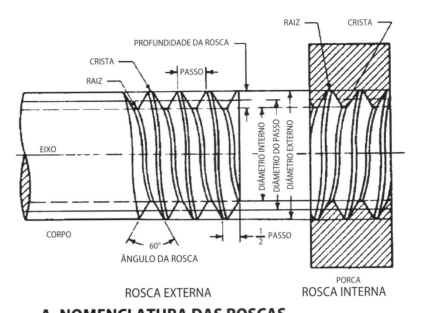

A. NOMENCLATURA DAS ROSCAS

Figura 7.19 Uma rosca de parafuso típica, com a terminologia e nomenclatura associadas e atualmente em uso na indústria.

geralmente são encontradas apenas em máquinas rotatórias. Por exemplo, os eixos dos pedais das bicicletas têm furos rosqueados em suas manivelas. Em um par de pedais, um terá rosca direita, o outro, rosca esquerda, assim a rotação dos pedais não tenderá a desparafusar seus eixos. Para designar uma rosca esquerda, são escritas as letras "LH" ("left-hand") após a classe de ajustamento, por exemplo, 3/8-16 UNC 2B LH (21).

Espiral

Uma espiral é a curva formada em um cilindro qualquer por uma linha reta em um plano que se desenvolve ao redor do cilindro. Entre os objetos comuns com forma de espiral estão a mola, o parafuso e a escada de caracol.

As espirais podem ser direitas ou esquerdas. Considerando-se a linha de visão como o eixo da espiral, se o movimento horário da espiral corresponder ao movimento axial que se afasta do observador, a espiral será chamada de direita. Se o movimento anti-horário corresponder ao movimento axial que se afasta do observador, a espiral será esquerda.

Rosca externa

Uma rosca externa, também conhecida como rosca macho, é uma rosca no exterior de um cilindro ou cone. Um exemplo é a rosca de um parafuso.

Rosca interna

Também conhecida como rosca fêmea, uma rosca interna é uma rosca no interior de um furo ou cilindro oco. Um exemplo é a rosca dentro de uma porca.

Diâmetros externo e interno

O diâmetro externo é o diâmetro maior de uma rosca de parafuso externa ou interna. O diâmetro interno é o diâmetro menor de uma rosca de parafuso externa ou interna; ele também é chamado "diâmetro da raiz".

Rosca cortada

A rosca cortada é aberta ou entalhada com um torno mecânico, em vez de ser feita por meio de um molde; a porção do corpo sem rosca será igual ao diâmetro externo do corpo.

Eixo

O eixo é a linha central que corre ao longo de um parafuso, ou seja, a linha real ou imaginária que passa através do centro de um objeto em relação ao qual ele poderia girar ou através de um ponto de referência.

Crista

A crista é o topo ou a superfície externa da rosca que une dois de seus lados. Ela é a superfície da rosca correspondente ao diâmetro externo de uma rosca externa e ao diâmetro interno de uma rosca interna.

Raiz

A raiz é a superfície da rosca correspondente ao diâmetro interno de uma rosca externa e ao diâmetro externo de uma rosca interna. Ela representa a superfície inferior ou interna que une os lados de dois filetes adjacentes.

Profundidade

A profundidade é a distância da raiz de uma rosca à sua crista, medida perpendicularmente ao eixo.

Passo

O passo é a distância de um ponto qualquer da rosca do parafuso até o ponto correspondente do próximo filete medida paralelamente ao eixo. Assim, porcas e parafusos precisam ter o mesmo passo e diâmetro para serem utilizados juntos.

Avanço

O avanço é a distância que uma rosca de parafuso progride ao fazer um giro completo, medida paralelamente ao eixo. Em um parafuso com rosca simples, o avanço equivale ao passo; em um parafuso com rosca dupla, o avanço é o dobro do passo; em um parafuso com rosca tripla, o avanço equivale a três vezes o passo.

» Engrenagens

Engrenagens são sistemas de montagem aprimorados que funcionam ao estabelecer uma relação (ou razão) entre as partes adjacentes, como no caso das polias. As engrenagens resolvem de modo eficiente as relações entre os componentes relacionados, sem a necessidade de estabelecer contatos. Elas podem ser empregadas para descrever relações entre peças giratórias (uma engrenagem em geral), entre uma peça giratória e outra linear (uma roda dentada) ou entre peças lineares (um cilindro telescópico ou hidráulico). Quando as engrenagens são representadas nas plantas de mecânica, o desenhista geralmente representa apenas o número suficiente para identificar as dimensões necessárias. A Figura 7.20 apresenta os principais termos da nomenclatura associada às engrenagens, os quais explicamos a seguir.

Diâmetro do passo

O diâmetro do passo (DP) é o diâmetro do círculo do passo (ou linha do passo), que equivale ao número de dentes da engrenagem dividido pelo passo diametral. Ele representa o diâmetro de uma rosca em um ponto imaginário no qual a largura do sulco e a largura do filete são iguais (ou seja, o diâmetro efetivo simples da rosca do parafuso). Ele equivale a aproximadamente metade dos diâmetros externo e interno. Essa é a dimensão crítica da rosca, uma vez que determina sua adequação (um conceito não empregado nas roscas do sistema métrico).

Passo diametral

O passo diametral (PD) é a razão entre o número de dentes de uma engrenagem e o número de polegadas do diâmetro do passo ou o número de dentes para cada polegada do diâmetro do passo (ou seja, o número de dentes da engrenagem dividido pelo diâmetro do passo). O passo diametral muitas vezes é chamado simplesmente de passo.

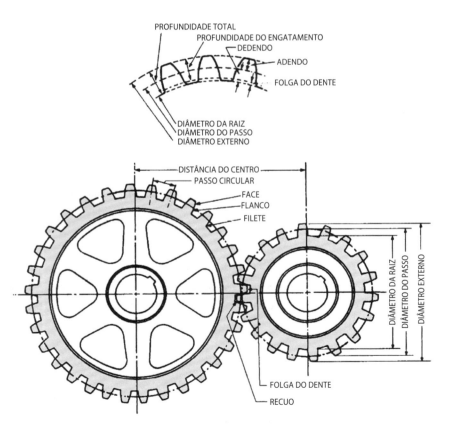

Figura 7.20 Nomenclatura das engrenagens utilizada em desenhos técnicos de máquinas.

Número de dentes

O número de dentes (N) é o passo diametral multiplicado pelo diâmetro do círculo do passo (PD × DP).

Círculo externo

O círculo externo (CE) é o círculo formado pela linha externa dos dentes da engrenagem.

Diâmetro externo

O diâmetro externo (DO) é o diâmetro do círculo externo.

Passo circular

O passo circular (PC) é o comprimento do arco do círculo do passo entre os centros ou pontos correspondentes de dois dentes adjacentes.

Adendo ou altura da cabeça do dente

O adendo (A) é a altura do dente acima do círculo do passo ou a distância radial entre o círculo do passo e o topo do dente.

Dedendo ou pé do dente

O dedendo (D) é a profundidade daquela parte de um dente de engrenagem entre o círculo do passo e o círculo da raiz da engrenagem ou o comprimento da porção do dente do círculo do passo até a base do dente.

Passo do dente

O passo do dente é a distância entre eixos dos dentes medidos ao longo de uma linha reta ou dente do círculo do passo.

Diâmetro da raiz

O diâmetro da raiz (DR) é o diâmetro do círculo da raiz dos dentes.

Folga do dente

A folga do dente é a distância entre a base de um dente e o topo de outro dente correspondente ou a distância que separa um objeto de outro ou o espaço livre entre eles.

Profundidade total

A profundidade total (PT) é a distância entre o topo do dente e sua base, incluindo o espaço livre.

Face do dente

A face do dente é a superfície de engatamento do dente em relação à linha do passo.

Espessura

A espessura é a largura do dente, considerada como a profundidade do passo.

Círculo do passo

O círculo do passo é o círculo com o diâmetro do passo, a linha (ou círculo) de contato entre duas engrenagens conectadas.

Profundidade de engatamento

A profundidade de engatamento é a maior profundidade na qual o dente de uma engrenagem avança em direção ao espaço do dente de outra engrenagem.

Cremalheira

Uma cremalheira pode ser comparada a uma roda cilíndrica dentada que foi aberta, formando uma reta. O passo linear dos dentes da cremalheira deve igualar ao passo circular da engrenagem correspondente.

>> Molas espirais ou helicoidais

A mola espiral, na qual um fio é enrolado em uma bobina como se fosse um filete de rosca de parafuso, provavelmente seja a mola de uso mais comum. Há três tipos de molas espirais: de compressão, extensão e torção. Os desenhos raramente mostram uma vista verdadeira do formato de uma mola espiral – em vez disso, é comum representar as molas por meio de linhas retas. A Figura 7.21A mostra três métodos de representação de molas, incluindo o desenho de molas espirais feito com linhas retas e curvas e o desenho de molas espirais apenas com linhas retas. A Figura 7.21B mostra a nomenclatura que em geral é empregada para as molas espirais.

Uma mola pode ser projetada para sustentar, puxar (tracionar) ou empurrar (comprimir) cargas. As molas espirais de torção são empregadas em partidas de motor e dobradiças. As molas espirais que trabalham à tração ou à compressão têm diversos usos, e os mais comuns são: os sistemas de suspensão de automóveis, mecanismos de recuo de canhão (coice de arma) e sistemas de fechamento.

Quando as molas espirais torcidas são fabricadas, o arame da mola é enrolado em um mandril que serve de suporte; quando molas de tubos sem costura são extrudadas, um longo mandril cria o diâmetro externo.

As molas espirais, que muitas vezes também são chamadas de molas helicoidais, provavelmente sejam o tipo de mola mais comum. Elas podem ser utilizadas à compressão, tração ou torção. Uma mola comprimida tende a ter seu comprimento total reduzido durante o uso (ou seja, ela é prensada), enquanto o contrário acontece com uma mola tracionada (ela é esticada). As molas de torção, que transmitem uma força de torção em vez de uma pressão direta, funcionam por meio da tendência que têm a se enrolar ou desenrolar. Além das molas retas, as molas cônicas, de duplo cone e de volutas são classificadas como molas espirais ou helicoidais. Esses tipos de molas geralmente trabalham à compressão.

>> *As boas práticas*

Na interpretação de desenhos técnicos ou industriais, assim como de outros tipos de representação gráfica, é sempre recomendável seguir as melhores práticas vigentes na indústria no momento:

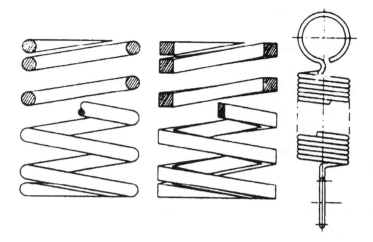

Figura 7.21A Tipos comuns de representação de uma mola espiral.

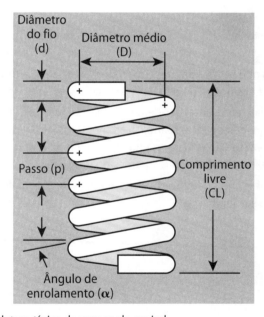

Figura 7.21B A nomenclatura típica de uma mola espiral.

Desenhe apenas uma peça em cada folha ou prancha de desenho. Caso isso não seja possível, deixe espaços generosos entre os componentes e desenhe todos eles na mesma escala, para evitar confusões. Outra opção é indicar claramente a escala de cada peça imediatamente sob seu desenho. Peças padronizadas, como parafusos, porcas, pinos e engrenagens não exigem detalhes.

1. Sempre use numerais decimais.
2. Todas as legendas e os textos devem ser escritos em letras maiúsculas.
3. Selecione como vista frontal aquela que melhor representa a peça.
5. Não use linhas ocultas, a menos que sejam absolutamente necessárias para descrever o formato do objeto.

6. Use sistemas de registros de dados ou dimensões com base nas relações entre os elementos das peças.
7. Sempre que puder, registre as dimensões nos espaços das diferentes vistas.
8. Sempre que puder, evite equações matemáticas.
9. Não use dimensões (cotas) em linhas ocultas.
10. Certifique-se de que o produto foi projetado de modo que possa ser fabricado e de que existe um processo de conferência das dimensões.
11. Evite registrar duas vezes uma mesma dimensão; faça referências, caso seja necessário repetir uma dimensão.
12. As linhas de cota não devem se cruzar.
13. As linhas de cota não devem cruzar as linhas auxiliares.
14. Dimensões não devem ser escritas no corpo das peças. Mantenha um afastamento de 1,0 cm entre a dimensão e a linha do objeto.
15. Se possível, coloque todas as dimensões de um elemento na mesma vista.
16. As linhas auxiliares podem se cruzar.
17. Use a marcação de eixos em uma vista apenas quando um elemento ou característica da peça for dimensionado.
18. Use marcações de eixos e centros geométricos nas vistas apenas se um elemento ou característica estiver sendo dimensionado ou houver referência a ele; caso contrário, omita-os.
19. Quando existem várias representações de um elemento ou característica na mesma vista, dimensione somente um deles e inclua a indicação (número) × DIM, isso significa que o elemento ou característica existe várias vezes naquela vista. Por exemplo, "4 X 0,250" significa que naquela vista o elemento dimensionado aparece quatro vezes.
20. Evite ao máximo o desenho de linhas de eixo geométrico; elas mais "poluem" o desenho do que contribuem para sua legibilidade.

>> **NO SITE**
Visite o ambiente virtual de aprendizagem Tekne (**www.bookman.com.br/tekne**) e tenha acesso a atividades para reforçar o seu aprendizado.

>> *Normas*

As principais organizações internacionais que emitem normas sobre dimensões e tolerâncias são:

- ASME (Sociedade de Engenheiros Mecânicos dos Estados Unidos)
- ANSI (Instituto Nacional de Padronização dos Estados Unidos)
- ISO (Organização Internacional de Normalização)

Na produção de desenhos técnicos, tanto para desenhos feitos à mão livre ou em CAD (projeto assistido por computador), a indústria dos Estados Unidos vem adotando uma nova norma, a ANSI Y14.5M. Essa norma padroniza a produção de desenhos, seja para o projeto das mais simples tarefas executadas à mão em um canteiro de obras, seja para a industrialização em série de itens, com a ajuda de software de CAM (manufatura assistida por computador).

Existem normas e práticas para a criação dos desenhos técnicos de peças e sistemas mecânicos. Nos Estados Unidos, a principal agência governamental responsável pela normalização é a ASME. Há diversas normas relativas aos vários aspectos dos desenhos de mecânica, como:

- ASME Y14.100-2004 Práticas de Desenho de Engenharia
- ASME Y14.4M-1989 Desenho de Perspectivas
- ASME Y14.3M-Vistas Múltiplas e Cortes
- ASME Y14.1-1995 Formato e Tamanho de Folhas de Desenho em Polegadas e Décimos de Polegadas
- ASME Y14.5M-1994 Dimensionamento Geométrico e Tolerância
- ASME Y14.13M-1981 Representação de Molas Mecânicas

É importante que os desenhistas técnicos se familiarizem com as normas de seu país, para poder segui-las e garantir que seus desenhos sejam corretamente interpretados. No Brasil, a principal agência normalizadora é a Associação Brasileira de Normas Técnicas (ABNT).

>> **capítulo 8**

O significado dos símbolos

Símbolos gráficos nos desenhos também são uma forma de comunicação entre os profissionais das diferentes áreas que trabalham em um projeto. Este capítulo explica a importância dos tipos de símbolos, das notas e das abreviaturas, e também exemplifica os símbolos de arquitetura, de materiais, de instalações elétricas, de tubulações e de instalações de climatização.

Objetivos deste capítulo

» Explicar a importância de conhecer símbolos, sistemas de abreviaturas e notas padronizadas.
» Identificar os símbolos em seus diversos meios.
» Reconhecer o significado dos principais símbolos retratados neste capítulo.

>> Introdução

Os desenhos de um projeto – como empregados pela indústria da construção de edificações – são geralmente utilizados para mostrar como um edifício, objeto ou sistema deve ser construído, implementado, modificado ou consertado. Uma das principais funções dos símbolos gráficos nos projetos executivos é se referir a outros desenhos no jogo de plantas. Por exemplo, um círculo desenhado em torno de uma área de um desenho com uma ampliação indicará que essa parte do desenho foi desenhada em uma escala maior para fornecer mais informações sobre o que é possível na escala preexistente (Figura 8.1). Na preparação dos projetos executivos para a indústria da construção civil, arquitetos e engenheiros elaboraram um sistema de abreviaturas, símbolos e notas padronizadas para simplificar o trabalho daqueles que estão preparando os desenhos e para manter a dimensão e a maior parte dos documentos da construção com um tamanho mínimo aceitável e compreensível. Projetar simples componentes da edificação sem o uso de símbolos seria, na verdade, uma tarefa muito cansativa. Visualizar e ler projetos executivos, portanto, exige um conhecimento dos símbolos e abreviaturas usados na indústria da construção e do seu uso propriamente dito na representação de materiais e outros componentes e de suas localizações (Figura 8.2). Os símbolos podem variar um pouco de um local para outro.

Atualmente, a maioria dos arquitetos e engenheiros brasileiros utiliza os símbolos adotados pela ABNT. Entretanto, desenhistas e projetistas continuam a modificar alguns desses símbolos para adequar às suas necessidades particulares para o tipo de projetos que normalmente são contratados para elaborar. Por essa razão, muitos projetos têm uma lista de símbolos ou legendas desenhados e escritos seja em cada jogo de plantas ou nas especificações escritas. Os símbolos modificados são em geral selecionados pelo consultor porque são mais fáceis de desenhar e interpretar e são suficientes para a maior parte das aplicações.

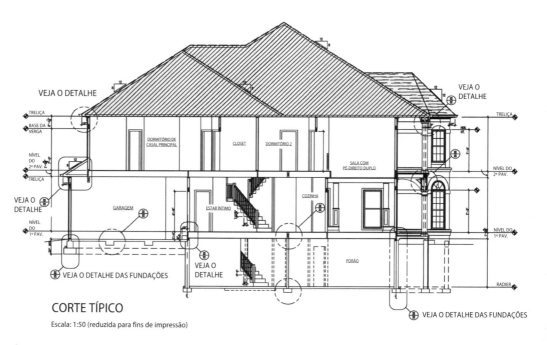

Figura 8.1 Um corte de uma edificação residencial gerado por computador mostrando diferentes elementos com partes circuladas. Essas partes são detalhadas em uma escala maior em outro local dentro do jogo de plantas. Observe que as partes salientadas não precisam necessariamente ser círculos, mas podem adotar outras formas.

Para que esse sistema de símbolos funcione, cada desenho dentro da série tem seu próprio número único. Normalmente, esse número é uma combinação de números: o número do desenho individual bem como o da página ou número da folha no qual o desenho específico aparece. Às vezes, são feitas muitas citações a um desenho do jogo de plantas do projeto executivo. A lista de símbolos discutida neste capítulo não é de modo algum exaustiva, mas inclui aqueles símbolos que os construtores ou projetistas costumam encontrar na maioria das aplicações para a construção de edificações em geral.

Os símbolos gráficos são geralmente usados em plantas de edificações para mostrar elementos como instalações hidrossanitárias e de gás e tipos de janelas, tanto quanto para listar notas dos desenhos e identificar acabamentos e revisões. O mesmo símbolo pode ser usado para mais de um propósito. Por exemplo, o mesmo símbolo é empregado para cada revisão: é o número dentro dele que identifica a informação específica. Símbolos específicos de marca são incluídos para as instalações elétricas, de climatização e hidrossanitárias.

Um dos mais importantes símbolos a ser usado desde o início de um novo trabalho é a orientação do prédio. Esse símbolo, que é normalmente uma seta com "N" para norte, permite ao leitor de um desenho de construção se orientar. Entretanto, há numerosas variações do símbolo da seta de "Norte", dependendo do gosto do projetista (Figura 8.3). Qualquer que seja o símbolo escolhido, um desenho é orientado de forma adequada quando é feito de modo que a seta de norte mostrada no projeto esteja apontando para o norte. Se o projeto estiver bem orientado, o leitor pode relacionar a informação com o entorno.

Figura 8.2 Exemplos de símbolos típicos para portas e janelas mostrados tanto em planta baixa (como podem aparecer em uma planta) e em perspectiva. Para a leitura de projetos executivos são necessárias as habilidades de ler, entender e visualizar os vários símbolos.

As figuras a seguir mostram alguns dos símbolos padronizados mais comuns; durante o desenvolvimento de seu trabalho você provavelmente verá também muitos outros tipos. Por diversos motivos, alguns dos símbolos em um projeto talvez não sejam o padrão. Muitas vezes você entenderá o que um símbolo significa pela análise e pensando sobre com o que ele se parece. A legenda em um projeto deve mostrar qualquer símbolo fora do padrão e o seu significado. Ocasionalmente, um símbolo para um determinado componente ou equipamento pode ter sido especificamente criado pelo arquiteto ou engenheiro que desenvolveu o projeto.

» Símbolos gráficos de arquitetura

A leitura de desenhos técnicos exige uma boa compreensão dos tipos de linhas. Por exemplo, em uma planta de situação ou localização algumas das informações mostradas incluirão divisas, vias públicas, passeios, características topográficas e uma seta de norte. Os tipos de linha foram discutidos com mais detalhes no Capítulo 3. As Figuras 8.4A e B mostram vários símbolos para portas, janelas e paredes empregados na construção em geral.

» Símbolos de materiais

Os símbolos de materiais são utilizados para representar materiais ou conteúdos nas plantas baixas, elevações e projetos de detalhes. Símbolos diferentes podem ser empregados para representar

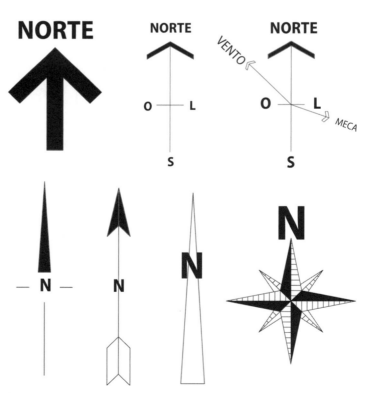

Figura 8.3 Diferentes exemplos de setas de norte. Arquitetos e projetistas sempre gostam de elaborar seus próprios símbolos para determinados itens.

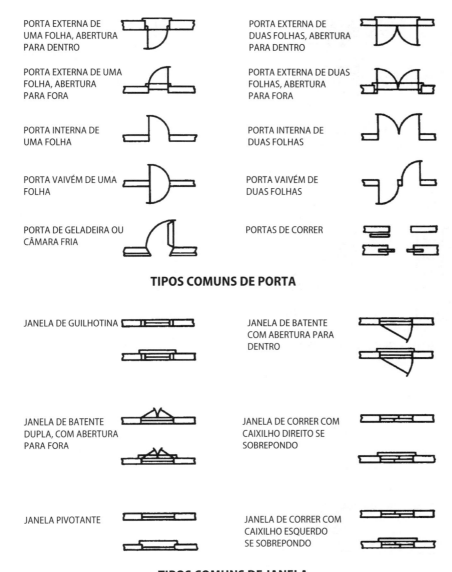

Figura 8.4A Exemplos de diferentes símbolos para portas e janelas mostrados em planta baixa.

o mesmo item nesses projetos. O interior de um material representado em corte, por exemplo, às vezes é preenchido com o símbolo daquele material para mostrar de que é feito o objeto. Muitos materiais são representados por um símbolo em elevação e outro símbolo em corte. Exemplos disso são os blocos de concreto e tijolos. Outros materiais são muito parecidos quando vistos de qualquer direção, então seus símbolos são os mesmos, sejam desenhados em corte ou elevação, como mostramos na Figura 8.5.

Quando uma grande área é feita com um material, é comum desenhar o símbolo em apenas uma parte dela. Alguns desenhistas simplificam ainda mais utilizando uma nota para indicar qual material é empregado e omitindo totalmente o símbolo (Figura 8.6).

Ao longo de todo deste texto, os símbolos para materiais são apresentados como aparecem em plantas e elevações. Muitos símbolos são desenhados para dar uma ideia da real aparência do material. Isso é especialmente verdadeiro em elevações, como mostrado na Figura 8.6. Devido à

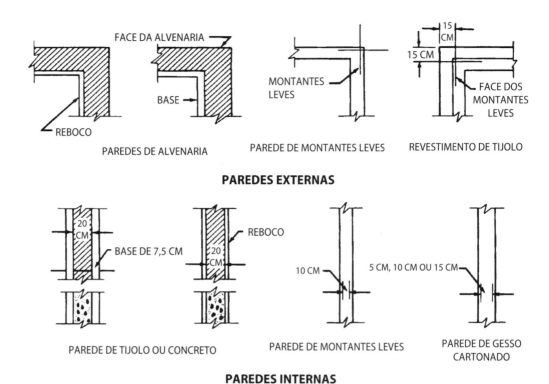

Figura 8.4B Exemplos de diferentes símbolos para paredes internas e externas empregados na construção.

complexidade e ao espaço necessário, muitos símbolos não têm relação gráfica com o item que eles representam. Para os projetos serem interpretados corretamente, os símbolos devem ser memorizados. Quando os símbolos de materiais são parecidos, sempre procure uma nota, uma vista diferente, um detalhe ou uma especificação para obter informações sobre o material.

» Símbolos das instalações elétricas

Os projetos elétricos – como outros tipos de projetos de construção de edificações – devem ser realizados por projetistas eletricistas competentes em um determinado período de tempo para evitar atrasos desnecessários. Os símbolos são usados em projetos elétricos para simplificar o trabalho do desenho técnico tanto para os projetistas quanto para os operários ao interpretar os projetos. Deve ser observado que os símbolos elétricos não são padronizados em todo o setor, o que é uma das razões pelas quais os projetos elétricos costumam ter uma legenda ou lista dos símbolos.

Muitos símbolos elétricos são usados para mostrar a distribuição desejada dos pontos de iluminação. Os símbolos de interruptores são em geral colocados perpendicularmente à parede e lidos do lado direito ou na parte inferior da folha.

O sistema elétrico para um pequeno imóvel em geral incluiria a fiação bem como os dispositivos como interruptores, tomadas, elementos de luz e equipamentos. A fiação é indicada por linhas que mostram como os dispositivos são conectados. Essas linhas não são mostradas em sua posição real. Elas simplesmente indicam quais interruptores controlam as luminárias. Tomadas (receptáculos) e

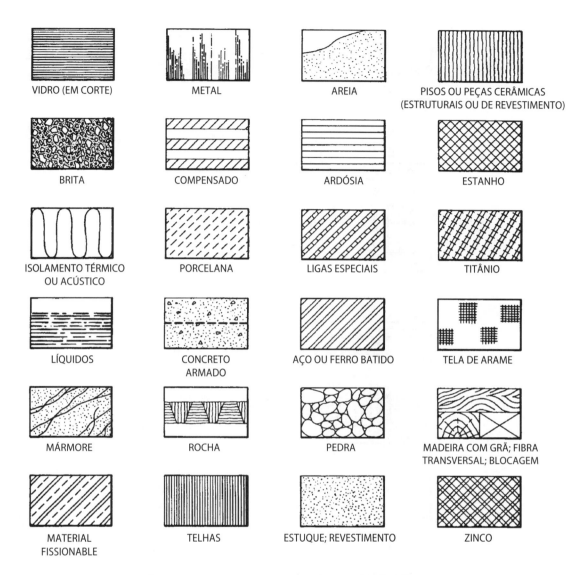

SÍMBOLOS DE MATERIAIS DE CONSTRUÇÃO B

Figura 8.5 Exemplos de símbolos gráficos de materiais empregados por arquitetos e engenheiros ao preparar um projeto executivo.

interruptores são em geral mostrados em suas posições aproximadas. Elementos e equipamentos importantes são representados em sua posição real. Nas Figuras 8.7, 8.8 e 8.9 podemos ver exemplos de símbolos de tomadas, alarmes e outros símbolos elétricos.

Alguns dos símbolos listados contêm abreviaturas, como TV, para tomada de televisão, e V, para vedação. Outros são desenhos simplificados, tal como o símbolo para o contador. Uma maneira de desenvolver a habilidade de interpretar um projeto e seus símbolos é aprender primeiro as formas básicas dos diferentes símbolos. Isso ocorre porque muitos símbolos são semelhantes (quadrado, círculo, etc.), e a adição de uma linha, letra ou número determina o significado específico daquele símbolo.

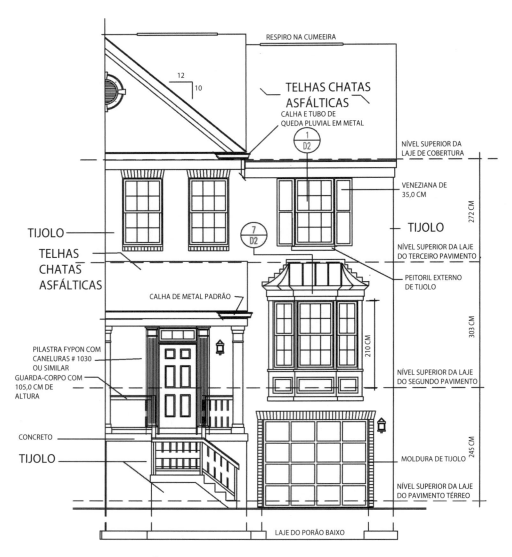

Figura 8.6 Elevação parcial de uma casa urbana, mostrando o uso de notas para os tijolos na fachada e cobertura de telhas chatas de asfalto em vez do desenho parcial de símbolos.

❯❯ Símbolos de tubulações

As tubulações industriais, residenciais ou comerciais devem ser diferenciadas. A tubulação industrial é normalmente projetada para conduzir líquidos e gases empregados nos processos de industrialização. Na construção pesada, tubulações de aço têm suas conexões soldadas ou rosqueadas. A tubulação utilizada em aplicações comerciais e residenciais é geralmente chamada de "instalação hidrossanitária" e é projetada para conduzir água potável, dejetos líquidos e sólidos e gás. Esses canos podem ser feitos de plástico, cobre, aço galvanizado ou ferro fundido. Ao preparar um projeto de instalações hidrossanitárias, todos os aparelhos, as tubulações, conexões e válvulas e outros componentes são representados por símbolos como aqueles listados nas Figuras 8.10A, B, C. O uso desses símbolos simplifica de forma considerável a preparação dos projetos de tubulação e poupa muito tempo e esforço.

Símbolos comuns em instalações elétricas	
SÍMBOLO	DESCRIÇÃO
O	LUMINÁRIA INSTALADA NO TETO OU FORRO
⊗	LUMINÁRIA EMBUTIDA PADRÃO DIRECIONADA PARA BAIXO (DOWNLIGHT) – X PARA DIFUSOR À PROVA D'ÁGUA; I PARA LUMINÁRIA IMPERMEÁVEL
Ⓝ	ACESSO PARA INSPEÇÃO NUMERADO
✦°	LUMINÁRIA TIPO SPOT COM LÂMPADA DE BAIXA VOLTAGEM
⊙	EXAUSTOR
⊗	VENTILADOR DE TETO
®	REGULADOR
⊢O	LUMINÁRIA DE PAREDE – X PARA LUMINÁRIA IMPERMEÁVEL
—	LUMINÁRIA COM UMA LÂMPADA FLUORESCENTE DE 36 W
═	LUMINÁRIA COM DUAS LÂMPADAS FLUORESCENTES DE 36 W
□	LUMINÁRIA MODULAR DE 5 CM × 5 CM PARA LÂMPADA FLUORESCENTE
⌒	LUMINÁRIA PARA LUZ DE EMERGÊNCIA COM SINALIZAÇÃO DE SAÍDA
⌒	LUMINÁRIA PARA LUZ DE EMERGÊNCIA SEM SINALIZAÇÃO DE SAÍDA
⌒	TOMADA PARA BARBEADOR ELÉTRICO
⊣⊢	TOMADA DE TV
✦	CANDELABRO DANTE (A = 0,3 KW; B = 0,5 KW; C = 1,0 KW; D = 2,0 KW; E = 3,0 KW; F = 4,0 KW)
⊙	BOTOEIRA DA CAMPAINHA
⌐	INTERRUPTOR DE ILUMINAÇÃO UNIPOLAR, DE 15/20 A (NÚMERO DO CIRCUITO INDICADO) – OU 5 A, QUANDO ESPECIFICADO
∨	INTERRUPTOR DE ILUMINAÇÃO UNIPOLAR E BIDIRECIONAL, DE 15 A
/	INTERRUPTOR DE ILUMINAÇÃO UNIPOLAR E BIDIRECIONAL, DE 5 A
✦	INTERRUPTOR DE ILUMINAÇÃO INTERMEDIÁRIO, UNIPOLAR E BIDIRECIONAL, DE 15 A
V	MINUTEIRA
✦	INTERRUPTOR BIPOLAR DE 20A (AQUECEDOR DE ÁGUA)
⊟	INDICADOR DA CAMPAINHA
⌂	CHAVE AUTOMÁTICA (P = LUZ PILOTO; F = FLEXÍVEL)
⌂	CHAVE AUTOMÁTICA COM INTERRUPTOR (P = LUZ PILOTO; F = FLEXÍVEL)
▣	DIMMER
▣	CAIXA DE JUNÇÃO PARA ILUMINAÇÃO
▣	PONTO DE LETREIRO COM NEON
⚗	INTERRUPTOR SIMPLES COM TOMADA ELÉTRICA DE 13 A
⚗	INTERRUPTOR DUPLO COM TOMADA ELÉTRICA DE 13 A
⚗	TOMADA ELÉTRICA SIMPLES DE 5 A PARA LUMINÁRIA DE MESA CONECTADA A UM CIRCUITO DA ILUMINAÇÃO
⚗	INTERRUPTOR COM FUSÍVEL DE 20 A E TOMADA FLEXÍVEL
⚗	INTERRUPTOR SIMPLES COM TOMADA, À PROVA D'ÁGUA, 13 A
⊠	AR-CONDICIONADO DE PAREDE

SÍMBOLO	DESCRIÇÃO
⏚	TOMADA ELÉTRICA SIMPLES DE 13 A
⏚	TOMADA ELÉTRICA TRIFÁSICA N.E. COM PLUGUE CORRESPONDENTE
⏚	INTERRUPTOR SIMPLES COM TOMADA ELÉTRICA DE 15 A
⏚	TOMADA ELÉTRICA SIMPLES DE 15 A
●	CONECTOR DE 45 A
▣	COMUTADOR INTERRUPTOR DE CARGA
▣	TERMOSTATO
▣	CONTROLE DO FOGÃO ELÉTRICO DE 45 A COM INTERRUPTOR SIMPLES COM TOMADA ELÉTRICA DE 13 A (E INDICADOR COM NEON)
✦	ANTENA DE TV CENTRAL
▣	INTERFONE COM VÍDEO
▣	CAIXA DE JUNÇÃO PARA RÁDIO E TV
▣	PRINCIPAL CAIXA DE JUNÇÃO PARA TELEFONIA
▣	CAIXA DE JUNÇÃO PARA TELEFONIA
▣	CENTRO DE CONTROLE DO MOTOR
✶	INTERRUPTOR DE CIRCUITO EM CAIXA MOLDADA
}	MINI-INTERRUPTOR DE CIRCUITO
✦	CORTA-CIRCUITO REMOVÍVEL
▣	FUSÍVEIS HRC
▣	MEDIDOR DE ENERGIA ELÉTRICA
▣	INTERRUPTOR DE CIRCUITO DO CONSUMIDOR
▣	QUADRO DE DISTRIBUIÇÃO SECUNDÁRIO
▣	PRINCIPAL QUADRO DE DISTRIBUIÇÃO DE VOLTAGEM MÉDIA
◁	TOMADA DE TV (APROVADA PELA ITSALAT)
◁	RECEPTOR DO INTERFONE
◁	RECEPTOR DO INTERFONE DA PORTA DE ENTRADA
⊙	DETECTOR DE FUMAÇA (IONIZAÇÃO)
⊙	DETECTOR DE MOVIMENTO
⊙	DETECTOR DE CALOR (F = COM TEMPERATURA FIXA)
▣	CAIXA COM VIDRO QUEBRÁVEL
▥	PAINEL DE CONTROLE PRINCIPAL DO ALARME DE INCÊNDIO
▣	PAINEL REPETIDOR DA CENTRAL DE INCÊNDIO
⊙	CAMPAINHA DO ALARME DE INCÊNDIO (INDIQUE O TAMANHO – 15 CM OU 20 CM)

Figura 8.7 Lista de símbolos para tipos de tomadas frequentes em projetos executivos.

Nas aplicações residenciais, as informações das instalações hidrossanitárias podem ser fornecidas nas plantas baixas no formato de símbolos para aparelhos e notas (para tamanho de tubos, inclinação, etc.) para esclarecimento. Outros itens das instalações hidrossanitárias e informações a serem mostrados nas plantas baixas incluem conexões de água, drenos no piso, aberturas para ventilação e conexões de esgoto. Drenos no piso são mostrados na localização aproximada nas plantas e cortes, com notas indicando o tamanho, tipo e inclinação do dreno. Tubulações de esgoto e de água são localizadas na posição em que essas redes entram na edificação. As redes públicas normalmente são indicadas na planta de localização. Tubos de ventilação (que permitem um fluxo contínuo de ar através da edificação) são desenhados na parede de acordo com sua localização na planta, com uma nota indicando o material e o tamanho.

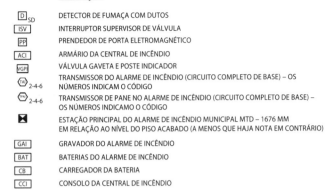

Figura 8.8 Lista de símbolos para alarmes de incêndio em uso hoje.

Figura 8.9 Símbolos para sistemas típicos de rádio e televisão.

Quando os projetos de instalações hidrossanitárias são preparados, eles normalmente não são mostrados na mesma prancha da planta baixa. Os principais elementos mostrados nas plantas baixas são os aparelhos hidrossanitários. Drenagem, ventilação e sistemas hidráulicos são desenhados com linhas mais grossas usando símbolos, abreviaturas e notas.

≫ Símbolos das instalações de climatização

A principal função dos projetos de climatização é mostrar a localização das unidades de calefação, refrigeração e ar-condicionado, como também os diagramas de tubulação e da rede de condução. Os símbolos gráficos nos projetos de climatização são semelhantes em padrão aos usados nas instalações hidrossanitárias. Nas Figuras 8.11A e B podemos ver exemplos típicos de símbolos de climatização atualmente utilizados nos Estados Unidos e na Europa.

É preciso observar que em alguns projetos de climatização podemos ver dois tipos de símbolos. O duto principal pode consistir em um retângulo para representar o tamanho real do duto – incluindo redutores. Entretanto, os ramais são mostrados por uma linha simples com as dimensões de cada linha em uma nota adjacente. Os dois métodos são usados em projetos de climatização em toda a indústria da construção de edificações, tanto isoladamente como de forma combinada (Figuras 8.12A e B). Vários programas personalizáveis de climatização em CADD estão hoje disponíveis para auxiliar a melhora da produtividade e a eficiência dos desenhos.

» Símbolos diversos

» Símbolos para componentes

Os símbolos para componentes representam itens como móveis e acessórios em geral (como aparelhos e máquinas). Muitos símbolos para componentes são semelhantes aos itens reais representados em planta ou elevação.

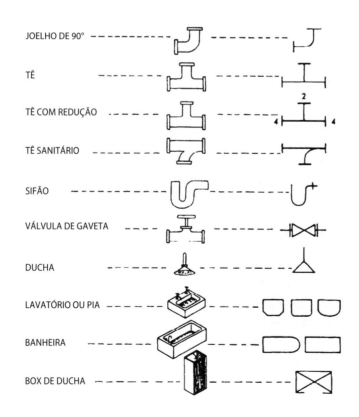

SÍMBOLOS COMUNS PARA CONEXÕES E APARELHOS SANITÁRIOS

Figura 8.10A Exemplos de símbolos para conexões e aparelhos do projeto hidrossanitário.

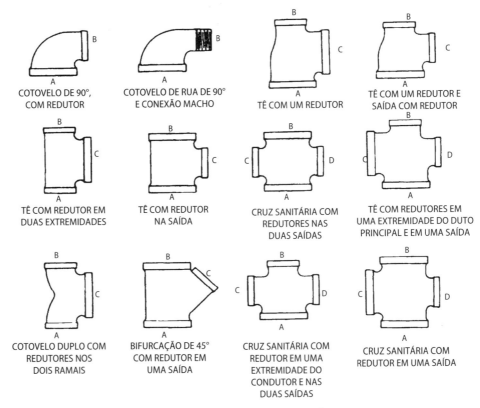

COMO INTERPRETAR AS CONEXÕES SANITÁRIAS

Figura 8.10B Exemplos de diferentes tipos de conexões hidrossanitárias.

» Símbolos dos especialistas

Há muitos ofícios da construção e indústria, tais como soldador, que tem seus próprios símbolos específicos. A Figura 8.13 mostra exemplos de símbolos de soldagem básico e complementares e o padrão de localização dos elementos de um símbolo de soldagem. A Figura 8.14 apresenta mais exemplos do tipo de símbolos dos especialistas.

» Símbolos de indexação

Para resumir, ao ler símbolos em um projeto executivo, deve ser lembrado o seguinte:

- A colocação dos símbolos nas plantas baixas e elevações pode ser aproximada, a menos que eles sejam dimensionados.
- Não mude a escala do símbolo para determinar sua dimensão. Informações específicas devem ser obtidas nos detalhes relevantes, tabelas ou especificações.
- O tamanho de um símbolo pode variar de acordo com a escala do projeto.
- Símbolos desenhados para representar a superfície de materiais podem cobrir apenas uma parte típica da área.

ITEM	DESCRIÇÃO DO SÍMBOLO	SÍMBOLO	ILUSTRAÇÃO
TUBO	LINHA SIMPLES GERALMENTE COM O DIÂMETRO NOMINAL INDICADO	10 CM	10 CM (DIÂMETRO INTERNO APROXIMADO)
CONEXÃO COM FLANGE	LINHA DUPLA		
CONEXÃO ROSQUEADA	LINHA SIMPLES		
BOLSA E ROSCA	LINHA CURVA		
PONTO PARA CIMA	CÍRCULO E PONTO		
PONTO PARA BAIXO	SEMICÍRCULO		
REDUTOR OU ALARGADOR	TAMANHO NOMINAL	10 CM 2 CM / 10 CM	10 CM / 2 CM / 10 CM
REDUTOR CONCÊNTRICO	TRIÂNGULO		
REDUTOR EXCÊNTRICO	TRIÂNGULO		
UNIÃO	LINHA		
FLANGE	LINHA		

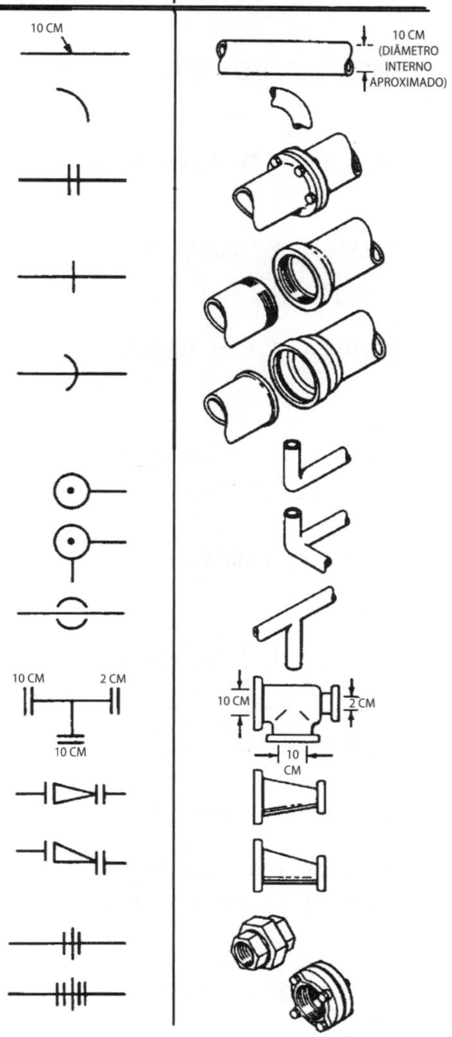

SÍMBOLOS DE CONECTORES SANITÁRIOS

Figura 8.10C Exemplos de símbolos de conexões padrão mostrando exemplos de aplicações e representações em perspectiva das conexões.

- Abreviações geralmente são usadas em lugar de um símbolo gráfico para reduzir o tempo e o espaço do projeto.
- Símbolos para os mesmos itens são normalmente diferentes em plantas baixas, elevações e cortes.
- Alguns símbolos em planta baixa podem ter tratamento gráfico igual ou semelhante na elevação. Confira as notas, os detalhes e as especificações para identificá-los.

SÍMBOLOS DE SISTEMAS DE CONDICIONAMENTO DE AR

Figura 8.11A Símbolos atuais comuns de condicionamento de ar.

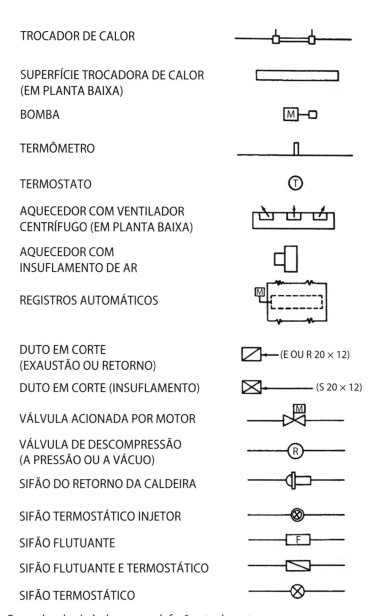

Figura 8.11B Exemplos de símbolos para calefação atualmente em uso.

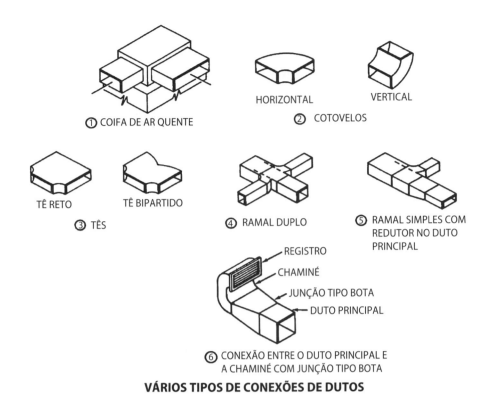

Figura 8.12A Diversos tipos de conexões de dutos.

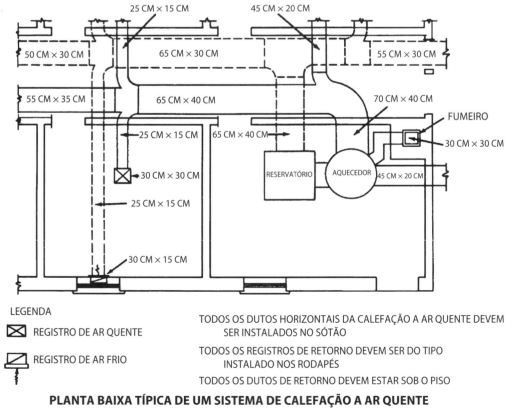

Figura 8.12B Uma planta típica de calefação a ar quente.

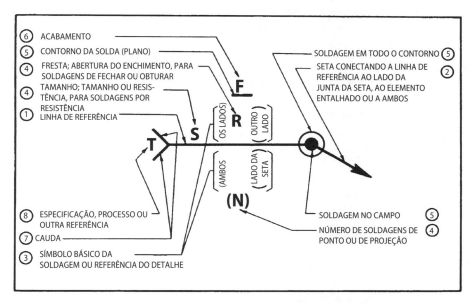

Figura 8.13 Diagrama mostrando símbolos de soldagem básicos e complementares e o padrão de localização dos elementos de um símbolo de soldagem.

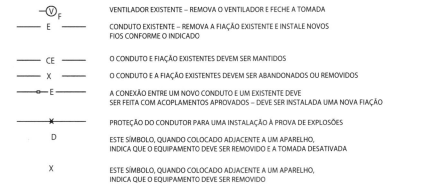

Figura 8.14 Símbolos geralmente utilizados em obras de paisagismo, trocas de fiação e projetos de demolição.

» capítulo 9

Como interpretar tabelas

Notas genéricas, listas de materiais, componentes da construção representam os principais constituintes das tabelas aplicadas para desenhos executivos de construção. A elaboração adequada dessas tabelas auxilia a interpretação de quem está lendo os desenhos. Este capítulo apresenta alguns dos diferentes tipos de tabelas.

Objetivos deste capítulo

» Reconhecer a importância da utilização adequada das tabelas nos desenhos executivos.
» Analisar as diferentes tabelas apresentadas.
» Identificar os tipos básicos de notas gerais e seus objetivos no desenho.

» Introdução

Uma tabela aplicada para os desenhos executivos de construção é um método organizado de apresentar notas genéricas ou listas de materiais, componentes da construção (portas, janelas, etc.) e equipamentos de um desenho em formato tabulado. O principal propósito da inclusão de tabelas em um jogo de plantas de construção é proporcionar clareza, localização, dimensionamento, materiais e informações sobre a designação de portas, janelas acabamentos de cobertura, equipamentos, instalações hidrossanitárias e componentes elétricos. Feitas adequadamente, as tabelas podem evitar que os projetos se tornem poluídos com o excesso de informações ou notas impressas e elas têm se mostrado um recurso que poupa tempo para quem está preparando o desenho como também para o arquiteto, engenheiro, construtor e operários na obra. Este capítulo destina-se a auxiliar o leitor na interpretação de informações tabuladas nos desenhos técnicos. Deve ficar claro que tabelas e especificações dão detalhes específicos sobre itens reais, enquanto os desenhos geralmente mostram o tamanho e a localização do item.

As tabelas em geral são organizadas em um jogo de desenhos de forma que fiquem próximas ao assunto ao qual estão relacionadas. Há diversas maneiras de configurar uma tabela; ela pode incluir todas ou algumas das seguintes informações sobre o produto:

- Nome do vendedor
- Nome do produto
- Número do modelo
- Tamanho
- Quantidade
- Tamanho aproximado da abertura (janela ou porta)
- Material
- Cor

Muitos itens ou características diferentes podem ser descritos em tabelas: alguns exemplos são portas, janelas, vergas, pilares, vigas, equipamentos ou acessórios elétricos, instalações hidrossanitárias e equipamentos mecânicos, informações sobre o acabamento do espaço e aparelhos. Essas tabelas são basicamente quadros (ou seja, linhas e colunas) que listam informações sobre itens específicos, permitindo a consulta rápida. Em grandes projetos comerciais, as tabelas podem exigir muitas folhas. O método exato de representação depende das normas específicas da empresa. Embora as tabelas sejam normalmente apresentadas em forma tabulada, elas costumam incluir desenhos para maior clareza. Essa característica será discutida a seguir.

Atualmente, há muitos programas de computador em que as tabelas são feitas de forma fácil e rápida. Por exemplo, no Architectural Desktop as tabelas são elaboradas com dados tabulados extraídos de objetos individuais dos projetos. Para simplificar o assunto, a Autodesk inseriu no ADT2 um bom número de tabelas que podem ser utilizadas como estão ou serem personalizadas. O VectorWorks Architect é outro excelente programa para a geração de tabelas de portas e janelas. A Figura 9.1 ilustra alguns dos procedimentos usados para gerar tabelas de portas e janelas usando o software de CAD VectorWorks.

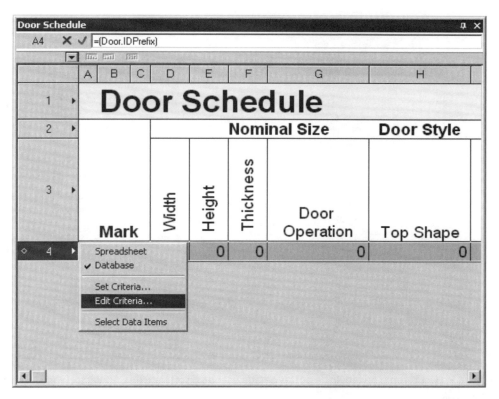

Figura 9.1A Exemplo de tabela de portas gerada usando o software de CAD VectorWorks. Fonte: VectorWiki.

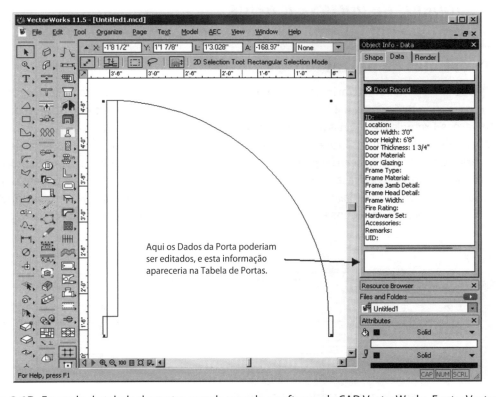

Figura 9.1B Exemplo de tabela de portas gerada usando o software de CAD VectorWorks. Fonte: VectorWiki.

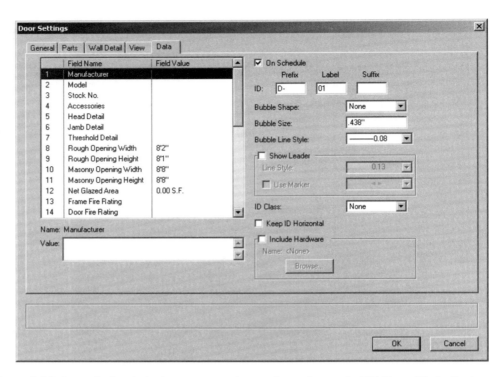

Figura 9.1C Exemplo de tabela de portas gerada usando o software de CAD VectorWorks. Fonte: VectorWiki.

» *Tabelas de portas e janelas*

» Tabelas de portas

As tabelas de portas em geral indicam o modelo ou código de referência, a quantidade, o tamanho, a espessura, o tipo, o material, a função, o material da esquadria, a classificação de incêndio e observações. Exemplos de tabelas padrão de portas são mostrados nas Figuras 9.2A, B e C. Às vezes, as tabelas de portas e janelas incluem desenhos dos itens – na forma de perspectiva, com elevações – para facilitar a identificação (Figuras 9.3A e B). As tabelas de portas podem incluir, se apropriado, informações sobre as vidraças e as venezianas. As tabelas de portas comerciais podem também incluir ferragens e dados das esquadrias e códigos dos produtos. Em alguns casos, os projetistas preferem colocar as ferragens em uma tabela separada (Figura 9.4). As tabelas de portas geral-

TABELA DE PORTAS E SUAS FOLHAS

Nº	LOCALIZAÇÃO DA PORTA	FOLHA						ESQUADRIA					CLASSIFICAÇÃO DE PROTEÇÃO CONTRA INCÊNDIO	FERRAGENS			NOTAS
		DIMENSÕES			TIPO	MAT.	VIDRO	MAT.	TIPO	DETALHES				BARRA ANTIPÂNICO	FECHADOR AUTOMÁTICO	CONJUNTO	
		LARGURA	ALTURA	ESPESSURA						OMBREIRAS	VERGA	SOLEIRA					

Figura 9.2A Exemplo de formato de tabela de portas. A quantidade de informações em uma tabela de portas é determinada pela complexidade e pelo tamanho do projeto.

TABELA DE PORTAS E SUAS FOLHAS

Nº REF.	PORTA DIMENSÕES LARGURA	ALTURA	ESPESSURA	MATERIAL	VIDROS	CLASSIFICAÇÃO DE PROTEÇÃO CONTRA INCÊNDIO	GRUPO DE FERRAGENS	NOTAS/OBSERVAÇÕES

Figura 9.2B Exemplo de formato de tabela de portas. A quantidade de informações em uma tabela de portas é determinada pela complexidade e pelo tamanho do projeto.

TABELA DE PORTAS

Nº REF.	TAM. DA FOLHA (CM) C= CONFERIR	TIPO	MATERIAL DA FOLHA	ACABAMENTO	TRANCAMENTO	MATERIAL DO BATENTE E DAS GUARNIÇÕES	MAÇANETA	FECHADOR AUTOMÁTICO	NOTAS
101	91,6 × 203,2 × 4,5 (C)	A	MADEIRA/VIDRO	TINTA	À CHAVE	MADEIRA	ALUMÍNIO	SIM	COM BANDEIRA E TELA MOSQUITEIRA
102	91,6 × 203,2 × 4,5 (C)	A	MADEIRA/VIDRO	TINTA	À CHAVE	MADEIRA	ALUMÍNIO	SIM	COM BANDEIRA E TELA MOSQUITEIRA
103	91,6 × 203,2 × 4,5	C	MADEIRA/VIDRO	TINTA	SEM TRANCA	METAL (COM PROTEÇÃO CONTRA INCÊNDIO)	–	SIM	60 MIN. DE PROTEÇÃO CONTRA INCÊNDIO
104	91,6 × 203,2 × 4,5	C	METAL	TINTA	À CHAVE	METAL	ALUMÍNIO	SIM	COM CORRENTE DE PROTEÇÃO
105	91,6 × 203,2 × 4,5 (C)	D	MADEIRA	TINTA	À CHAVE	METAL	ALUMÍNIO	SIM	
106	91,6 × 203,2 × 4,5	E	MADEIRA	TINTA	À CHAVE	METAL	ALUMÍNIO	NÃO	COM TELA MOSQUITEIRA
107	91,6 × 203,2 × 4,5	E	MADEIRA	TINTA	À CHAVE	–	–	NÃO	
108	91,6 × 203,2 × 4,5	E	MADEIRA	*STAIN*	À CHAVE	–	–	NÃO	
109	91,6 × 203,2 × 4,5	E	MADEIRA	*STAIN*	À CHAVE	–	–	NÃO	
110	91,6 × 203,2 × 4,5	E	MADEIRA	*STAIN*	À CHAVE	–	–	NÃO	
111	50,8 × 203,2 × 4,5	E	MADEIRA	*STAIN*	À CHAVE	–	–	NÃO	
112	91,6 × 203,2 × 4,5	E	MADEIRA	*STAIN*	À CHAVE	–	–	NÃO	
113	76,2 × 203,2 × 4,5 (C)	F	MADEIRA/TELA	TINTA	–	–	–	SIM	COM TELA MOSQUITEIRA
114	91,6 × 203,2 × 4,5 (C)	B	MADEIRA/VIDRO	TINTA	À CHAVE	MADEIRA	ALUMÍNIO	NÃO	COM SIST. DE FIXAÇÃO PARA SE MANTER ABERTA A 180O
115	91,6 × 203,2 × 4,5 (C)	B	MADEIRA/VIDRO	TINTA	À CHAVE	MADEIRA	ALUMÍNIO	NÃO	COM SIST. DE FIXAÇÃO PARA SE MANTER ABERTA A 180O
116	76,2 × 203,2 × 4,5 (C)	F	MADEIRA/TELA	TINTA	À CHAVE	–	–	SIM	
117	91,6 × 203,2 × 4,5	G	METAL	TINTA	ANTI-PÂNICO	METAL (COM PROTEÇÃO CONTRA INCÊNDIO)	ALUMÍNIO	SIM	60 MIN. DE PROTEÇÃO CONTRA INCÊNDIO
118	91,6 × 203,2 × 4,5	E	MADEIRA	TINTA	À CHAVE	–	ALUMÍNIO	SIM	COM TELA MOSQUITERIA
119	91,6 × 203,2 × 4,5	E	MADEIRA	TINTA	À CHAVE	–	–	SIM	
120	91,6 × 203,2 × 4,5	E	MADEIRA	TINTA	À CHAVE	–	–	SIM	
121	76,2 × 203,2 × 4,5	E	MADEIRA	TINTA	À CHAVE	–	ALUMÍNIO	SIM	COM TELA MOSQUITERIA

Figura 9.2C Exemplo de formato de tabela de portas. A quantidade de informações em uma tabela de portas é determinada pela complexidade e pelo tamanho do projeto.

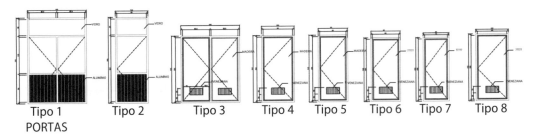

Figura 9.3A Exemplo de desenhos que geralmente acompanham as tabelas de portas.

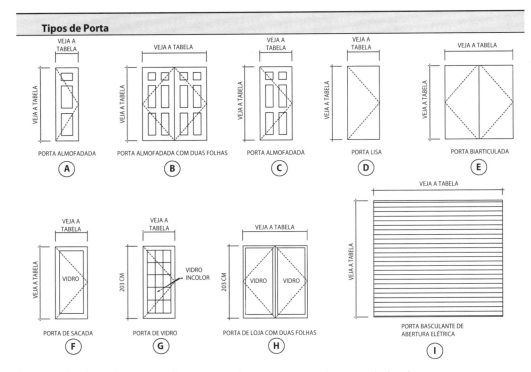

Figura 9.3B Exemplo de desenhos que geralmente acompanham as tabelas de portas.

mente são mais longas e detalhadas que as tabelas de janelas. As portas e suas funções costumam ser essenciais para o sucesso da edificação. As portas são de uso constante e servem para funções muito diferentes, incluindo passagem, privacidade e segurança.

As portas podem ser identificadas por tamanho, tipo e estilo, com códigos numéricos localizados perto de cada símbolo na planta. Esse código numérico ou de referência é então inserido em uma linha na tabela de portas, e as principais características da porta são descritas em colunas sucessivas ao longo da linha. A coluna "quantidade" permite verificar a quantidade de portas com o mesmo desenho tanto quanto o número total de portas necessárias. O emprego de um número com uma letra determina que o código serve a um duplo propósito: o número identifica o pavimento no qual a porta está localizada e a letra identifica o desenho da porta. A coluna de "notas ou observações" permite identificar a porta por tipo (lisa ou almofadada), estilo ou material. A tabela é uma maneira conveniente de apresentar dados pertinentes sem ter de consultar as especificações.

TABELA DE FERRAGENS DAS PORTAS		
TIPO DE PORTA	LOCALIZAÇÃO	FERRAGENS
D1	APARTAMENTO DE UM DORMITÓRIO	A
D2	APARTAMENTO DE UM DORMITÓRIO/JK	B
D3	ESCADA	
D4	LAVABO E BANHEIRO	C
D5	PORTA ALMOFADADA DA ENTRADA	E

CONJUNTOS DE FERRAGENS DAS PORTAS (EM MM)

CONJUNTO A:
1. DOBRADIÇAS SS 75 × 100 MM. TRÊS UNIDADES.
2. FECHADURA DE SEGURANÇA V6500.
3. FECHADOR AUTOMÁTICO Nº 1.
4. RETENTOR INSTALADO NO PISO Nº 1.

CONJUNTO B:
1. DOBRADIÇAS SS 75 × 100 MM. TRÊS UNIDADES.
2. LINGUETA DE TRINCO V6364.
3. FECHADOR AUTOMÁTICO Nº 1.
4. RETENTOR INSTALADO NO PISO Nº 1.

CONJUNTO C:
1. DOBRADIÇAS DSSW 75 × 100 MM. TRÊS UNIDADES.
2. FECHADURA DE SEGURANÇA V6300. INSTALADA NA PLACA DE ENCOSTO
3. RETENTOR INSTALADO NO PISO Nº 1.

CONJUNTO D:
1. MECANISMO DE CORRER MARCA "HENDERSON" OU EQUIVALENTE COM DUAS PLACAS DE CORRER ESCAREADAS (COM PLACAS DE FUNDO) E TRANCA ADEQUADA PARA OS CAIXILHOS, COM CILINDRO OVAL.
2. RETENTOR INSTALADO NO PISO Nº 2.

CONJUNTO E:
1. TRANCA DE ARMÁRIO.
2. DOBRADIÇAS.
3. PUXADORES.

Figura 9.4 Exemplo de tabela simples de ferragens para um edifício de apartamentos.

O termo "número de referência" ou "tipo" nas tabelas de portas e janelas geralmente se refere à localização da porta ou janela na planta. Em outras palavras, na planta baixa de cada pavimento, a referência ou o tipo das portas e janelas é marcado. O arquiteto estabelece um número para cada porta ou janela, começando com 1.

» Tabelas de janelas

Uma tabela de janelas é semelhante a uma tabela de portas, pois proporciona uma apresentação organizada das características pertinentes das janelas. As tabelas de janelas incluem quantidades, tipos, modelos, fabricantes, tamanhos, aberturas na parede, materiais, vidraças e acabamentos. Normalmente, também há uma coluna para notas e observações (Figura 9.5). Como as tabelas de

TABELA DE JANELAS

SÍMBOLO	QUANTI-DADE	LARGURA (CM)	ALTURA (CM)	TIPO	ESQUADRIA	TELA MOSQUITEIRA	ÁREA ENVIDRAÇADA (M2)	ÁREA VENTILADA (M2)	NOTAS
A	1	172,7	213,4	DE TOLDO	MADEIRA	NÃO	3,68	0,92	
B	1	167,6	213,4	COM CAIXILHOS FIXOS	MADEIRA	NÃO	3,58		VIDRO TEMPERADO DE 7 MM
C	3	122,0	91,4	DE TOLDO	MADEIRA	SIM	1,11	1,11	
D	1	167,6	213,4	COM CAIXILHOS FIXOS	MADEIRA	SIM	3,58		
E	2	50,8	99,0	DE BATENTE	MADEIRA	SIM	0,50	0,5	
F	4	40,6	172,7	COM CAIXILHOS FIXOS	MADEIRA	NÃO	2,81		
G	1	122,0	106,7	DE JARDIM	MADEIRA	SIM	1,30	0,46	ABERTURAS LATERAIS PARA VENTILAÇÃO
H	1	61,0	122,0	DE BATENTE	MADEIRA	SIM	1,49	1,49	

Figura 9.5A Um tipo de tabela de janelas.

TABELA DE JANELAS DA MARCA ANDERSON

| TIPO | REF. (CATÁLOGO) | QUANTIDADE | DIMENSÕES APROXIMADAS || PRIMEIRO PAVIMENTO || SEGUNDO PAVIMENTO ||
			LARGURA (CM)	ALTURA (CM)	ALTURA DO PEITORIL (APROXIMADA, EM CM)	ALTURA DA VERGA (APROXIMADA, EM CM)	ALTURA DO PEITORIL (APROXIMADA, EM CM)	ALTURA DA VERGA (APROXIMADA, EM CM)
A	TW 2042-2	8	132	135	76	211	88	223
							113	248
B	TW 3042	5	97	135	140	275	131	266
C	TW 2042	5	63	135	122	257	248	384
							88	245
D	TW 3052	2	97	165	103	268		
	TOPO ARREDONDADO	1						
E	TW 2856	4	83	175			274	450

Figura 9.5B Um tipo de tabela de janelas.

TABELA DE JANELAS

TIPO	MATERIAL	DIMENSÕES (CM)	QUANTIDADE	NOTA
1	ALUMÍNIO	170 × 150	30	
2	ALUMÍNIO	250 × 120	4	
3	ALUMÍNIO	75 × 50	8	
4	ALUMÍNIO	170 × 100	5	
5	ALUMÍNIO	170 × 70	2	
6	ALUMÍNIO	250 × 80	1	

Figura 9.5C Um tipo de tabela de janelas.

portas, as tabelas de janelas nem sempre conseguem definir claramente uma janela específica. Nesse caso, pode-se acrescentar uma referência a um desenho de uma janela, adjacente à tabela de janelas.

❯❯ *Tabelas de acabamentos*

Uma tabela de acabamentos especifica os materiais para o acabamento interior de cada cômodo, espaço ou andar da edificação. A tabela de acabamentos fornece informações para paredes, pisos, forros, tetos, rodapés, portas e guarnições de janelas e portas. As tabelas de acabamentos podem variar no formato e complexidade. Uma casa unifamiliar geralmente consistirá em um número limitado de acabamentos. Edificações comerciais, por outro lado, podem ter um grande número de acabamentos para paredes e pisos. As maiores tabelas de acabamentos em geral são em forma de matriz e são divididas em categorias como o uso do espaço ou o piso. O eixo Y lista os espaços, e o eixo X é dividido em pisos, bases, paredes e tetos. A tabela de acabamentos de um espaço deve ter uma entrada para cada cômodo e corredor da casa ou ampliação de espaço. Tabelas de acabamentos também listarão os pés-direitos e as referências a outros desenhos dos cômodos. Essas referências podem ser os números de cômodos. Exemplos padrão de tabelas de acabamentos são mostrados na Figura 9.6.

❯❯ *Tabelas do projeto de climatização*

Há muitos tipos diferentes de tabelas do projeto de climatização, que podem incluir equipamentos de distribuição de ar, unidades de radiação (*fan-coils*), resfriadores, etc. Essas tabelas são preparadas pelo projetista responsável pelo projeto de climatização. Os sistemas de climatização em geral são unidades independentes ou sistemas centrais. Unidades independentes incluem sistemas instalados no pavimento de cobertura, bombas de calor ar–ar e aparelhos de parede. Os sistemas centrais normalmente consistem em uma combinação de um subsistema de fornecimento de calor ou frio e múltiplos sistemas nas áreas finais (sistemas de ventiladores ou unidades terminais). As Figuras 9.7A e B apresentam exemplos de diferentes tipos de tabelas de climatização.

❯❯ *Tabelas de grades e difusores*

As tabelas de grades e difusores geralmente mostram o fabricante e o número do modelo ou a referência de cada grade ou difusor. Elas também informam as dimensões e o volume de ar em metros cúbicos por minuto que cada aparelho tratará, as quantidades necessárias e as localizações para a instalação. Uma coluna para notas ou observações é, em geral, incluída para facilitar a instalação do item.

» Tabelas das instalações elétricas e de luminárias

As tabelas de luminárias geralmente são empregadas para listar os tipos de luminárias e identificar cada tipo, pelo número, no desenho de um determinado projeto. O fabricante e o número de identificação (número de série do modelo) são fornecidos junto com a quantidade, o tamanho e o tipo de lâmpada de cada luminária. Pode ser incluída uma coluna de "instalação" para indicar se a luminária é instalada na parede, no teto (externa) ou embutida. Como alternativa, essas informações podem ser incluídas na coluna de "observações". Também são apresentadas nessa coluna as informações relativas à altura de instalação em relação ao nível do piso, no caso de uma luminária de parede, ou qualquer outro dado pertinente para a adequada instalação das luminárias (Figura 9.8).

N° do Cômodo	Nome do Cômodo	Pavimento	Paredes				Forro/Teto		NOTAS
			N	S	L	O	Material	Pé-Direito	

TABELA DE ACABAMENTOS DOS CÔMODOS

Figura 9.6A Exemplo de tabela de acabamentos internos.

TABELA DE ACABAMENTOS DOS INTERIORES

CÔMODO	PISO					PAREDES			TETO/FORRO			NOTAS/OBSERVAÇÕES
	VINÍLICO	CARPETE	CERÂMICO	MADEIRA DE LEI	CORTIÇA	PINTADAS	PAPEL DE PAREDE	REBOCADAS	COM AZULEJOS	LISO (SEM PINTURA)	TEXTURIZADO	PINTADO
VESTÍBULO					●	●						●	
COZINHA	●							●	●			●	
SALA DE JANTAR			●				●				●		
SALA DE TELEVISÃO		●					●				●		
SALA DE ESTAR			●				●				●		
DORMITÓRIO DE CASAL		●					●					●	
BANHEIRO DE CASAL			●				●			●		●	
DORMITÓRIO 2		●				●						●	
DORMITÓRIO 3		●				●						●	
2° BANHEIRO			●						●	●		●	
LAVANDERIA			●						●	●		●	

Figura 9.6B Exemplo de tabela de acabamentos internos.

TABELA DE ACABAMENTOS INTERNOS

CÔMODO	PISO	PAREDES	FORRO	RODAPÉS	GUARNIÇÕES DE PORTAS E JANELAS	NOTAS
PORÃO	Concreto	Concreto pintado	Sem revestimento	Sem rodapés	Sem guarnições	Limpe os pisos e as paredes e impermeabilize o piso
SALA DE ESTAR	Tabuão de carvalho	Painéis de gesso cartonado de ½ in e trilho de cadeira	Vigas de carvalho aparente, com gesso cartonado entre elas	Perfis de madeira de álamo; h = 12,7 cm; tratados com stain	Perfis nº 415; h = 7,5 cm; tratadas com stain	Os pisos devem ter detalhes em madeira de nogueira
COZINHA	Cortiça com 3 camadas de uretano	Painéis de gesso cartonado de ½ in e borda de papel de parede	Gesso cartonado	Perfis de pinus; h = 12,7 cm; nº 276; pintados	Perfis nº 415; h = 7,5 cm; tratadas com stain	Tinta alto brilho
DORMITÓRIO DE CASAL	Carpete, com borda de madeira de lei de 7,5 cm junto a todas as paredes	Painéis de gesso cartonado de ½ in e papel de parede	Gesso cartonado rebocado	Perfis nº 355; h = 10,0 cm; pintados	Perfis nº 415; h = 7,5 cm; tratadas com stain	O carpete deve ser do tipo Berber
VESTÍBULO "A"	Tabuão, com faixa central de carpete	Painéis de gesso cartonado de ½ in e pintura	Gesso cartonado alisado	Perfis nº 355; h = 10,0 cm; pintados	Perfis nº 415; h = 7,5 cm; tratadas com stain	–

Figura 9.6C Exemplo de tabela de acabamentos internos.

As notas elétricas em geral são dispostas nas primeiras pranchas dos desenhos elétricos. Elas contêm itens que são comuns em todas as instalações e também podem incluir informações referentes à coordenação de outros sistemas com as instalações elétricas. As notas sobre instalações elétricas normalmente são inseridas em cada prancha conforme sejam necessárias e relevantes àquela prancha específica. Elas também são empregadas para fornecer diretrizes e localizações específicas referentes a questões de eletricidade.

TABELA DOS EQUIPAMENTOS DE DISTRIBUIÇÃO DE AR

Nº DO EQUIPAMENTO	LOCALIZAÇÃO	ÁREA SERVIDA	VENTILADOR DE INSUFLA-MENTO Nº	LITROS/SEGUNDO INSUFLA-MENTO	LITROS/SEGUNDO AR EXTERNO	PRESSÃO ESTÁTICA EXTERNA (NOTA 1) EM MM	PERDAS INTERNAS ESPECIFICADAS (NOTA 2) EM MM	PERDAS INTERNAS NÃO ESPECIFICADAS (NOTA 3) EM MM	PRESSÃO ESTÁTICA TOTAL DO APARELHO (NOTA 4) EM MM	TIPO DO SISTEMA
1-AH5	2º PAVIMENTO	CONSULTÓRIO	1-VI5	9.439	9.439	63,5	50	25	140	VOLUME DE AR VARIÁVEL

NOTAS:

1. PRESSÃO ESTÁTICA EXTERNA EXIGIDA NAS CONEXÕES DOS DUTOS DE ENTRADA E SAÍDA DOS EQUIPAMENTOS DE DISTRIBUIÇÃO DE AR. AS MEDIÇÕES DEVEM SER FEITAS A UMA DISTÂNCIA DE 1,0 METRO DOS PONTOS, EM LOCAIS ONDE A PRECISÃO SEJA MÁXIMA.

2. TOTAL DAS PERDAS DE PRESSÃO MÁXIMA DOS COMPONENTES QUE FORAM ESPECIFICADOS SEPARADAMENTE, OU SEJA, PRÉ-FILTROS, FILTROS, SERPENTINAS DE REFRIGERAÇÃO OU CALEFAÇÃO, PLACAS DIFUSORAS E AMORTECEDORES DE SOM.

3. AS PERDAS INTERNAS NÃO ESPECIFICADAS DEVEM INCLUIR AS PERDAS DEVIDO AOS PONTOS DE ENTRADA E SAÍDA DOS EQUIPAMENTOS DE DISTRIBUIÇÃO DE AR, RECIPIENTES MISTURADORES, SEÇÃO DOS DIFUSORES (ALÉM DAS CHAPAS DIFUSORAS), INCLUSIVE AS PERDAS DE PRESSÃO DA VELOCIDADE DE DESCARGA DOS DIFUSORES DEVIDO À PRESSÃO ESTÁTICA, ÀS CONDIÇÕES DAS ENTRADAS DOS DIFUSORES, CAIXAS, UMIDIFICADORES, UMEDECEDORES, ETC.

4. PRESSÃO ESTÁTICA TOTAL DO APARELHO = PRESSÃO ESTÁTICA EXTERNA + PERDAS INTERNAS ESPECIFICADAS + PERDAS INTERNAS NÃO ESPECIFICADAS. O FABRICANTE DEVE INDICAR OS PAVIMENTOS ATENDIDOS. PARA CADA TIPO DE SISTEMA INDIQUE OS DUTOS DE DISTRIBUIÇÃO E RETORNO, A PRESSÃO DO MEIO, O VOLUME VARIÁVEL, O REAQUECIMENTO A BAIXA PRESSÃO, AS MULTIÁREAS, AS UNIDADES DE VENTILAÇÃO, ETC.

NOTA DO PROJETISTA:
5. PARA CADA ÁREA SERVIDA, INDIQUE A ÁREA FUNCIONAL, COMO "CONSULTÓRIO", "COZINHA", "LABORATÓRIOS", ETC. (CASO ISSO SE APLIQUE; NOS DEMAIS CASOS, MOSTRE OS PAVIMENTOS ATENDIDOS. QUANTO AO TIPO DE SISTEMA, INDIQUE OS DUTOS DE DISTRIBUIÇÃO E RETORNO, A PRESSÃO DO MEIO, O VOLUME VARIÁVEL, O REAQUECIMENTO À BAIXA PRESSÃO, AS MULTIÁREAS, AS UNIDADES DE VENTILAÇÃO, ETC.

Figura 9.7A Exemplo de tabela de equipamentos de distribuição de ar. Observe o significativo número de notas que acompanham a tabela. Essas notas são cruciais para um perfeito entendimento dos requisitos.

TABELA DE ÁGUA FRIA PARA REFRIGERAÇÃO DE AMBIENTES

REFERÊNCIA DO RESFRIADOR	CAPACIDADE (TONELADAS DE REFRIGERAÇÃO)	AMPLITUDE DA TEMPERATURA (°C)	VAZÃO DE ÁGUA REFRIGERADA (l/s)	Δ T (°C)
RESFRIADOR 1	85 +/− 3%	46,1	12,87	−12,2
RESFRIADOR 2	85 +/− 3%	46,1	12,87	−12,2

TABELA DE BOMBAS DA CIRCULAÇÃO DE ÁGUA FRIA PARA REFRIGERAÇÃO DE AMBIENTES

REFERÊNCIA DA BOMBA	POTENCIAL HIDRÁULICO	VAZÃO DE ÁGUA REFRIGERADA (l/s)	NOTAS
P1 E P2	DEVE SER CALCULADA PELO CONSTRUTOR	25,74	

TABELA DE EXAUSTORES DE JANELA E PAREDE

REFERÊNCIA DO EXAUSTOR	DESNÍVEL (CM)	QUANTIDADE	NOTAS
EX. 1	100	32	TODOS OS EXAUSTORES DEVEM TER TAMPA COM ACIONAMENTO ELÉTRICO
EX. 2	150	37	
EX. 3	250	26	

TABELA DE UNIDADES DE RADIAÇÃO ("FAN COILS")

REFERÊNCIA DA UNIDADE DE RADIAÇÃO	CIRCULADOR DE AR DO TERMINAL (1.000 BTU/H)	CALEFAÇÃO DE AMBIENTES (1.000 BTU/H)	M³/MIN	QUANTIDADE	NOTAS
FC-1	9,6	8,4	0,19	8	
FC-2	13,8	12,4	0,29	2	
FC-3	17,7	16,4	0,38	–	DO TIPO COM DUTOS DE BAIXA ESTÁTICA
FC-4	21,4	19,6	0,47	–	
FC-5	25	24	0,57	–	
FC-6	13,7	12,1	0,29	6	
FC-7	18,4	16,9	0,38	3	
FC-8	23,7	21,4	0,47	2	
FC-9	29,3	26,1	0,57	21	
FC-10	35,0	31,0	0,66	20	DO TIPO COM DUTOS DE CONEXÃO DIRETA
FC-11	40,8	35,6	0,76	8	
FC-12	46,5	40,4	0,85	8	
FC-13	–	–	–	–	
FC-14	50,7	45,4	0,94	1	
FC-15	7,3	6,4	0,14	1	
FC-16	9,6	8,4	0,19	2	
FC-17	13,8	12,4	0,29	1	
FC-18	17,7	16,4	0,38	3	COM BAIXA EXPOSIÇÃO À ESTÁTICA
FC-19	21,4	19,6	0,47	2	
FC-20	25	24	0,57	–	

Figura 9.7B Exemplos de diversos tipos de tabelas relacionadas a desenhos de climatização.

›› *Tabelas de quadros de força*

As tabelas de quadros de força em geral são encontradas em desenhos das instalações elétricas e são utilizadas principalmente para indicar informações relevantes sobre os painéis dentro da edificação. Uma tabela de quadros de força deve fornecer os dados necessários para identificar o número do quadro (como indicado nos desenhos) e o tipo de armário (se instalado na parede ou embutido). Elas também devem incluir informações relevantes sobre o barramento do duto principal do quadro, aos interruptores de circuito do quadro de força e os equipamentos alimentados por cada um. Esse tipo de tabela, entretanto, não apresenta detalhes sobre os circuitos individuais (por exemplo, o diâmetro dos fios ou o número de pontos no circuito); essas informações devem ser fornecidas em algum outro local do desenho, como uma planta baixa ou um diagrama elétrico.

TABELA DE LUMINÁRIAS						
LUMINÁRIA	FABRICANTE	TIPO	COR	LÂMPADAS	INSTALAÇÃO	NOTAS/OBSERVAÇÕES

Figura 9.8 Exemplo de tabela de luminárias típica.

» *Tabelas e notas diversas*

Outros tipos de tabelas empregadas dependem dos procedimentos da empresa e do tipo de projeto em questão. As tabelas de materiais são utilizadas normalmente para listar a quantidade aproximada de material necessário para finalizar o projeto. Essas tabelas geralmente são empregadas em um projeto de construção de pequenas dimensões, como uma edificação residencial, e não costumam refletir exatamente a quantidade dos materiais necessários. Em geral, as tabelas de materiais são utilizadas apenas como orientação.

As tabelas de instalações hidrossanitárias e seus aparelhos são semelhantes aos outros tipos de tabelas. Por exemplo, a tabela de aparelhos listará cada equipamento na primeira coluna. Outras colunas listarão o fabricante e o número do modelo, a cor, as características especiais, as opções, etc. A tabela de instalações hidrossanitárias pode incluir o cômodo, os aparelhos para aquele ambiente, o fabricante e o número do modelo, a cor, o acabamento, as opções de misturador, etc. (Figura 9.9). Se as tabelas de instalações hidrossanitárias e seus aparelhos não forem empregadas em um projeto, os tipos de aparelhos sanitários, fabricantes, números de catálogo, e outras informações necessárias deverão ser incluídas nas especificações do projeto. A Figura 9.10 apresenta tabelas de elementos estruturais (vigas de cobertura, sapatas e linhas).

As especificações normalmente aumentam o número de informações encontradas nas tabelas. Exemplos de informações geralmente encontradas nas especificações incluem o fabricante das janelas, o tipo e o fabricante das ferragens das portas, e o tipo e fabricante das tintas das esquadrias.

TABELA DE APARELHOS SANITÁRIOS						
LUMINÁRIA	FABRICANTE	Nº DO MODELO	COR	DIMENSÕES	LOCALIZAÇÃO	NOTAS/OBSERVAÇÕES

Figura 9.9 Exemplo de tabela de instalações hidrossanitárias.

TABELA DE VIGAS DA COBERTURA*

REFE-RÊNCIA DA VIGA	DIMENSÕES LARGURA (mm)	DIMENSÕES ALTURA (mm)	ARMADURA INFERIOR BARRA "A"	ARMADURA INFERIOR BARRA "B"	ARMADURA SUPERIOR APOIO EXTERNO BARRA "C"	ARMADURA SUPERIOR APOIO EXTERNO BARRA "D"	ARMADURA SUPERIOR BARRA "E"	ARMADURA SUPERIOR APOIO INTERNO BARRA "F"	ARMADURA SUPERIOR APOIO INTERNO BARRA "G"	BARRA EXTERNA	ESTRIBOS Ø L/4	ESTRIBOS RESTO DO VÃO	OBSERVAÇÕES
B1	200	1000	2T20	2T20	2T16	---	---	---	---	6T10	T8Ø200	T10Ø200	SIMPLES
B2a	200	500	2T20	2T20	2T16	---	---	2T20	2T20	2T10	T10Ø150	T10Ø200	BARRA "C" CONTÍNUA
B2b	200	500	2T16	---	2T16	---	---	2T20	2T20	2T10	T10Ø200	T10Ø200	BARRA "C" CONTÍNUA
B3	200	500	2T20	---	2T16	---	---	2T20	2T20	2T10	T10Ø200	T10Ø200	BARRA "C" CONTÍNUA
B4	200	500	2T16	---	2T16	---	---	2T16	---	2T10	T8Ø200	T8Ø200	BARRA "C" CONTÍNUA
B5a	200	500	2T20	2T20	2T16	---	---	2T16	---	2T10	T8Ø200	T8Ø200	BARRA "C" CONTÍNUA
B5b	200	500	2T16	---	2T16	---	---	---	---	2T10	T8Ø200	T8Ø200	BALANÇO
B6a	200	500	2T20	2T20	2T16	---	---	2T16	2T16	2T10	T8Ø200	T10Ø200	BARRA "C" CONTÍNUA
B6b	200	500	2T16	---	2T20	2T26	---	---	---	2T10	T10Ø200	T10Ø200	BALANÇO

*NOTA: NOS VÃOS INTERNOS, O APOIO EXTERNO SIGNIFICA QUE É À ESQUERDA, E O APOIO INTERNO SIGNIFICA QUE O APOIO É À DIREITA, COM ESTRIBOS COMEÇANDO A 50 MM DA FACE DO APOIO, A MENOS QUE HAJA ORIENTAÇÃO CONTRÁRIA.

Figura 9.10A Exemplo de tabela utilizada em desenhos de engenharia civil.

TABELA DE SAPATAS

REFERÊNCIA DA SAPATA	DIMENSÕES (MM) LARGURA	DIMENSÕES (MM) COMPRIMENTO	DIMENSÕES (MM) ESPESSURA	BARRAS INFERIORES (A CADA 200 MM) BARRAS LONGAS	BARRAS INFERIORES (A CADA 200 MM) BARRAS CURTAS	BARRAS SUPERIORES (A CADA 200 MM) BARRAS LONGAS	BARRAS SUPERIORES (A CADA 200 MM) BARRAS CURTAS
S1	1300	1600	350	T16	T16	---	---
S2	1100	1500	350	T16	T16	---	---
S3	1000	1300	350	T16	T16	---	---
S4	900	1100	350	T16	T16	---	---

TABELAS DE LINHAS

REFERÊNCIA	DIMENSÕES (MM) LARGURA	DIMENSÕES (MM) PROFUNDIDADE	BARRAS INFERIORES	BARRAS SUPERIORES	BARRAS LATERAIS	ESTRIBOS (A CADA 200 MM)	NOTAS
L1	200	600	2T16	2T16	2T10	T8	---
L2	200	600	4T16	2T16	2T10	T8	BARRAS INFERIORES EM DUAS CAMADAS

Figura 9.10B Exemplos de tabelas utilizadas em desenhos de engenharia civil.

>> Notas

As notas são um aspecto crucial dos projetos executivos, uma vez que geralmente contêm informações essenciais referentes ao projeto. As notas devem ser claras, concisas e de fácil entendimento. Em geral, elas não contêm informações técnicas, mas procuram elucidar e explicar condições ou requisitos do projeto.

Há dois tipos básicos de notas:

1. As notas gerais em geral são dispostas no início dos desenhos relacionados a um ofício ou assunto específico. Elas se referem a todas as notas de um desenho, e não são acompanhadas por uma linha de chamada ou seta. São utilizadas principalmente para explicar e especificar certas condições relativas ao assunto ou ao projeto como um todo.

2. As notas-chave são inseridas em uma página ou prancha específica conforme o necessário e se relacionam somente com aquela prancha.

As notas gerais do projeto costumam ser localizadas próximas ao começo do jogo de desenhos, normalmente ao menos uns 10 cm embaixo do espaço destinado a revisões, no lado direito da primeira prancha. O propósito dessas notas é fornecer informações adicionais que esclareçam detalhes ou expliquem como certa fase da construção deve ser realizada. Elas normalmente incluem questões relativas ao terreno, como ocupação, segurança, estacionamento, acesso e outros assuntos relacionados (como servidões de passagem).

As notas gerais do projeto de arquitetura costumam estar localizadas nas primeiras pranchas destes projetos. Elas contêm itens que são comuns a toda a arquitetura. Podem também conter informações referentes à coordenação com outros ofícios da construção. As notas-chave são incluídas em cada prancha conforme a necessidade e são relevantes apenas àquela prancha. Elas fornecem descrições adicionais de detalhes da arquitetura e em geral são empregadas com linhas de chamada que mostram a localização exata dos detalhes.

Todas as notas, junto com as especificações, devem ser lidas atentamente durante a execução da obra.

> **» NO SITE**
> Visite o ambiente virtual de aprendizagem Tekne (**www.bookman.com.br/tekne**) e tenha acesso a atividades para reforçar o seu aprendizado.

>> **capítulo 10**

Como interpretar especificações

A descrição de materiais e de métodos de instalação ou construção e a prescrição de padrões de qualidade que são esperados na execução do projeto compõem um documento que chamamos de especificações. Trata-se de um documento legal escrito que deve acompanhar os desenhos de um projeto executivo. Este capítulo apresenta os motivos pelos quais as especificações são de suma importância e traz diferentes tipos de especificações.

Objetivos deste capítulo

>> Explicar a importância das especificações em um projeto executivo.
>> Identificar os diferentes tipos de especificações.
>> Analisar as diretrizes para redação e coordenação de especificações.

>> Introdução

As especificações típicas para uma edificação são documentos escritos que acompanham os desenhos do projeto executivo e descrevem tanto os materiais como os métodos de instalação ou construção. Elas também prescrevem os padrões de qualidade esperados para a execução de um projeto.

Nos Estados Unidos, o Construction Specifications Institute (CSI) estabeleceu um formato amplamente aceito para a organização das especificações técnicas. O CSI é uma organização nacional composta de arquitetos, engenheiros, representantes da indústria da construção civil, construtores e outros interessados que vêm trabalhando juntos para desenvolver esse sistema de identificação. Até o ano de 2004, o formato consistia em especificações para 16 divisões, quando então essas normas de especificação foram expandidas para 50 setores.

As especificações são documentos legais e, portanto, devem ser completas, precisas e não podem ter ambiguidades. A redação das especificações tem dois papéis principais: definir o escopo de uma obra e criar um conjunto de instruções. A definição do escopo é o cerne dessa tarefa. Embora isso nem sempre seja bem entendido, é fundamental garantir que o nível desejado de qualidade do produto e dos serviços seja claramente comunicado aos orçamentistas e licitantes e que o projeto executado respeite os padrões de qualidade descritos nas especificações. Atualmente, a maioria dos projetos inclui as especificações dentro de um manual de projeto (um conceito que foi desenvolvido pela primeira vez nos Estados Unidos em 1964 pelo American Institute of Architects) que é entregue junto com as plantas, as exigências para propostas de preço e outras condições para a elaboração de contratos, compondo um pacote de documentos.

As especificações escritas complementam os desenhos do projeto executivo, fornecendo informações detalhadas sobre os materiais e as técnicas de construção de um projeto específico. Elas cobrem vários fatores relacionados ao projeto, como as condições gerais, o escopo dos serviços, a qualidade dos materiais, os padrões de execução e mão de obra e como fazer a manutenção do prédio. As plantas, junto como as especificações do projeto, definem o projeto em detalhes e mostram exatamente como ele deverá ser executado. Em geral, todos os jogos de pranchas de desenhos de um projeto importante são acompanhados de um conjunto de especificações – eles são inseparáveis. Os desenhos mostram aquilo que as especificações do projeto não cobrem; e as especificações descrevem por meio de palavras aquilo que os desenhos não conseguem representar ou esclarecem alguns detalhes que não são cobertos ou bem detalhados pelos desenhos e suas notas. Sempre que há informações conflitantes entre os desenhos e as especificações de um projeto, prevalece aquilo que está escrito, ou seja, as especificações. As especificações normalmente começam com uma descrição das exigências gerais para a estrutura, o tipo de fundações, as características dos elementos portantes (por exemplo – no caso de uma estrutura independente – ela é de madeira, aço ou concreto?), os tipos de portas e janelas, as instalações elétricas, hidrossanitárias, etc. e a principal função do prédio. A seguir são estabelecidas as condições específicas que devem ser cumpridas pelos construtores.

O impacto das novas tecnologias na maneira com a qual trabalhamos é considerável e, sem dúvida, a forma de elaborar as especificações não teria como ficar imune a isso. Assim, a redação e a reprodução das especificações vêm se desenvolvendo muito rapidamente nos últimos anos. Vários editores de texto já incluem modelos para especificações, exigindo do projetista apenas baixar o programa, completar o modelo de acordo com os desenhos necessários e as folhas com as explicações. Após a edição das seções relevantes, as especificações podem ser impressas, já com a marcação das informações que faltam e quais decisões devem ser colocadas em prática, de acordo com uma conferência feita pelo próprio programa. No Brasil e nos países europeus, é mais comum fazer as especificações em papel A4 (210 mm × 297 mm), enquanto nos Estados Unidos a maioria dos escritórios usa folhas no formato carta (216 mm × 279 mm).

» O porquê das especificações

Os desenhos isoladamente não têm como definir as características qualitativas de uma proposta – e essa é a razão pela qual as especificações são necessárias. As especificações são a parte escrita dos documentos contratuais que é utilizada para a execução do projeto. À medida que as plantas são desenvolvidas, deixando de ser croquis esquemáticos e se transformando em um projeto executivo, há um processo contínuo de tomadas de decisão. Os desenhos representam a configuração geral e o leiaute do projeto, incluindo suas dimensões e formatos; eles informam o construtor sobre as quantidades dos materiais necessários, seus posicionamentos e a relação geral entre eles. Já as especificações técnicas são uma espécie de relação de materiais, exigindo tomadas de decisão similares, os padrões esperados para os materiais e sua instalação e outras questões mais fáceis de descrever por meio de palavras do que representar de modo gráfico. Assim, não importa o quão belo seja o conceito do projetista, seu projeto será impossível de executar corretamente sem o acompanhamento de um texto claro, conciso, preciso e fácil de entender. As especificações são um componente essencial da documentação contratual que acompanha o projeto executivo.

Os desenhos do projeto executivo contêm o máximo de informações sobre uma edificação que podem ser representadas graficamente. Muitas informações se prestam a esse tipo de apresentação, mas há certas instruções necessárias para os trabalhadores da construção civil que não são apropriadas à representação gráfica, como os critérios de qualidade dos materiais (por exemplo, a quantidade máxima de agregado por saco de cimento), os padrões de mão de obra, os métodos de construção previstos, etc. Quando há uma discrepância entre os desenhos e as especificações escritas, sempre considere estas últimas como a autoridade final. Uma lista de especificações normalmente inicia com uma seção sobre as condições gerais, descrevendo a edificação, o tipo de fundações, as janelas, como funciona a estrutura, as instalações prediais, entre outras coisas. A seguir, são apresentadas uma lista de definição dos termos empregados no texto das especificações, algumas declarações rotineiras sobre as responsabilidades e certas condições que devem ser mantidas durante a obra.

Até mesmo um projeto executivo muito bem desenhado não consegue revelar de modo adequado todos os aspectos de um projeto de construção. Há muitos elementos e características que não podem ser mostrados graficamente. Por exemplo, como um projetista representaria por meio de um desenho a qualidade da mão de obra exigida para a instalação de um equipamento elétrico ou quem é o responsável pelo fornecimento dos materiais, a não ser incluindo longas notas em suas pranchas? Assim, o procedimento padrão é complementar os desenhos do projeto executivo com descrições escritas à parte. Essas instruções muito detalhadas – que chamamos de especificações – definem e submetem os materiais e o tipo de fabricação às intenções do arquiteto, engenheiro ou projetista. Na verdade, quando há uma diferença entre a edificação visualizada pelo projetista e aquela interpretada pelo construtor, as especificações – e não os desenhos – são a ferramenta que pode dirimir aquela dúvida. As especificações são uma parte importante do projeto por eliminarem possíveis erros de interpretação e garantirem o controle adequado da construção. Há vários tipos de especificações.

» Fontes de materiais para elaboração de especificações

Devido a limitações orçamentárias e à falta de tempo, atualmente são raros os indivíduos (ou as firmas pequenas) que se aventurariam a escrever um jogo completo de especificações para cada novo trabalho. O profissional que redige as especificações em geral se baseará nas muitas fontes de consulta que hoje estão disponíveis e com as quais é possível compilar um jogo para cada projeto novo. Além disso, devido a questões de responsabilidade técnica, os projetistas se sentem mais confortáveis com especificações que já usaram várias vezes e foram satisfatórias. Quando as especificações precisam ser modificadas para se adequarem às condições peculiares de determinado trabalho ou é necessário incluir novos itens, geralmente se adapta um texto obtido em um dos sistemas padrão de especificações. Esses sistemas contêm orientações para muitos materiais, permitindo ao projetista deletar ou editar partes do texto sem que cada vez seja necessário escrever todas as informações apropriadas.

Outra vantagem do uso dos sistemas padronizados é que eles usam a linguagem adequada para as especificações, bem como formatos que facilitam o trabalho do projetista que está redigindo tais orientações. A seguir, listamos algumas das principais fontes de materiais para a elaboração de especificações técnicas, muitas das quais podem ser obtidas na Internet:

- Especificações padronizadas (Masterspec®, SPECSystem^{MR}, MasterFormat^{MR}, SpecText ®, BSDSpeclink®, ezSPECS On-Line^{MR}, CAP Studio – para a indústria moveleira, entre muitas outras).
- Códigos e posturas municipais, estaduais e nacionais.
- Associações de fabricantes (ABRAMAT – Associação Brasileira da Indústria de Materiais de Construção; ABCEM – Associação Brasileira da Construção Metálica; ABRAFATI – Associação Brasileira dos Fabricantes de Tintas; ABIFIBRO – Associação Brasileira das Indústrias e Distribuidores de Produtos de Fibrocimento; entre inúmeras).
- Catálogos dos fabricantes, que podem ser obtidos online.
- Organizações normalizadoras nacionais (como ABNT – Associação Brasileira de Normas Técnicas – e ABRINSTAL – Associação Brasileira pela Conformidade e Eficiência de Instalações).
- Associações de ensaios (ABENDI – Associação Brasileira de Ensaios Não Destrutivos e Inspeção).
- Especificações federais, como aquelas publicadas por agências reguladoras, como a ANVISA (Agência Nacional de Vigilância Sanitária), o INMETRO (Instituto Nacional de Metrologia, Qualidade e Tecnologia) e Ministério do Trabalho e Emprego (MTE).
- Revistas e publicações.
- Livros sobre especificações.
- Arquivos individuais de especificações já utilizadas pelo projetista.

Nos últimos anos, têm surgido várias firmas que fornecem serviços online de elaboração de especificações.

>> Tipos de especificações

Uma das primeiras coisas que o projetista deve decidir ao fazer as especificações é o formato ou método que será utilizado para comunicar ao construtor aquilo que se deseja. Há basicamente duas categorias genéricas de especificações – fechadas ou abertas – e a maioria dos itens pode ser especificada por meio de uma delas. Dentro dessas categorias amplas, há pelo menos quatro tipos de especificações: especificações de propriedade, especificações descritivas, especificações de desempenho e especificações de padrão de referência. O tipo escolhido depende de vários fatores (Figura 10.1) que serão discutidos a seguir.

ESPECIFICAÇÕES PRESCRITIVAS OU RESTRITIVAS			ESPECIFICAÇÕES DE DESEMPENHO OU NÃO RESTRITIVAS	
Licitação ou Orçamentação com Base em uma Marca	Marca Específica ou Produto Similar	Descritiva	Normas de Referência	Especificação de Desempenho	Especificação de Desempenho, Além de Descritiva
Parte 2: Materiais Fabricante: Empresa A: Marca Estilo: # 245 Cascata Cor: 17.849 Requisito: Quando as marcas dos produtos são empregadas, nenhum produto substituto será considerado.	**Parte 2: Materiais** Fabricantes: Empresa A: Marca Empresa B: Marca Empresa C: Marca ou Similar Aprovado Os substitutos propostos devem ser cuidadosamente avaliados e é preciso incluir um procedimento para definir o que pode ser considerado como "similar" ou aprovado como "igual". (1) É necessário definir um prazo para solicitar a substituição de um produto. (2) Projetos para o setor público exigem que o especificador inclua as características mais importantes do item, para fins comparativos em um julgamento.	**Parte 2: Materiais** Carpete: (sem menção da marca) Tipo de Fabricação: Tufado ou Outro Gauge ou Altura Pontos por Polegada ou Fios Altura ou Peso do Fio Método de Tingimento Peso do Filamento e Peso Total Base Primária e Base Secundária Instalação Detalhada Informações	**Parte 1: Geral** Referências para Garantia de Qualidade: ANSI A117.1-1986 "Especificações para a Construção de Edificações e Instalações Acessíveis e Utilizáveis por Deficientes Físicos." American National Standards Institute, 1430 Broadway, Nova York, NY 10018 (1-210, 1-5-2.2.4A, A-8-4.5, A-10-1.2). NFPA 255-1984, "Método de Teste Padrão para a fonte de Energia Térmica Radiante Crítica". National Fire Protection Association, Batterymarch Park, Quincy, MA 02269 (A-12-3-3.2).	**Sistema Secundário: Carpete** Atributo: Exigência de Segurança Contra Incêndio: Especifique a resistência quanto à dispersão de chamas. Critérios: Este sistema secundário deverá ter o nível máximo de classificação de resistência quanto à dispersão de chamas (25). Tipo de Teste: Método do Cálculo. ASTM-E 84: "Características da Queima Superficial dos Materiais de Construção." (American Society for Testing and Materials).	**Parte 2: Materiais** Exigências de Desempenho e Projeto do Carpete: O carpete deve ser projetado para as seguintes condições: 1. Eletricidade estática máxima = 2,5 Kv 2. Tufagem resistente a 12 lbs/in. Construção do Carpete Materiais que atendam à norma AATCC 134-1979. Propensão Eletrostática dos Carpetes: 2,5 Kv sob 20 % de umidade relativa do ar e a temperatura de 21 ºC.
Estes tipos de especificações fechadas ou restritivas exigem produtos exatos caracterizados por nome da marca, número do modelo e todas as demais características importantes. Os dados para testagem são fornecidos pelo fabricante. Os desenhos também mostram dimensões e aspectos de engenharia do produto em particular.		Descritiva: (1) Evite conflitos com os desenhos. (2) Pesquise todos os produtos. (3) Compare custos em relação a desempenho. (4) Liste as solicitações exigidas, como testes e normas. Normas de Referência: (1) Conheça a norma. Tenha uma cópia nos arquivos do escritório dos projetistas. (2) Evite o uso de padrões mínimos. (3) Use nomes e datas completos nas normas de referência. (4) Exija o que foi requisitado.		Especificação de desempenho: (1) Não use nomes de fabricantes ou marcas. (2) Especifique os resultados desejados. (3) O método para se atingir o resultado final não deve ser incluído no documento. Especificação de desempenho, além de descritiva: As combinação de descrições e normas de referência pode resultar em especificações não-restritivas. Somente são especificados os critérios essenciais que estarão adequados ao uso final. O especificador deve se certificar de que os requisitos possam ser cumpridos por vários fabricantes.

Figura 10.1 Vários tipos de especificações. Fonte: Raznicoss, S.C., *Specifications for Commercial Interiors*.

» Especificações fechadas

As especificações fechadas (também chamadas de prescritivas ou restritivas) são aquelas que limitam os materiais ou produtos aceitáveis a apenas um ou um número pequeno de tipos ou modelos e proíbe as substituições. Esse tipo de especificação é às vezes empregado quando os especificadores se sentem mais confortáveis com o produto de uma marca específica com a qual estão familiarizados e que atenderá aos critérios específicos do projeto. No entanto, é preciso observar que esse procedimento (especialmente nos casos em que somente uma marca é citada) não favorece a concorrência e raramente resulta no preço mais favorável para o proprietário da obra. Além disso, embora as especificações fechadas sejam comuns na iniciativa privada, para a maioria dos projetos públicos os profissionais são obrigados por lei a fazer licitações com especificações abertas.

O método de especificações fechadas com citação de marcas é o mais fácil de redigir, mas evidentemente também resulta em especificações mais restritivas, uma vez que faz menção ao produto de um fabricante particular. Esse método em geral estabelece uma definição mais restritiva do nível de qualidade aceitável do que os métodos de especificação baseados no desempenho ou em um padrão de referência e confere ao projetista do prédio ou arquiteto de interiores o controle absoluto sobre aquilo que é instalado. A especificação também pode ser feita sem fazer referência a marcas específicas, na qual diversos fabricantes ou produtos são mencionados ou se pedem alternativas. Isso estimula a concorrência e motiva os fornecedores a cobrar valores menores pela instalação. Em alguns casos, uma escolha múltipla pode não ser apropriada, como, por exemplo, quando um tipo particular de tijolo é necessário para o reparo de uma fachada de tijolo à vista existente. Quando a especificação não permite qualquer substituição de materiais, ela é conhecida como uma especificação base para orçamento ou licitação de um material ou produto especial (embora a legislação de várias jurisdições proíba essa prática no setor público).

» Especificações abertas

Também chamadas de descritivas ou não restritivas, essas especificações oferecem ao construtor opções de como alcançar os resultados desejados. As marcas dos produtos também podem ser empregadas nas especificações abertas, mas com o acréscimo de uma cláusula que mencione ser aceitável o uso de um produto ou serviço "similar". Isso permite ao construtor considerar outros produtos ou serviços durante a orçamentação se for comprovado que eles têm descrição e desempenho semelhante. Devido à ambiguidade inerente a essa cláusula e aos conflitos que ela frequentemente acarreta, os especificadores muitas vezes evitam usá-la quando mencionam marcas.

Um segundo tipo de especificação aberta que está se tornando cada vez mais popular é a especificação descritiva. Esse tipo de especificação descreve em detalhes as exigências para o material ou produto e a mão de obra necessária para sua fabricação e instalação, mas não menciona qualquer marca. Esse tipo de especificação é frequentemente feita por algumas agências governamentais a fim de promover o máximo da concorrência entre os fabricantes dos produtos. As especificações descritivas também são mais difíceis de redigir que as especificações que citam marcas, pois o especificador precisa incluir todas as características relevantes do produto.

Um terceiro tipo de especificação utilizado com frequência é o padrão de referência. Esse padrão simplesmente descreve um material, produto ou processo fazendo referência a um padrão industrial ou método de testagem, que seria a base da especificação e que costuma ser utilizado para especificar materiais genéricos, como o cimento Portland ou o vidro incolor. Assim, ao especificar o gesso cartonado, por exemplo, você pode exigir que todos os produtos de *drywall* devem cumprir as exigências da norma X. Uma vez que esse documento descreve em detalhes as exigências do produto, o especificador fica desobrigado a ter de repetir as exigências, precisando apenas mencionar o padrão industrial reconhecido.

Ao usar uma norma de referência, o especificador não só precisa ter uma cópia de tal norma como deve saber o que ela prescreve, inclusive as diferentes opções que podem resultar de sua interpretação e que devem ser feitas por todos os fornecedores. Esse tipo de especificação é bastante fácil de escrever e geralmente é sucinta. Além disso, o uso de especificações com padrões de referência reduz a responsabilidade técnica e o risco de erros.

O quarto principal tipo de especificação utilizado é a especificação de desempenho. Esse tipo estabelece as exigências de desempenho, sem ditar os métodos pelos quais os resultados finais serão alcançados. Isso confere o máximo de liberdade aos construtores, pois lhes permite usar qualquer material ou sistema que atenda aos critérios de desempenho especificados, desde que os resultados possam ser verificados por meio de medições, ensaios ou outros tipos de avaliação.

Os arquitetos e engenheiros não costumam fazer especificações de desempenho, pois essas são as mais difíceis de fazer. O especificador deve conhecer todos os critérios aplicáveis a um produto ou sistema, determinar os métodos apropriados para ensaio e redigir um documento isento de ambiguidade. Além disso, devem ser incluídos dados suficientes para garantir que o produto possa ser testado. As especificações de desempenho geralmente são utilizadas para sistemas complexos e quando o especificador quer promover novos métodos para obter um resultado particular.

Para expressar as intenções do projetista, as especificações de produtos usam em geral uma combinação dos métodos mencionados anteriormente. Por exemplo, a especificação de um piso ou uma telha de cerâmica usaria a especificação de uma marca para citar o produto (ou os produtos) selecionado(s) pelo especificador, a especificação descritiva para determinar o tamanho e desenho das peças e uma especificação de padrão de referência para estabelecer o padrão de qualidade, a classe e o tipo exigidos de acordo com determinada norma técnica.

» Como organizar o manual de projeto

Tradicionalmente, a organização do manual de projeto vem sendo uma questão de preferência individual da firma de projeto que o elabora, o que resulta em uma enorme variedade de métodos, acarretando confusões. À medida que os escritórios de projeto e as construtoras deixaram de ser locais e se tornaram nacionais, aumentou a pressão para que as especificações compusessem um conjunto consistente de especificações para a construção civil. Para isso, nos Estados Unidos, o American Institute of Architects desenvolveu em 1964 o conceito do manual de projeto, que hoje é amplamente aceito naquele país. Em essência, esse manual reúne as especificações técnicas e vários outros tipos de documentos que, junto com as pranchas do projeto, compõem os documentos contratuais. Um sumário típico para o manual de projeto pode mostrar as seguintes divisões principais:

- **Informações gerais sobre o projeto.** Todas as partes responsáveis pelo desenvolvimento do projeto devem estar incluídas na folha de rosto do Manual de Projeto, que também identifica os nomes e endereços dos proprietários, arquitetos, engenheiros civis, engenheiros de instalações (hidrossanitárias, elétricas, de telefonia, etc.) e engenheiros de estruturas, entre outros.

- **Exigências para licitação ou orçamentação.** Essas se aplicam a contratos de fornecimento selecionados por meio de um processo de licitação ou orçamentação múltipla e incluem um convite para apresentação de propostas de preços (ou anúncio), os formulários para pré-qualificação dos proponentes, as instruções para os proponentes, a forma de licitação ou orçamentação e as informações que estarão disponíveis aos proponentes.
- **Formulários e outros documentos**, que podem incluir o contrato entre o proprietário da edificação e o construtor, termos de responsabilidade de desempenho, termos de responsabilidade quanto ao pagamento de mão de obra e materiais e apólices de seguro.
- **Condições contratuais (gerais e complementares).** As condições complementares incluem tudo que não estiver coberto pelas condições gerais, como adendos (podem ter surgido modificações antes da assinatura do contrato) e pedidos de modificação (modificações feitas após a assinatura do contrato).
- **Especificações técnicas.** Essas especificações oferecem detalhes relativos aos materiais, componentes, sistemas e equipamentos de construção mostrados nos desenhos em relação à qualidade, às características de desempenho e aos resultados preestabelecidos para os métodos de construção.

>> Diretrizes para redação e coordenação de especificações

Como já mencionamos, as especificações são documentos legais e sua linguagem deve ser precisa. Se o texto escrito for ambíguo ou inadequado, a especificação não cumprirá sua função. Além disso, com os anos, consolidou-se uma espécie de convenção sobre quais informações devem ser anotadas nos desenhos e quais devem ser indicadas nas especificações. Isso se baseia em vários princípios gerais, como os seguintes:

- Os desenhos devem transmitir informações mais fáceis de ler e expressar graficamente, por meio de desenhos e diagramas. Essas incluem dados como distâncias, tamanhos, calibres, proporções, leiautes, localizações e relações entre as partes.
- As especificações devem incluir informações mais fáceis de transmitir por meio de palavras, como descrições, padrões, normas, procedimentos, garantias e nomes.
- Os desenhos são utilizados para expressar quantidades, enquanto as especificações devem descrever qualidades.
- Os desenhos devem denotar um tipo (como "madeira"), enquanto as especificações esclarecerão a espécie ("ipê", por exemplo).

Algumas exceções a essas convenções tácitas podem gerar confusão. Por exemplo, as secretarias de obras da maioria das prefeituras apenas aceita pedidos de alvará (licenças para construção), e não um manual de projeto com especificações. Além disso, às vezes todos os dados que demonstram o cumprimento das disposições do código de edificações aplicável precisam ser incluídos nos desenhos.

Essa repetição forçada de dados idênticos tanto nas especificações como nos desenhos expõe os documentos a erros e inconsistências. Apesar de tudo, para uma melhor comunicação, o especificador deve:

- Ter um bom entendimento dos padrões e métodos de testagem mais atuais mencionados e de quais seções de um código de edificações se aplicam ao projeto. Use padrões de ampla aceitação ao especificar a qualidade exigida para um material ou uma mão de obra, como "Unidades de alvenaria de concreto conforme a norma ABNT X, classe X, tipo X".

- Evite especificações que sejam impossíveis de ser atendidas pelo construtor. Também não cometa o erro de especificar os resultados junto com os métodos propostos para se alcançar tais resultados, uma vez que essas estipulações são conflitantes. Por exemplo, se você especificar que um tipo de construção deve atender a uma norma X da ABNT e depois especificar um sistema de construção que não cumpre tal requisito, a especificação será impossível de atender.
- Jamais especifique padrões que não possam ser medidos. O uso de expressões como "de padrão aceitável", por exemplo, deve ser evitado, pois elas estão sujeitas a uma interpretação muito subjetiva.
- A clareza das especificações depende de assertivas simples e diretas do uso conciso de termos e da atenção à gramática e pontuação. Evite palavras ou expressões como "ou", "e/ou", "etc." ou "qualquer", já que são ambíguas por natureza e implicam uma escolha que talvez não seja proposital.
- Evite cláusulas condenatórias, do tipo "o construtor geral será totalmente responsável por todas..." que tentam transferir responsabilidades. Seja justo ao atribuir responsabilidades.
- Mantenha as especificações as mais sucintas possíveis, omitindo palavras como "todos os" e evitando o uso de artigos indefinidos. A descrição de apenas uma ideia principal por parágrafo torna a leitura mais fácil, além de melhorar sua legibilidade. Isso também facilita a edição e modificação posterior das especificações.
- Use letras maiúsculas nos principais envolvidos em um contrato, como o Construtor, o Cliente, o Proprietário, o Arquiteto; nos documentos e partes que compõem o contato, como as Especificações, o Projeto Executivo, o Contrato, a Cláusula, a Seção, as Condições Complementares; cômodos específicos da edificação, como a Sala de Estar, a Cozinha, o Gabinete; as classes de materiais, como Imbuia Padrão Exportação; e, é claro, todos os nomes próprios. O especificador nunca deve sublinhar palavras em uma especificação, pois isso sugere que as demais instruções podem ser ignoradas ou relativizadas.
- Use verbos como "deverá" e "poderá" de maneira apropriada. "Dever" é um verbo que designa uma ordem ("O Construtor deverá..."), enquanto "poder" implica uma escolha ("O Proprietário ou Arquiteto poderá...").

É essencial que haja coordenação entre as especificações e os desenhos do projeto executivo, já que esses se complementam. Não devem existir exigências conflitantes, omissões, duplicidades ou erros. A fim de minimizar o risco de erros, o especificador deve:

- Certificar-se de que as especificações contêm exigências para todos os materiais e sistemas de construção representados nos desenhos.
- Usar a mesma terminologia em ambos os documentos (ou seja, tanto nas notas das pranchas dos desenhos como no texto das especificações). Se ele usar o termo "montantes leves de metal" nas especificações, o mesmo deverá ser indicado nos desenhos.
- Conferir que as dimensões e espessuras foram mostradas apenas em um documento, evitando a duplicidade. Em geral, os tamanhos dos materiais e componentes são indicados nos desenhos e os padrões dos mesmos são descritos nas especificações (a menos que o projeto seja pequeno demais e não inclua um manual de projeto).
- Certificar-se de que as notas dos desenhos não descrevem métodos de instalação ou qualidades de materiais, uma vez que esses normalmente pertencem ao escopo das especificações.

>> Sistemas automáticos para a elaboração de especificações

Na última década, várias empresas desenvolveram diversas versões de seus métodos automáticos para a redação de especificações e muitas já oferecem esses serviços online para arquitetos, projetistas de interiores, engenheiros e outros profissionais. Uma dessas firmas é a Building Systems Design (BSD), que criou o SpecLink, um sistema de especificação eletrônica que usa especificações adequadas ao código de edificações norte-americano, em um formato com três partes e que tem um banco de dados com mais de 780 seções e mais de 120 mil links de dados que automaticamente incluem as exigências relacionadas e excluem as opções incompatíveis à medida que o usuário seleciona um texto específico (Figura 10.2). A BSD também desenvolveu as primeiras especificações baseadas no desempenho de projeto (Perspective) para o UniFormat do Constructions Specification Institute (CSI) dos Estados Unidos.

Interspec LLC é outra empresa que usa sua tecnologia patenteada que conecta um grande banco de dados de especificações para a construção civil a um desenho de arquitetura do projeto. O cliente pode acessar as especificações por meio da Internet. Além disso, ele pode fazer alterações à medida que as especificações estão sendo escritas. A Interspec também tem um programa do tipo "faça você mesmo" para projetistas que trabalham com projetos pequenos. O uso dos serviços de especificação online permite às empresas aumentar sua produtividade e ao mesmo tempo reduzir seus custos. Ao conectar os desenhos em CAD do arquiteto com suas especificações padrão, é eliminada a necessidade de entregar grandes pranchas impressas ou enviá-las ao especificador. Com o uso de tais sistemas automáticos, o projetista pode incluir todas as informações necessárias já nas etapas preliminares do projeto, antes mesmo que qualquer desenho esteja disponível, e obter instantaneamente uma especificação preliminar ou genérica.

SpecsIntact System é outro sistema com software automático disponível para a preparação de especificações padronizadas para a construção e foi desenvolvido pela NASA para ajudar arquitetos, engenheiros, especificadores e outros profissionais ao se relacionarem com as três agências governamentais dos Estados Unidos que utilizam tal sistema – a NASA (National Aeronautics and Space Administration), o NAVFAC (U.S. Naval Facilities Engineering Command) e o USACE (U.S. Army Corps of Engineers).

Existem muitos outros sistemas disponíveis no mercado, como o e-Specs Online, que é um sistema patenteado de gestão de especificações baseado em um browser. Esses novos sistemas estão transformando a maneira pela qual os arquitetos de edificações e projetistas de interiores preparam as especificações de edificações profissionais e residenciais. Esses sistemas podem aumentar a precisão e a rapidez da elaboração das especificações e, ao mesmo tempo, reduzir os custos, além de permitirem a eliminação ou pelo menos a minimização de dispendiosas alterações nas construções devido a omissões, discrepâncias ou controles de qualidade impróprios. Um sistema interativo de edição online patenteado por uma empresa pode ser integrado ao processo de desenvolvimento das especificações por meio da Internet, que é acessado com o uso de uma senha de segurança. Um manual de especificações completas pode ser enviado online para o cliente, que pode baixá-lo e, se quiser, imprimi-lo e encapá-lo, ou salvá-lo em um CD. Contudo, a questão final é decidir se a terceirização desses serviços é a maneira mais eficiente para o trabalho de um escritório de projeto.

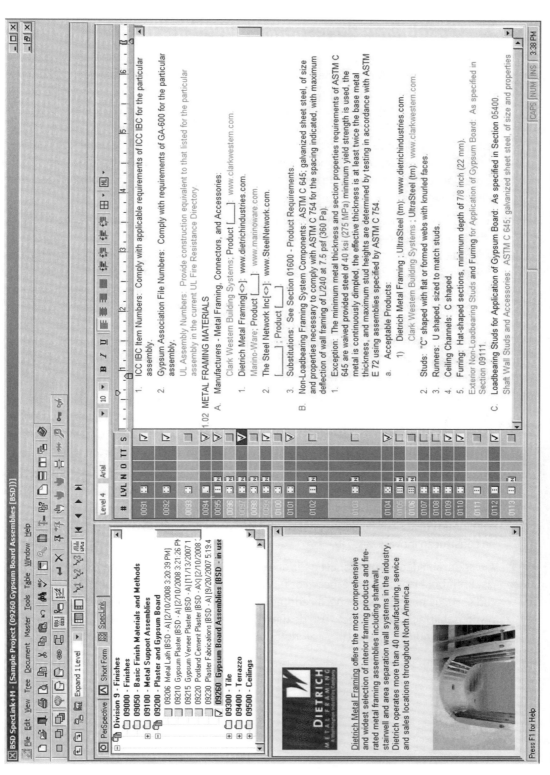

Figura 10.2 Imagem de uma tela de computador com o sumário da listagem de produtos gerada pelo SpecLink, da BSD, um dos muitos serviços eletrônicos de especificação que foram criados nos últimos anos. Fonte: Building Systems Design, Inc.

capítulo 10 » Como interpretar especificações

» O problema da responsabilidade técnica

Espera-se que os arquitetos e engenheiros, assim como outros profissionais, sejam razoavelmente cuidadosos e competentes ao desempenhar suas atividades. Embora isso não implique 100% de perfeição em todos os casos, o nível de desempenho deve ser compatível com aquele normalmente oferecido por outros profissionais qualificados em circunstâncias similares. A legislação relacionada à responsabilidade técnica e profissional vem se tornando cada vez mais rigorosa nos últimos anos, e a zona de risco e exposição aumentou radicalmente na prática profissional. Nos Estados Unidos, por exemplo, sempre que um projetista assina um contrato e especifica um sistema para uso em um espaço comercial, de serviços ou institucional, ele se torna responsável pelo desempenho daquele sistema.

Entre as áreas de risco mais significativas estão a responsabilidade do engenheiro em relação a terceiros que não estão diretamente relacionados com o contrato, mas que podem litigiar para pedir indenizações devidas à negligência ou a erros no projeto que levaram a supostos ferimentos nos usuários da edificação. As bases legais para a maioria dos processos jurídicos atuais de responsabilização incluem a negligência profissional, a garantia ou descrição supostamente enganosa, o descumprimento de alguma cláusula contratual, a responsabilidade técnica conjunta ou múltipla e a culpa quanto à deficiência do projeto (sem o dolo). Muitas vezes, essas bases legais se sobrepõem. Além disso, um projetista que deixa de recusar um serviço malfeito executado por um construtor ou fornecedor pode ser considerado profissionalmente negligente e ele pode ser acusado de descumprir seu contrato com o cliente.

Os projetistas podem se proteger contra possíveis riscos de responsabilização civil ao trabalhar dentro de suas áreas de especialização, usar especificações e contratos concisos, cumprir os códigos de edificações e os regulamentos, usar construtores de boa reputação, manter registros corretos e contratar uma assistência jurídica e um seguro contra responsabilização técnica.

Outra área de risco é o desempenho dos produtos empregados em um prédio – ou seja, responsabilizar o arquiteto pelos prejuízos causados por materiais e componentes defeituosos e, às vezes, pelo custo de sua substituição. Esse risco leva à preferência da seleção e especificação de produtos com longos históricos de desempenho satisfatório em detrimento do uso de materiais e métodos de construção inovadores.

A responsabilidade profissional ligada aos produtos se relaciona principalmente com a negligência. E, embora ela afete em especial os fabricantes, vendedores e distribuidores (varejistas ou atacadistas), os projetistas e especificadores estão cada vez mais se envolvendo com processos de responsabilização técnica pelo uso de determinado produto. Os projetistas podem minimizar tais processos jurídicos ao especificar produtos manufaturados para o uso previsto.

» **NO SITE**
Visite o ambiente virtual de aprendizagem Tekne (**www.bookman.com.br/tekne**) e tenha acesso a atividades para reforçar o seu aprendizado.

>> capítulo 11

Códigos de edificações e projetos com acessibilidade universal

Este capítulo traz as questões de segurança e conforto através dos códigos de edificações, que fazem parte do processo de projeto e construção. Você vai aprender sobre os códigos de edificações atuais e sobre organizações e instituições normalizadoras, além de ver como esses códigos são aplicados. Além disso, a acessibilidade será abordada com seus diversos elementos e possibilidades.

Objetivos deste capítulo

» Analisar a estrutura de códigos exposta neste capítulo.
» Resumir as informações básicas sobre as organizações e instituições normalizadoras.
» Reconhecer as diretrizes de acessibilidade e seus principais elementos.

>> Introdução

O propósito dos códigos de edificações é orientar a execução de edificações públicas, comerciais e habitacionais e regular a construção, de modo a proporcionar aos usuários ambientes saudáveis e seguros. Os códigos de edificações são parte importante do processo de projeto e construção. Eles definem os padrões mínimos para a segurança e o conforto que devem ser alcançados em novas construções e nas reformas mais significativas. Antes de conseguir o alvará de construção para o projeto de uma propriedade comercial, o empreendedor deve fazer um projeto que esteja de acordo com os códigos de edificações vigentes.

Os imóveis preexistentes normalmente não precisam se adequar aos requisitos dos novos códigos, a menos que grandes reformas sejam feitas. Quando imóveis antigos são modernizados, as regulamentações locais estabelecem quando os novos códigos devem ser obedecidos. Em geral, quando a reforma interior inclui a reconstrução de 25 a 50% de um pavimento, as leis municipais exigem o atendimento às normas do código existente de segurança. Portanto, é importante determinar a obsolescência funcional de todos os elementos de segurança. Isso é principalmente relevante para edifícios de escritórios e hotéis, nos quais os interiores são periodicamente reformados e reconfigurados.

Os códigos de edificação são essencialmente leis municipais, e em geral cada município possui seus próprios regulamentos (Figura 11.1). Nos Estados Unidos, há vários anos um forte movimento tem buscado unificar os diversos códigos de edificações municipais, em resposta às contínuas solicitações da indústria da construção por uma legislação unificada para a construção. A maioria dos estados norte-americanos já está se movendo nessa direção, e as três principais entidades de códigos daquele país se uniram para formar o International Code Council (ICC), cuja missão principal é unificar os sistemas de códigos em um único conjunto abrangente de códigos de edificações que possa ser aplicado a qualquer lugar nos Estados Unidos.

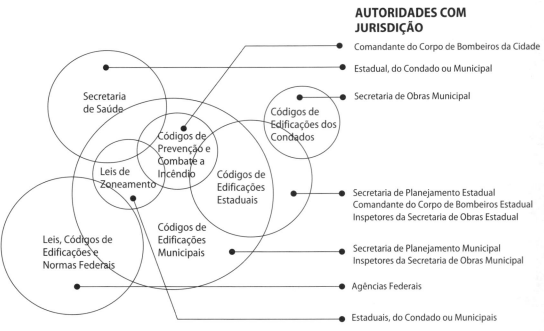

Figura 11.1 Ilustração mostrando a estrutura de códigos que se sobrepõe nos Estados Unidos e a complexidade das normas atuais. Fonte: *Specifications for Commercial Interiors*, de S.C. Reznikoff.

» Códigos de edificações atuais

Um dos aspectos mais confusos dos códigos e padrões norte-americanos é que, ao contrário da Europa, do Canadá e de muitas outras partes do mundo, há uma completa ausência de uniformidade entre as agências federais, estaduais, municipais e dos condados, apesar de que nos últimos anos têm sido feitos grandes esforços para unificar os códigos no nível nacional.

Ao lidar com condados e municípios, os norte-americanos se deparam com outras questões. Por exemplo, cidades como Houston têm grandes refinarias de petróleo que criam certos riscos, e cidades como Chicago e Nova York têm códigos e normas especiais que se referem aos prédios de grande altura e à alta densidade populacional. O estado da Califórnia também decidiu não adotar o International Building Code (IBC) e preferiu continuar utilizando o Uniform Building Code T de 1997 como base para a edição de 2001 do California Standards Code. Por outro lado, uma cidade que fique no caminho dos furacões pode exigir padrões especiais de proteção contra tempestades. Portanto, não surpreende que alguns códigos tenham sofrido modificações exigidas por necessidades geográficas e populacionais.

Os ataques terroristas de 11 de Setembro e da cidade de Oklahoma continuam a influenciar o desenvolvimento dos códigos. Assim, uma mudança no International Building Code (IBC – o Código de Edificações dos Estados Unidos), provocada pelo colapso do World Trade Center, foi aprovada recentemente. O IBC hoje exige que edifícios com 126,2 m de altura ou mais tenham resistência mínima ao fogo de 3 horas. A exigência anterior era limitada a 2 horas. Essa mudança confere ao sistema estrutural maior resistência ao fogo, o que torna o imóvel mais fácil de alugar, e dá aos bombeiros mais proteção ao combater um incêndio.

O IBC estabelece padrões mínimos para o projeto e a construção das instalações prediais. Esses padrões atendem a questões como uso e ocupação, entrada e saída durante emergências, práticas de engenharia e técnicas de construção. A Figura 11.2 é uma lista de conferência geral para indicar se o projeto respeita ou não os padrões mínimos estabelecidos pelos códigos.

» Organizações de códigos abrangentes dos Estados Unidos

» International Code Council

O International Code Council (ICC) foi criado em 1994 como uma organização sem fins lucrativos com o fim específico de desenvolver um conjunto único, abrangente e nacional de códigos de edificações. Os fundadores do ICC são o Building Officials and Code Administrators International, Inc. (BOCA), International Conference of Building Officials (ICBO) e Southern Building Code Congress International, Inc. (SBCCI). Ainda que o desenvolvimento regional dos códigos tenha sido eficaz para as necessidades dos Estados Unidos, a demanda por um conjunto único de códigos cresceu. Os três grupos de códigos padrão do país responderam a essa solicitação com a criação do International Code Council, que combina os pontos fortes dos códigos regionais sem suas limitações. O ICC desenvolveu a série dos International Codes (I-Codes). Os I-Codes atendem às necessidades do setor da construção e da segurança pública. Um conjunto único de códigos tem o apoio do gover-

LISTA DE CONFERÊNCIA DO CUMPRIMENTO DAS NORMAS DOS CÓDIGOS DE EDIFICAÇÕES

1. **DETERMINE QUAIS CÓDIGOS SÃO OBRIGATÓRIOS**
   - Código de Edificações e outros Códigos Estaduais ou Federais
   - Normas e Testes
   - Leis do Governo
   - Códigos de Edificações Municipais e Portarias Municipais

2. **REVISE AS EXIGÊNCIAS QUANTO À OCUPAÇÃO**
   - Determine as Classificações Quanto ao Tipo de Ocupação
   - Calcule a(s) Carga(s) de Ocupação
   - Revise as Exigências Específicas de Cada Ocupação
   - Compare as Exigências dos Códigos com as de Acessibilidade

3. **REVISE AS EXIGÊNCIAS DO PADRÃO MÍNIMO DE CONSTRUÇÃO**
   - Determine o Padrão Mínimo de Construção
   - Determine as Classificações dos Elementos Estruturais
   - Calcule a Área Máxima Construída Permitida para o Terreno
   - Calcule a Ocupação Máxima Permitida para o Terreno
   - Calcule a Altura Máxima Permitida para a Edificação (caso existente)
   - Confira Todas as Normas Fiscalizadas

4. **REVISE AS EXIGÊNCIAS QUANTO ÀS SAÍDAS DE EMERGÊNCIA**
   - Determine o Número e o Tipo de Cada Saída de Emergência
   - Calcule a Distância de Percurso
   - Calcule as Larguras Mínimas dos Percursos
   - Determine a Sinalização Exigida
   - Compare as Exigências dos Códigos com as de Acessibilidade
   - Confira Todas as Normas Fiscalizadas

5. **REVISE AS EXIGÊNCIAS QUANTO À RESISTÊNCIA AO FOGO**
   - Determine as Barreiras Contra Fogo e Contra a Fumaça
   - Determine as Proteções das Aberturas nas Barreiras
   - Revise os Tipos de Teste de Incêndio e as Classificações Exigidas
   - Compare as Exigências dos Códigos com as de Acessibilidade
   - Confira Todas as Normas Fiscalizadas

6. **REVISE AS EXIGÊNCIAS QUANTO À PROTEÇÃO CONTRA O FOGO**
   - Determine os Sistemas de Detecção de Fogo e Fumaça
   - Determine os Sistemas de Combate a Incêndio
   - Revise as Alternativas Possíveis ao Uso de *Sprinklers* (caso existentes)

7. **REVISE AS EXIGÊNCIAS QUANTO ÀS INSTALAÇÕES HIDROSSANITÁRIAS**
   - Determine os Tipos de Aparelhos Sanitários Exigidos
   - Calcule o Número de Cada Aparelho Sanitário Exigido
   - Compare as Exigências dos Códigos com as de Acessibilidade
   - Coordene seu Projeto com o do Engenheiro (se for o caso)

8. **REVISE AS EXIGÊNCIAS QUANTO ÀS INSTALAÇÕES DOS SISTEMAS DE CLIMATIZAÇÃO**
   - Determine as Exigências de Acesso e Espaços Desobstruídos
   - Faça o Zoneamento e Determine a Localização dos Termostatos
   - Determine o Tipo de Sistema de Distribuição de Ar
   - Confira o Cumprimento das Normas de Acessibilidade
   - Coordene seu Projeto com o do Engenheiro (se for o caso)

9. **REVISE AS EXIGÊNCIAS QUANTO ÀS INSTALAÇÕES ELÉTRICAS**
   - Determine a Localização de Tomadas, Interruptores e Pontos de Iluminação
   - Determine as Exigências de Fornecimento de Energia Elétrica e Iluminação
   - Determine os Tipos de Exigências dos Sistemas de Comunicação
   - Coordene seu Projeto com o do Engenheiro (se for o caso)

10. **REVISE AS EXIGÊNCIAS QUANTO AOS ACABAMENTOS, MÓVEIS E EQUIPAMENTOS**
    - Revise os Testes e Tipos de Classificação Exigidos
    - Determine as Exigências Quanto aos Acabamentos Especiais
    - Determine as Exigências Quanto aos Móveis Especiais
    - Compare as Exigências dos Códigos com as de Acessibilidade
    - Confira Todas as Normas Fiscalizadas

NOTA: Consulte as autoridades da jurisdição adequada quanto a qualquer dúvida de cada um dos pontos desta lista.

Figura 11.2 Uma lista de conferência geral utilizada para verificar o atendimento geral ao código de edificações. Fonte: *The Codes Guidebook for Interiors*, de S.K. Harmon e K.G. Kennon.

no, fiscais responsáveis, bombeiros, dos arquitetos, engenheiros, construtores, empreendedores, proprietários de edificações e síndicos.

O ICC teve um grande avanço quando, em 2000, publicou o International Building Code (IBC) – uma compilação de códigos que vem sendo adotada em todos os Estados Unidos. Espera-se que, conforme o IBC se torne mais popular, os códigos de edificações locais e regionais mais sejam gradualmente eliminados.

Hoje, a grande maioria (97%) das cidades, condados e estados que adotam códigos de edificações e segurança estão utilizando documentos publicados pelo International Code Council e seus membros. O IBC, como seus predecessores, será atualizado a cada três anos e substituirá gradualmente os códigos padrão existentes. BOCA, ICBO, e SBCCI concordaram em fundir suas organizações em um grupo de códigos de edificações abrangentes. Isso permitirá uma abordagem única com adequada interpretação, treinamento e outros serviços para os International Codes.

O ICC publicou o primeiro jogo completo de International Codes (I-Codes) em 2000, seguido pelas edições de 2003 e 2006. Em 2007, um ou mais dos I-Codes estavam sendo utilizados em 47 estados mais o Distrito de Columbia, Porto Rico e o Departamento da Marinha dos Estados Unidos, aplicados ou pelo estado ou a nível local. O ICC desenvolveu e disponibilizou numerosas publicações pertinentes a edificações, conservação de energia, fogo, gás combustível, mecânica, instalações hidrossanitárias, residências, manutenção das propriedades, esgoto cloacal, zoneamento e eletricidade, bem como as disposições administrativas do código e do ICC Performance Code for Buildings and Facilities. Todos esses códigos são abrangentes e coordenados entre si.

O código do Building Officials and Code Administrators (BOCA) foi incorporado em 1938 e reflete a experiência da mais antiga associação profissional de códigos oficiais de construção nos Estados

Unidos. O BOCA foi criado especificamente como um fórum para a troca de informações e conhecimentos sobre a segurança e regulamentação da construção. O BOCA hoje está incorporado ao International Code Council (ICC).

O Uniform Building Code (UBC) é publicado pela International Conference of Building Officials (ICBO). O Uniform Building Code é utilizado principalmente na costa oeste dos Estados Unidos.

O Standard Building Code (SBCCI) é utilizado em grande parte do sudoeste dos Estados Unidos. O SBCCI se uniu ao BOCA e ao ICBO, em 1994.

O One- and Two-Family Dwellling (Código para Habitação para uma ou duas Famílias do Council of American Building Officials (CABO)) é uma compilação do BOCA, SBCCI e NFPA. A última edição do código (2000) recebeu o nome de International Residential Code (IRC). O CABO também estabeleceu o Building Officials Certification Program para aumentar o profissionalismo no campo da fiscalização dos códigos de edificações.

» *Organizações e instituições normalizadoras*

Há numerosas organizações dedicadas a criar e manter as normas. A grande maioria é desenvolvida por associações comerciais, agências governamentais ou outras entidades normalizadoras. Da mesma maneira, há um longo relacionamento entre os códigos de edificações e as normas de desenho, instalações, testagem e materiais relacionados à indústria da construção. O papel central da reprodução de padrões no processo regulador da construção é que ele representa uma ampliação das exigências do código, sendo, portanto, igualmente exigíveis.

Entretanto, as normas têm *status* legal apenas quando estipuladas por um código específico aceito por uma jurisdição. Os padrões de edificação funcionam como importante diretriz de projeto para os arquitetos, estabelecendo ao mesmo tempo um sistema de práticas aceitáveis no qual muitos códigos se basearam. Quando uma norma é estipulada, um acrônimo formado pelo padrão da organização e um número da norma é estabelecido. As organizações mais importantes e relevantes para os profissionais e proprietários de edificações são:

- O American National Standards Institute (ANSI) aprova normas como os American National Standards e disponibiliza informações e acesso ao mundo das normas. É também o órgão oficial dos representantes norte-americanos nos principais foros mundiais de normalização, incluindo a Organização Internacional de Normalização (ISO). Ele administra e é responsável pelo único sistema reconhecido nos Estados Unidos para a determinação de normas.

- A American Society of Heating, Refrigerating and Air-Conditioning Engineers (ASHRAE) é uma organização internacional cujo único propósito é o progresso da ciência da calefação, ventilação, condicionamento de ar e refrigeração para o benefício do público. A missão específica da ASHRAE é redigir "normas e diretrizes no seu campo de especialização para guiar o setor no fornecimento de bens e serviços ao público". As normas e diretrizes da ASHRAE incluem métodos padronizados de testagem com o propósito de classificação, descrição e especificação de procedimentos recomendáveis para o projeto e a instalação de equipamentos e o fornecimento de outras informações para a orientação do setor. Além disso, a ASHRAE "estabelece padrões para o conforto do usuário, para a contratação de especialistas terceirizados, e para a especificação de redes de automação que controlam as edificações."

- A ASTM International (antes conhecida como American Society of Testing and Materials) é uma das maiores organizações voluntárias de desenvolvimento de normas no mundo, disponibilizando um fórum mundial para o desenvolvimento e publicação de normas com padrões consensuais para materiais, produtos, sistemas e serviços, que têm sua qualidade e utilidades reconhecidas internacionalmente.

- A National Standards Systems Network (NSSN) tem como sua principal missão promulgar informações de normas para um amplo público, e serve como um repositório de informações. Sua meta específica é se tornar líder no fornecimento de dados técnicos e informações dos grandes empreendimentos em uma arena mundial de normalização.
- A National Fire Protection Association (NFPA) é líder mundial no fornecimento de informações ao público sobre segurança contra incêndio e eletricidade e proteção à vida.
- O Underwriters Laboratory (UL) mantém e administra laboratórios em todo o mundo para a testagem e o exame de equipamentos, sistemas e materiais, a fim de estabelecer suas propriedades e sua relação com a vida, o fogo, os riscos de morte e a prevenção de crimes.

Diversas agências e departamentos federais norte-americanas colaboram com associações comerciais, empresas privadas e o público em geral para o desenvolvimento de leis federais para a construção de edificações. As agências federais também utilizam regras e regulamentos para colocar em prática as leis aprovadas pelo Congresso dos Estados Unidos. Esses regulamentos geralmente são leis federais que substituem ou complementam códigos de edificações locais. Cada agência federal tem seu próprio conjunto de regras e regulamentos, que é publicado no Code of Federal Regulations (CFR). Nos Estados Unidos, os leitores precisam estar familiarizados com as seguintes agências governamentais de normalização das edificações, que podem influenciar projetos em análise:

- Access Board (outrora chamado Architectural and Transportation Barriers Compliance Board)
- The Department of Energy (DOE)
- The Environmental Protection Agency (EPA)
- The Federal Emergency Management Agency (FEMA)
- The General Services Administration (GSA)
- The Department of Housing and Urban Development (HUD)
- The National Institute of Standards and Technology (NIST)
- Occupational Safety and Health Administration (OSHA)

Há muitas organizações nacionais que contribuem com as entidades que elaboram os códigos e as normas essenciais para o seu desenvolvimento, embora elas não sejam diretamente responsáveis por sua produção. Duas dessas organizações norte-americanas são a National Conference of States on Building Codes and Standards (NCSBCS) e o National Institute of Building Sciences.

>> Elementos e aplicações dos códigos de edificações

Muitas exigências dos códigos de proteção contra incêndio e fumaça são baseadas em classificações de ocupação. A "ocupação" se refere ao tipo de utilização dada a uma edificação ou espaço interno, como uma habitação, um escritório, uma escola ou um restaurante. "Carga de ocupação" é o termo utilizado para especificar o número de pessoas que ocuparão determinada edificação ou parte dela, conforme um código de edificações. O cálculo da carga de ocupação é baseado na premissa de que certas categorias de ocupação têm maior densidade populacional do que outras e que as medidas existentes devem refletir isso de forma adequada. Os fatores de carga são representados em área total em metros quadrados ou área interna em metros quadrados.

A fórmula utilizada para determinar a carga de ocupação é:

$$\text{carga de ocupação} = \text{área do piso (m}^2\text{)} \div \text{índice de ocupação}.$$

Assim, a área em metros quadrados do espaço interno atribuído a uma utilização específica é dividida pelo fator da carga de ocupação, como exigido pelo código. Os índices de carga de ocupação auxiliam a estabelecer as cargas necessárias de ocupação em um espaço ou edificação e variam de um mínimo de 0,3 m^2 por pessoa para uma sala de espera, até uma área superior a 45 m^2 por pessoa em um depósito. Ao conferir a carga de ocupação, se considera, em tese, que todas as partes da edificação serão ocupadas ao mesmo tempo. Se uma edificação ou parte dela inclui mais de uma utilização – ou seja, tem ocupação mista – a carga de ocupação é determinada pelo uso que reflete a maior concentração de pessoas.

» Tipos de ocupação

A ocupação, como já dissemos, se refere ao tipo de uso da edificação ou do seu espaço interno, ou seja, se é uma habitação, um escritório, uma loja ou uma escola. Uma classificação de ocupação deve ser atribuída a qualquer edificação ou espaço, e estabelecer a classificação de ocupação é uma parte essencial do desenvolvimento de um código. O conceito por trás da classificação de ocupação é que certos usos das edificações são mais sujeitos a riscos do que outros. Por exemplo, um grande teatro com centenas de pessoas é mais perigoso do que uma residência unifamiliar.

As publicações dos códigos dividem seus usuários em categorias diferentes, baseadas nas atividades que acontecem no espaço, no nível de risco associado ao uso e no número previsto de pessoas que ocuparão o espaço em determinado momento. Edificações que têm mais de uma utilização resultarão em mais de um grupo de ocupação específico para a edificação. Por exemplo, se um edifício de escritórios tem um estacionamento no subsolo, cada ocupação deve ser considerada separadamente devido aos diferentes tipos e graus de risco.

Dez das classificações mais comuns de ocupação utilizadas nos códigos de edificação são:

1. Locais de Reunião: Com algumas exceções, consistem em edificações ou partes delas que são utilizadas para encontros cívicos, sociais, religiosos, de lazer, de consumo de alimentos ou bebidas ou como áreas de espera.
2. Espaços Profissionais: Consistem em escritórios ou locais para a prestação de serviços.
3. Espaços Educacionais: Edificações que são utilizadas para fins educacionais por no mínimo seis pessoas com mais de dois anos e meio de idade até o término do Ensino Médio.
4. Espaços Industriais e Oficinas: Edificações utilizadas para a montagem, desmontagem, fabricação, acabamento, manufatura, conserto ou execução de operações não classificadas no Grupo H ou no Grupo S.
5. Espaços Prejudiciais à Saúde: Com poucas exceções, essas são edificações utilizadas para a manufatura, o processamento, a geração ou a guarda de materiais que apresentam risco à saúde ou integridade física de seus usuários.
6. Edificações Institucionais: Destinam-se ao cuidado ou à supervisão de pessoas com limitações físicas, devido a problemas de saúde ou à idade que são internadas para tratamento médico ou de outro tipo ou nas quais os usuários são detidos para fins penais ou correcionais ou onde a liberdade dos usuários é restrita.

7. **Comercial:** Edificações que são empregadas para a apresentação e venda de mercadorias, envolvendo estoques acessíveis ao público.
8. **Habitacional:** Utilizadas para fins de acomodação, mas não classificadas no Grupo I ou pelo IRC (International Residential Code).

    R-1 – Uso múltiplo transitório

    R-2 – Uso múltiplo não transitório

    R-3 – Não classificadas em outra seção

    R-4 – Internação não residencial

9. **Armazenagem:** Utilizadas para armazenamento, mas não classificadas como de ocupação de risco. Consistem em:

    S-1 – Armazenagem de risco moderado

    S-2 – Armazenagem de baixo risco

10. **Utilitárias e Variadas:** Consistem em edificações de apoio e uso variado não classificadas nas outras ocupações.

» Classificação segundo o tipo de construção

O tipo de construção indica a resistência ao fogo de certos elementos da edificação, como paredes-meias e paredes corta-fogo, escadas e elevadores protegidos, paredes externas e internas portantes ou não, pilares, *shafts*, barreiras à fumaça, pisos, forros e coberturas. As classificações de resistência ao fogo se baseiam no número de horas durante as quais um elemento da edificação resistirá ao fogo antes de ser seriamente afetado pelas chamas, pelo calor ou pelos gases quentes.

Todas as edificações são classificadas em um tipo de construção (geralmente, há cinco ou seis tipos). Nos Estados Unidos, as edificações do Tipo I são as com mais resistência ao fogo e que costumam conter elementos estruturais não combustíveis. As edificações do Tipo II também têm a maior resistência ao fogo (geralmente, de duas a quatro horas). Já as edificações do Tipo V (Tipo VI nos códigos do SBCCI) têm a menor classificação de resistência ao fogo e costumam apresentar estrutura de madeira.

» Complementos aos códigos de edificações

Os códigos de edificações em geral são complementados por outros códigos e normas, que regem outros aspectos da construção e na maioria das vezes são publicados pelas mesmas entidades que publicam os códigos de edificações abrangentes.

Nos Estados Unidos, os códigos de edificações abrangentes frequentemente usam as normas desenvolvidas pelas associações do setor, agências do governo e agências normalizadoras, como a American Society for Testing and Materials (ASTM), a American National Standards Institute (ANSI), e a National Fire Protection Association (NFPA). Os códigos de edificações apresentam remissões a essas normas, utilizando o nome, o número e a data da última revisão, e se tornam lei quando o código é adotado por uma jurisdição. Além disso, alguns municípios mantêm seus próprios códigos de conservação de energia, saúde e construção de hospitais, normas de combustibilidade para tecidos e códigos que regulam a construção e os acabamentos das edificações.

» Classificações de testagem e materiais e acabamentos resistentes ao fogo

Estima-se que cerca de 75% de todos os códigos de edificações tratem de questões de segurança contra incêndios e preservação à vida, e o principal objetivo dos códigos de proteção e combate a incêndio é confinar um incêndio ao seu local de origem, limitando sua dispersão e prevenindo a combustão espontânea. Para facilitar isso, todos os materiais aprovados e elementos de construção compostos mencionados nos códigos de edificações recebem classificações baseadas em procedimentos de testagem normalizados. A classificação de um sistema é conferida por meio da avaliação de seu desempenho durante um teste e pela análise de suas propriedades de resistência ao fogo. Existem centenas de testes normalizados para os materiais de construção e elementos de construção compostos.

Qualquer laboratório de testagem aprovado pode realizar ensaios com os materiais de construção, desde que siga os procedimentos normalizados. Entre as organizações norte-americanas mais conhecidas que já desenvolveram uma grande variedade de testes normalizados e procedimentos para testagem estão a American Society for Testing and Materials (ASTM), a National Fire Protection Association (NFPA) e Underwriters Laboratories (UL), os quais colaboram como o American National Standards Institute (ANSI).

Após ser submetido a um dos testes normalizados, o material recebe uma classificação com base em seu desempenho durante o teste. De acordo com a norma norte-americana ASTM E-119, por exemplo, a classificação é dada conforme o tempo durante o qual um elemento de construção composto mantém sua integridade estrutural, retém o fogo ou ambos. O teste avalia o desempenho do elemento em função do aumento de temperatura no seu lado protegido, a quantidade de fumaça, gás ou chamas que penetra o elemento e o desempenho estrutural do produto durante a exposição ao fogo. As classificações são de uma hora, duas horas, três horas ou quatro horas de resistência; mas classificações de 20, 30 e 45 minutos também são empregadas em portas e outras aberturas. Os sistemas de construção compostos que merecem atenção especial dos projetistas são as paredes corta-fogo, as paredes de separação de incêndio, os *shafts*, as caixas de escada, os poços de elevador, os pisos e forros, as portas e as vidraças com proteção contra fogo.

Os códigos de edificação geralmente apresentam tabelas que estipulam o tipo de construção que atende às diferentes classificações de resistência em termos de horas. Assim, quando um código de edificações afirma que uma parede composta com uma hora de resistência ao fogo é obrigatória entre um corredor de saída e um espaço habitável adjacente, o projetista deve projetar de modo a incorporar materiais e sistemas compostos que atendam a tal requisito de uma hora.

» Rotas de fuga

A saída é uma das exigências mais importantes nos códigos de edificações. Ela compreende três categorias principais: a rota de fuga, a saída de emergência e a descarga (Figura 11.3).

A distribuição das saídas de emergência é especificada pelo código. Elas devem ficar separadas entre si o máximo possível, de modo que se uma saída estiver bloqueada durante uma emergência, ainda assim as outras possam ser alcançadas. O código de edificações federal norte-americano estabelece que quando uma ou mais saídas de emergência são obrigatórias, elas devem estar afastadas entre si a uma distância no mínimo igual à metade do comprimento da maior dimensão diagonal dentro do prédio ou do ambiente atendido, medindo-se as distâncias entre as saídas por

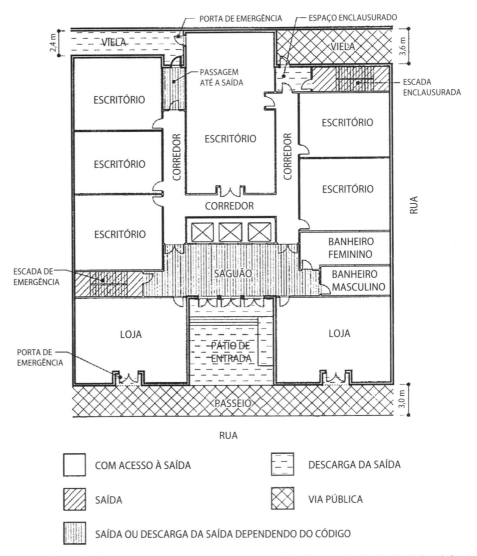

Figura 11.3 Exemplo típico de uma rota de fuga em um prédio. Fonte: *The Codes Guidebook for Interiors*, de S.K. Harmon e K.G. Kennon.

meio de retas. Essa regra é conhecida como a regra da meia-diagonal e é mostrada esquematicamente na Figura 11.4.

Os códigos também limitam o comprimento da distância de deslocamento de um cômodo a um corredor que leva a uma saída de emergência. Essa distância é definida como máxima e não pode ultrapassar 45,7 metros em um prédio sem *sprinklers* ou 61,0 metros em um prédio com *sprinklers* (Figura 11.5). Contudo, há exceções a essa regra, como no caso de a última parte da distância de deslocamento estar totalmente dentro de um corredor de emergência com classificação de uma hora de resistência ao fogo. Os códigos basicamente classificam as distâncias de deslocamento em dois tipos: relacionando o comprimento dessas distâncias de dentro de um cômodo ao corredor de emergência (também chamado corredor de saída) ou considerando o comprimento da distância de deslocamento de um ponto qualquer do prédio ao pavimento da saída de emergência ou à própria saída. Mas, em geral, se a distância de deslocamento de dentro de um espaço privativo

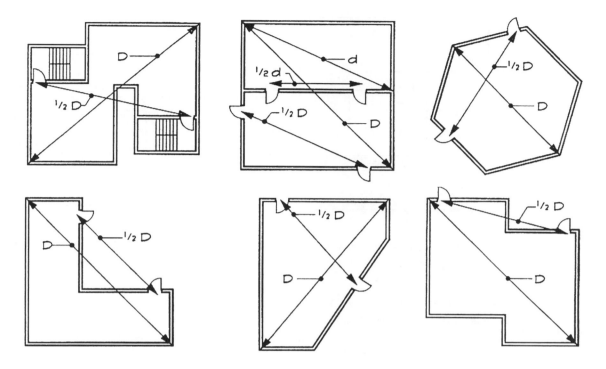

D = DIAGONAL OU DISTÂNCIA MÁXIMA
$^{1}/_{2}$ D = MEIA-DIAGONAL OU DISTÂNCIA MÍNIMA

Figura 11.4 A regra da meia-diagonal. Fonte: *The Codes Guidebook for Interiors*, de S.K. Harmon e K.G. Kennon.

exceder mais de uns 23 metros, uma saída extra é exigida, ainda que não seja requerida pela carga de ocupação.

Os códigos em geral permitem que um cômodo tenha apenas uma saída de emergência através de um recinto contíguo ou intermediário, desde que haja um acesso direto e desobstruído a um corredor de emergência ou a outra saída e que as distâncias de deslocamento máximas sejam respeitadas. Em geral, não são permitidas rotas de emergência que passem por cozinhas, depósitos, banheiros, closets ou espaços com fins similares. Os códigos normalmente categorizam saguões, vestíbulos e salas de espera construídos para servirem como corredores de emergência com uma hora de resistência ao fogo como cômodos intermediários, ou seja, permitem que tais recintos façam parte das rotas de fuga.

Nos Estados Unidos, os corredores geralmente devem ter uma hora de resistência ao fogo quando servirem a uma carga de ocupação de 10 ou mais (na classificação R-1 e I) ou quando atendendo a uma carga de ocupação de 30 ou mais, nos demais casos. Além disso, tais corredores devem ter uma construção com a mesma resistência ao fogo inclusive em seu teto e no piso do pavimento acima, a menos que todo o teto do pavimento tenha a classificação de uma hora de resistência ao fogo. Quando um duto perfura um corredor com classificação de resistência ao fogo, deve ser instalado um registro que feche automaticamente com a detecção de calor ou fumaça, a fim de restringir a passagem das chamas.

Existem vários tipos de escada, incluindo as escadas retas, curvas, de caracol, em zigue-zague, etc. Todavia, em geral, as saídas por meio de escada devem ter largura suficiente para que pelo menos duas pessoas possam descê-las lado a lado, e não são permitidos afunilamentos ao longo da esca-

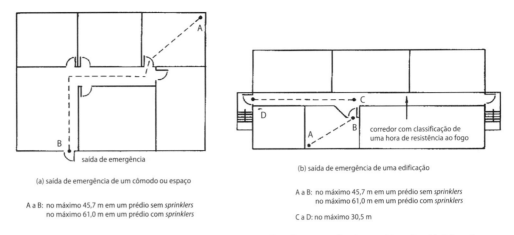

Figura 11.5 Distâncias máximas aceitáveis até as saídas de emergência nos Estados Unidos. Fonte: *Interior Design Reference Manual*, de D.K. Ballast.

da. Nos Estados Unidos, as escadas também devem respeitar as exigências específicas do código de edificações local e de acessibilidade e serem construídas com métodos e materiais consistentes com o tipo de construção do prédio. Lá, as escadas novas em geral são obrigadas a ter largura mínima de 111,7 cm, pisos com no mínimo 37,9 cm de largura e espelhos com no máximo 17,8 cm de altura (Figura 11.6). Naturalmente, os guarda-corpos e corrimãos também são regulamentados.

As escadas rolantes e esteiras rolantes, assim como os elevadores, não costumam ser aceitas como parte de uma saída de emergência e não devem ser levadas em consideração nos cálculos das

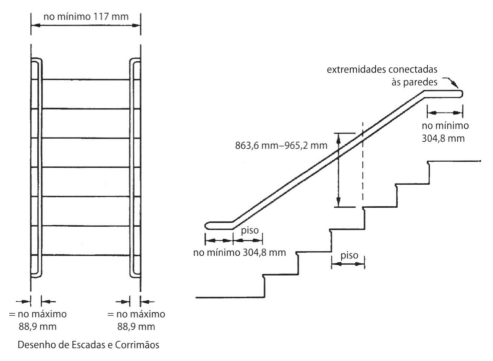

Figura 11.6 As exigências para escadas e corrimãos do Código de Edificações Nacional dos Estados Unidos – o International Building Code. Fonte: *Interior Design Reference Manual*, de D.K. Ballast.

distâncias, embora alguns códigos façam algumas exceções, em cujos casos esses equipamentos devem ser dotados de alimentação elétrica de emergência e atender aos requisitos de operação e sinalização de emergência.

As exigências para as saídas de emergência em habitações (unidades de moradia individuais e casas unifamiliares) não são tão rígidas quanto para as ocupações comerciais. A maioria dos códigos tem uma subclassificação especificamente para as unidades de moradia. Nos Estados Unidos, há um código específico para habitações com uma ou duas famílias, o International Residential Code (IRC). Antes de começar a projetar, o arquiteto ou engenheiro deve verificar qual código deve ser aplicado.

» Sistemas hidrossanitários

Nos Estados Unidos, as organizações que elaboram os principais códigos publicavam códigos separados para as instalações hidrossanitárias e de outros tipos. O International Code Council (ICC) publicou o International Plumbing Code (IPC) em 1997 e o International Mechanical Code em 1998. Os códigos de edificação abrangentes especificam com muitos detalhes como as instalações prediais devem ser projetadas, enquanto, em alguns países, códigos específicos para instalações definem o número de aparelhos sanitários exigido com base no tipo de ocupação.

» Classificação acústica

Os códigos de edificação abrangentes às vezes exigem o uso de isolamento acústico em sistemas de parede e piso, separando as unidades de habitação ou os dormitórios em ocupações residenciais umas das outras e dos espaços públicos. Os códigos geralmente especificam a classe de transmissão sonora (CTS), para as paredes, ou a classe de isolamento contra impactos (CII), para os pisos. Consequentemente, os detalhes de uma construção devem ser projetados de modo a satisfazer tais exigências.

» O projeto acessível e as exigências da ADA*

Nos Estados Unidos, as duas leis mais recentes relativas ao projeto acessível são a Americans with Disabilities Act (Lei para os Norte-Americanos com Deficiência – ADA), uma lei civil federal, e a Fair Housing Amendments Act (Lei das Emendas sobre a Habitação Justa). Esta última amplia as disposições da Fair Housing Act sobre a discriminação contra os deficientes, conferindo-as também às famílias. O principal propósito da ADA é tornar a sociedade dos Estados Unidos mais acessível às pessoas com deficiências, e, com apenas algumas exceções, todas as edificações, tanto as existentes quanto as novas, devem atender às suas prescrições.

Enquanto as provisões da ADA sobre o emprego se aplicam apenas aos empregadores com no mínimo 15 funcionários, suas provisões sobre a acomodação pública se aplicam a todos os tipos

---

* N. de T.: As seções "O projeto acessível e as exigências da ADA" e "Componentes relevantes da ADA" deste livro se referem à legislação norte-americana e não podem ser aplicadas diretamente ao Brasil, embora os princípios e as normas de acessibilidade de nosso país sejam similares. Entre as muitas normas brasileiras sobre o assunto, destaca-se a NBR 9050.

de negócios, não importa qual seja o número de empregados. Os locais de trabalho municipais e estaduais também são todos cobertos, seja qual for o tamanho. A ADA consiste em cinco títulos:

1. Título I. Emprego: As empresas devem oferecer acomodação que possa razoavelmente proteger os direitos dos indivíduos com deficiências em todos os aspectos de um emprego.
2. Título II. Serviços Públicos: As normas do Título II se aplicam aos serviços públicos prestados pelos governos estaduais e municipais e incluem as escolas públicas, a National Railroad Passenger Corporation, as autoridades portuárias e outras agências do governo (mesmo que não recebam verbas federais).
3. Título III. Acomodações Públicas: Esta seção da lei se aplica principalmente a instalações comerciais e proíbe que empresas de propriedade e administração privada se recusem a oferecer bens, programas ou serviços a indivíduos com deficiências. Todas as instalações novas ou reformadas estão sujeitas às exigências de acessibilidade do Título III.
4. Título IV. Telecomunicações: Esta seção trata das empresas de telecomunicações reguladas pela federação e das redes de televisão que recebem verbas federais e oferecem serviços ao público em geral.
5. Título V. Locais Diversos: Esta seção inclui uma provisão que proíbe a coerção, ameaça ou retaliação contra os deficientes ou aqueles que tentarem auxiliar as pessoas com deficiências a terem seus direitos garantidos pela ADA respeitados.

≫ Componentes relevantes da ADA

Nos Estados Unidos, os Títulos III e IV da ADA são especialmente importantes para os arquitetos e engenheiros. Os Departamentos da Justiça e do Transporte fiscalizam o cumprimento dos Títulos III e IV da ADA em todos os Estados Unidos, a fim de tornar a sociedade norte-americana mais acessível aos indivíduos com deficiências. As informações aqui apresentadas são dados básicos que dão uma ideia geral dos tipos de questões que devem ser avaliadas e das modificações para o cumprimento das normas de proteção aos deficientes que são exigidas de uma família típica. A Figura 11.7 mostra os componentes típicos que são avaliados em relação ao cumprimento da ADA.

≫ Diretrizes de acessibilidade

O terreno ao redor da edificação deve ser inspecionado quanto à acessibilidade de portadores de deficiência e ao acesso de pedestres e veículos e o leiaute do prédio também deve ser revisado, para se certificar de que não haja impedimento no acesso ao prédio. Da mesma maneira, a acessibilidade da área de estacionamento, incluindo a adequação de sua localização, suas dimensões e a identificação das vagas reservadas deve ser analisada e registrada. Os passeios devem dar acesso adequado entre as várias áreas do terreno e a edificação. Esses passeios devem ter, no mínimo, 122 cm de largura, e não podem ter inclinação superior a 5%.

A acessibilidade é alcançada quando são atendidas as exigências da ADA e dos demais códigos aplicáveis, bem como das leis estaduais e municipais dos Estados Unidos. Há basicamente três documentos de acessibilidade que os projetistas e outros profissionais norte-americanos usam com mais frequência e com os quais precisam estar familiarizados:

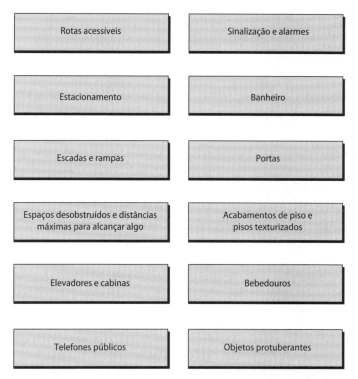

Figura 11.7 Componentes típicos a serem avaliados pela Americans with Disabilities Act (ADA).

- ANSI A117.1 foi desenvolvido pelo American National Standard Institute (ANSI) e é uma das diretrizes de acessibilidade mais antigas dos Estados Unidos. A última versão do ANSI A117.1/ICC é a edição de 1998, desenvolvida junto com o International Code Council e o Access Board. Essa edição foi modificada para estar mais adequada às ADAAG.
- As ADAAG (Americans with Disabilities Act Accessibility Guidelines – Diretrizes de Acessibilidade da Lei para os Norte-Americanos com Deficiências) foram desenvolvidas pelo Architectural and Transportation Barriers Compliance Board (ATBCB ou Access Board) como uma diretriz para a ADA. Ela se baseia na ANSI A117.1, de 1986, mas, após a inclusão de exigências extras, se tornou mais rígida que a ANSI. O Access Board é responsável por fazer revisões na ADAAG e atualmente está trabalhando com o Departamento da Justiça na atualização da ADAAG.
- As Uniform Federal Accessibility Standards (UFAS) se baseiam na norma ANSI de 1980 e são aplicadas principalmente a prédios governamentais e organizações que aceitam verbas federais. Esses prédios hoje não precisam atender às normas da ADA.

A ADA estabelece que as novas construções e as reformas em prédios existentes devem cumprir as exigências da ADAAG. Por exemplo, todo novo espaço habitável dentro de um prédio existente passa a ser considerado pelas ADAAG como uma nova construção e deve atender as suas normas. As regras para reformas de prédios existentes às vezes são bastante complexas, e de acordo com o Título III da ADA os prédios reformados devem se tornar acessíveis, caso isso seja imediatamente possível. Quando as condições existentes impedem a remoção de barreiras, um espaço público deve tornar seus serviços disponíveis por meio de outras soluções, como a remoção de certas atividades a locais acessíveis.

Rotas acessíveis

As ADAAG definem uma rota acessível como "um percurso contínuo e desobstruído conectando todos os elementos e espaços acessíveis de um prédio ou equipamento". Isso inclui caminhos, passeios, corredores, portas, pisos, rampas, elevadores e os espaços que devem ficar desobstruídos junto a aparelhos sanitários. O projeto de rotas acessíveis seguras e livres de barreiras é essencial para pessoas com deficiências, e a facilitação de seus movimentos é crucial para o bem estar desses indivíduos.

A largura adequada dos corredores é essencial para a passagem de alguém que tenha problemas de mobilidade ou visão. A ADAAG dá uma grande ênfase às provisões sobre entrada e saída e estabelece com clareza as exigências quanto a comprimento, área, iluminação e sinalização desses pontos. O ideal é que os corredores, por exemplo, tenham 1.065 mm de largura e, no máximo 22,9 m de comprimento. Eles devem ser bem iluminados, com luz indireta, a fim de prevenir o ofuscamento. Os acabamentos de parede devem incluir cores contrastantes, aumentando a precisão visual. As aberturas que fazem parte de uma rota acessível devem ter, no mínimo, 815 mm de largura. A largura mínima para a passagem de duas cadeiras de roda é 1.525 mm. Se uma rota acessível tiver menos de 1.525 mm de largura, deverão ser criados espaços para passagem com pelo menos 1524 mm × 1524 mm em intervalos de, no máximo, 61 m.

As ADAAG estabelecem que a área de piso mínima para a acomodação de uma cadeira de rodas estacionária é 762 mm × 1.220 mm. Uma cadeira de rodas, para que possa ser manobrada e fazer um giro de 180° precisa de um círculo com 1.525 mm de diâmetro ou então contar com um espaço em forma de T.

Portas

Nos Estados Unidos, as portas, para serem acessíveis, devem ter entre 815 mm e 915 mm de largura, quando suas folhas estiverem abertas a 90° (Figura 11.8). A profundidade máxima de uma passagem com porta de 815 mm é 610 mm, caso contrário, a porta deverá ter no mínimo 915 mm. As soleiras de porta não podem ter altura superior a 12,7 mm nem conter rampas íngremes ou mudanças de nível abruptas, mas serem recortadas, de modo que nenhuma soleira tenha inclinação maior do que 50%. Os fechadores automáticos de porta não podem impedir a abertura da porta pelos dos portadores de deficiência. Nenhuma parte de uma rota acessível pode ter inclinação maior do que 5%. Caso a inclinação seja superior, esta parte da rota passa a ser classificada como uma rampa e são feitas diferentes exigências, inclusive se torna obrigatório o uso de corrimãos.

Os códigos de acessibilidade também exigem que as ferragens de porta atendam a certas especificações. As maçanetas de porta de alavanca, que podem ser utilizadas pelos deficientes, geralmente não são caras. Todas as ferragens em portas, armários e janelas devem ser de fácil manuseio, possíveis de operar com apenas uma das mãos, sem exigir o uso de força para serem giradas. Isso inclui as maçanetas em forma de alavanca, do tipo botão e em U. As maçanetas de bola, do tipo mais comum, não são permitidas.

Aparelhos sanitários e banheiros públicos

Se um cubículo de banheiro for acessado pelo lado de abertura da porta, o espaço livre entre o lado da porta do cubículo e qualquer obstrução pode ser reduzido a 1.065 mm. A maioria dos cubículos é posicionada na extremidade de um percurso de deslocamento, contra uma parede (Figura 11.9). A vantagem de usar as bacias sanitárias contra a parede dos fundos nos cubículos acessíveis é que nesse caso as barras de apoio podem ser fixadas à própria parede, em vez de em uma divisória, o que permite uma ancoragem mais segura, necessária para as exigências mínimas de resistência.

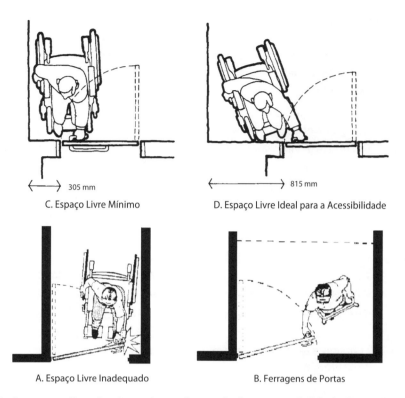

Figura 11.8 Os espaços livres inadequados podem prejudicar a acessibilidade. Fonte: *Designing for the Disabled: The New Paradigm*, de Selwyn Goldsmith.

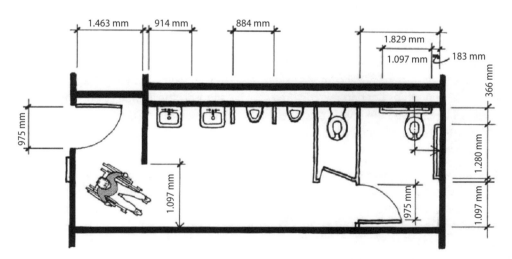

Figura 11.9 Exemplo de um típico cubículo na extremidade de um banheiro. Fonte: *Means ADA Compliance Pricing Guide*.

Existem vários leiautes de cubículos que atendem aos requisitos da ADA. Os lavabos, assim como os cubículos, devem ter, no mínimo, um espaço interno para manobra desobstruído de 1.525 mm. No entanto, o espaço de piso livre junto aos aparelhos e controles sanitários pode chegar a ser de 483 mm, sob uma bacia instalada na parede. A profundidade do espaço desobstruído dependerá se a bacia estiver instalada na parede ou no piso (1.525 mm ou 1.422 mm, no mínimo). Na maioria dos casos, a porta deve ter um claro (vão livre) mínimo de 815 mm e deve abrir para fora do cubículo. Se o cubículo tiver menos de 1.525 mm de profundidade, é preciso que haja um espaço livre para os pés de 225 mm sob as divisórias. No planejamento de banheiros acessíveis, também deve ser previsto um espaço livre de 1.525 mm.

Devem ser previstas barras de apoio conforme a Figura 11.10, instaladas a uma altura entre 838 mm e 915 mm em relação ao nível do piso acabado. As barras de apoio devem ter comprimento mínimo de 1.065 mm, quando instaladas lateralmente à bacia, ou de 915 mm, quando instaladas na parede atrás da bacia. Elas devem ter diâmetro de 38 mm e estar instaladas a uma distância máxima de 38 mm em relação à parede. Em muitos banheiros, há um espaço ao lado da bacia sanitária, que apenas permite a instalação de uma barra de apoio horizontal. As papeleiras devem estar localizadas abaixo da barra de apoio, a uma altura de, no mínimo, 483 mm em relação ao nível do piso acabado.

Mesmo que as bacias sanitárias não estejam dentro de cubículos, deve haver uma distância de 455 mm entre elas e as paredes laterais e do fundo, que também serão dotadas de barras de apoio. Nessas instalações, devem ser previstos espaços livres na frente e no lado das bacias sanitárias.

Quando houver mictórios, eles deverão ser instalados nas paredes ou em cubículos, com uma borda protuberante a uma altura máxima de 430 mm em relação ao piso. Uma área de piso livre de 762 mm por 1.220 mm deve ser prevista em frente ao mictório. Esse espaço pode estar contíguo a uma rota acessível ou sobrepô-la.

Os lavatórios de uso público também devem permitir aos cadeirantes se posicionar sob eles, de modo a usar com facilidade o lavatório e os misturadores de água. Todas as tubulações aparentes que estiverem sob o lavatório devem ser isoladas ou protegidas. As ADAAG não fazem distinções entre lavatórios (que são para lavar as mãos) e as pias (mais genéricas, como as pias de cozinha). Para que sejam acessíveis, todas as torneiras devem ser fáceis de acionar com o uso de apenas uma mão, sem que seja necessário fechar a mão ou torcer o pulso. Torneiras do tipo alavanca, com botão de pressão ou automáticas são aceitáveis.

As moradias privadas em geral não estão sujeitas às disposições do Título III da ADA. No entanto, os projetistas devem se familiarizar com tais exigências, a fim de poder atender melhor a seus clientes. Na Figura 11.10A temos um banheiro de uma casa para idosos que atende às prescrições da ADA. Já a Figura 11.10B ilustra um box de chuveiro pré-fabricado e dotado de barras de apoio resistentes em diferentes alturas, além de uma cabeça de ducha que pode ser segurada com as mãos. Esses exemplos mostram alguns aspectos essenciais dos banheiros acessíveis de uso doméstico.

A água potável deve ser acessível por meio de torneiras de acesso frontal e controles que possam ser operados com a mão ou o pé (no piso). Quando houver apenas uma torneira ou um bebedouro disponível por pavimento, ele deverá ficar acessível aos cadeirantes, bem como às pessoas que têm dificuldades para se curvar ou inclinar. Isso é possível com o uso de um bebedouro com duas fontes (uma alta e outra baixa), ficando acessível tanto para os cadeirantes como para os indivíduos de altura mediana que têm dificuldade de se curvar.

Escadas e rampas

As rampas devem ser instaladas sempre que necessárias nas áreas de mudança de nível que são acessadas por pedestres. Elas são necessárias para criar uma transição suave entre as mudanças de nível tanto para os cadeirantes como para aqueles indivíduos que têm alguma dificuldade de locomoção. Em geral, os projetistas devem usar a menor inclinação possível, mas de modo algum uma

Figura 11.10 A. Banheiro com acessibilidade típico, em uma casa para idosos de Maryland. **B.** Box de chuveiro pré-fabricado, com barras de apoio bastante resistentes. Fonte: Charles A. Riley II.

rampa pode ter inclinação maior que 8% (1:12). A altura máxima entre um patamar intermediário e nivelado para qualquer rampa costuma ser 762 mm. Uma inclinação de até 12,5% (1:8) é aceitável se a altura máxima da rampa não for superior a 76 mm. Além disso, uma superfície não derrapante deve ser prevista, a fim de oferecer fricção aos usuários no caso de mau tempo.

A largura livre de uma rampa não pode ser inferior a 914 mm, e os patamares devem ter, no mínimo, a mesma largura do segmento mais largo da rampa que conduz até eles. Os patamares não devem ter comprimento inferior a 1.525 mm, e, se as rampas mudarem de direção em um patamar, este deverá ser, no mínimo, um quadrado com 1.525 mm de lado.

Corrimãos devem ser instalados em ambos os lados das rampas se elas tiverem altura total superior a 152 mm ou comprimento total superior a 1.825 mm. O topo do corrimão deve estar a uma altura entre 864 mm e 965 mm em relação à superfície da rampa. Os corrimãos devem avançar, no mínimo, 305 mm na horizontal em relação ao piso da parte inferior e superior da rampa e ter diâmetro ou superfície de empunhadura entre 32 mm e 38 mm tanto em rampas como em escadas. Observe que as novas diretrizes ADAAG são mais flexíveis do que as atuais (Figura 11.11).

As escadas devem oferecer acessibilidade entre os pavimentos de uma edificação; quando não forem conectadas por um elevador, deverão ser projetadas de acordo com certas normas que especificam a configuração dos pisos, espelhos, focinhos e corrimãos. O espelho de degrau máximo aceitável é 178 mm, e os pisos devem ter, no mínimo, 280 mm de largura livre (sem considerar a sobreposição do piso acima). Não são permitidos espelhos de degraus vazados. Os focinhos não podem ter um ângulo inferior agudo, e devem respeitar os estilos mostrados na Figura 11.12. Os usuários de escadas são mais propensos a tropeçar ou a cair durante a descida do que durante a subida. A profundidade dos pisos é fundamental no projeto de uma escada. Em geral, ao subir uma escada, os usuários apoiam apenas parte de seu pé no piso; ao descer, toda a sola do pé (ou ao menos a maior parte dela) é colocada no piso.

Os corrimãos de escada devem ser contínuos em ambos os lados. O corrimão interno nas escadas em meia-volta deve ser contínuo em todas as mudanças de direção da escada. Outros corrimãos

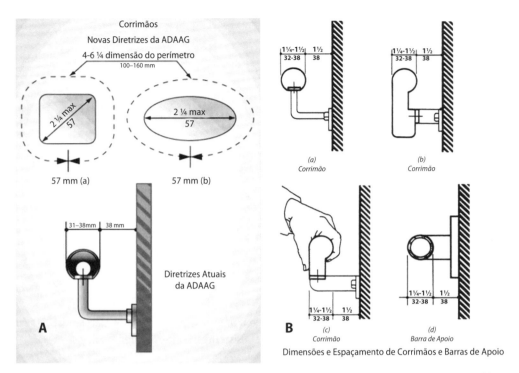

Figura 11.11 As diretrizes novas e as atuais para corrimãos de rampas e escadas. Fontes: *Gerald J. Morgan*; 28 CFR Ch.1, Pt. 36, App. A, Fig.39, 7-1-94 Edition.

devem avançar em relação ao primeiro e ao último degrau. A superfície de apoio superior de um corrimão deve estar a uma altura entre 864 mm e 965 mm em relação aos focinhos dos degraus. Além disso, o corrimão deve ter um diâmetro ou uma largura da superfície de empunhadura entre 32 mm e 38 mm. Também deve haver um espaço livre entre o corrimão e a parede de pelo menos 38 mm, como é mostrado na Figura 11.11.

Superfícies de piso e pisos texturizados

As superfícies de piso de uma edificação devem ser firmes e não escorregadias, oferecendo acesso fácil em todo o prédio. Se houver mudança de nível, a transição deverá atender às seguintes prescrições: (1) Se o desnível for inferior a 6,4 mm, ele poderá ser vertical e não precisará de uma borda especial; (2) Se o desnível tiver uma altura entre 6,4 mm e 12,7 mm, ele deverá ser vencido por uma borda chanfrada, e sua inclinação não poderá ser superior a 50% (1:2); (3) Mudanças de nível com inclinação superior a 50% passam a ser classificadas como rampas, e então devem atender aos requisitos descritos na seção anterior (sobre as rampas). Os pisos dos banheiros não devem ter acabamento escorregadio.

As maçanetas de porta também precisam ter superfície texturizada, se estiverem instaladas em portas que levem a uma área que possa oferecer perigo a um deficiente visual, inclusive no caso de plataformas de carga e descarga, casas de caldeira e palcos.

Telefones públicos

Os telefones são um dos elementos das edificações mais fáceis de se tornarem acessíveis. Eles devem ser posicionados de modo que possam ser alcançados por um cadeirante. Os telefones acessíveis podem ser projetados para ter acesso frontal ou lateral. Em ambos os casos, deve haver um

Figura 11.12 Exigências quanto aos pisos e espelhos de degraus. Fonte: CFR Ch.1, Pt. 36, App.A, Fig.18, 7-1-94 Edition.

espaço de piso livre de, no mínimo, 762 mm por 1.220 mm. Os telefones devem ter botoeiras e orientações que possam ser acessadas por um cadeirante.

O Título III estipula que nas novas construções ao menos um teletipo deve ser disponibilizado dentro de toda edificação que tenha quatro ou mais telefones públicos (considerando tanto os aparelhos instalados no interior como os do exterior). O teletipo também deve estar presente sempre que houver um telefone público interno em um estádio, centro de convenções, hotel com centro de convenções, centro comercial coberto ou sala de emergência, recuperação ou espera em um hospital. O Título III também estabelece que um telefone público acessível deve ser disponibilizado em cada pavimento de uma construção nova, a menos que o pavimento tenha dois ou mais grupos de telefones, em cujo caso um telefone acessível deve ser instalado em cada grupo.

Objetos protuberantes

Existem restrições contra objetos e elementos em uma edificação que se projetam nos corredores e outras áreas de circulação, pois apresentam risco para os deficientes visuais. Não há restrições se um objeto protuberante tiver sua quina mais baixa a menos de 686 mm de altura em relação ao piso, pois ele pode ser detectado por uma pessoa que estiver usando uma bengala. No entanto, os objetos protuberantes não podem reduzir a largura desobstruída de uma rota acessível ou um espaço de manobra para cadeiras de rodas, e um guarda-corpos ou outra barreira deve ser instalada nas áreas adjacentes às rotas acessíveis quando o espaço vertical desobstruído for reduzido a menos de 2 metros.

Sinais e alarmes

A sinalização deve oferecer orientação clara para as pessoas com problemas visuais, dando-lhes informações de emergência e orientações gerais de circulação. Uma questão importante para avaliar os critérios da sinalização é que as pessoas com visão reduzida (20% do normal) possam enxergar os sinais a uma distância de, no mínimo, 9,14 m. Também é necessário o uso de sinais em elevadores, entradas e saídas para deficientes, banheiros e outros locais. Para o máximo de clareza, devem ser empregados sinais visuais luminescentes. As cores contrastantes também podem melhorar a legibilidade – recomenda-se 70 % ou mais de contraste entre as letras e o fundo.

As normas ANSI especificam a razão entre a largura e a altura das letras e a espessura dos traços das letras. Elas também determinam que caracteres, símbolos ou pictogramas em sinais táteis tenham 0,79 mm de relevo. Caso equipamentos acessíveis precisem ser identificados, o símbolo internacional de acessibilidade deverá ser utilizado (Figura 11.13). Os caracteres em braile devem ser Grade 2.

Figura 11.13 Símbolos internacionais de acessibilidade. Fonte: 28 CFR Ch.1, Pt. 36, App.A, Fig.43, 7-1-94 Edition.

As diretrizes de Acessibilidade ADA 4.1.3(14) estabelecem que, se sistemas de aviso de emergência forem oferecidos, eles deverão incluir alarmes sonoros e visuais de acordo com a norma 4.28. Os sinais sonoros devem gerar um som que seja mais alto do que o nível sonoro predominante no cômodo ou espaço em pelo menos 15 decibéis. Os alarmes visuais devem ter luzes que pisquem com a frequência de cerca de um ciclo por segundo.

Elevadores e suas cabinas

Todos os elevadores devem ser acessíveis da rota de acesso e todos os pavimentos de uso público devem atender às normas aplicáveis aos códigos e escadas rolantes. As três paredes internas das cabinas dos elevadores devem ser dotadas de corrimãos fixados a 815 mm em relação ao piso. A largura mínima da cabina deve ser 1,7 m, a fim de permitir que uma cadeira de rodas possa ser manobrada (Figura 11.14). É importante a presença tanto de sinais visuais como sonoros nos corredores de aceso aos elevadores de passageiros, para informar aos usuários onde o elevador está

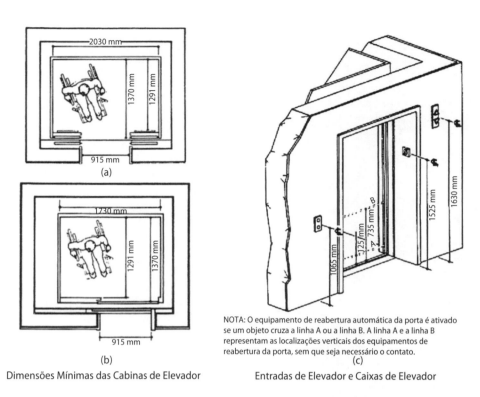

Figura 11.14 Dimensões mínimas para cabinas de elevadores. Fonte: 28 CFR Ch.1, Pt. 36, App.A, Fig.22, 20, 7-1-94 Edition.

e em qual direção está se deslocando. Isso é especialmente importante em grupos de elevadores, ou seja, quando há mais de uma cabina. Os controles dos elevadores devem cumprir as normas da ANSI A117.1 com relação aos controles visuais, táteis e sonoros.

>> capítulo 12

A construção civil na atualidade

Se você deseja abrir uma pequena empresa, a leitura deste capítulo é fundamental. Nas próximas páginas, você entenderá as dificuldades de iniciar um negócio e as possíveis razões e consequências de fracasso. Para alcançar êxito, é preciso seguir uma série de dicas e passos, que discutiremos a seguir.

Objetivos deste capítulo
>> Avaliar os requisitos para abrir seu próprio negócio.
>> Examinar os diversos elementos de que uma nova empresa precisa.
>> Esboçar os principais pontos que devem constar no site da sua empresa.

» Introdução

Atualmente, muitos profissionais qualificados e experientes têm se encontrado desamparados, procurando emprego pela primeira vez após um longo período, por terem sido forçados a abandonar a segurança de uma organização que todos os meses lhes garantia um salário. Como resultado, um número cada vez maior de profissionais está reconsiderando qual seria sua melhor estratégia para inserção no mercado de trabalho. Entre as questões mais importantes estão o capital a ser investido, um plano de saúde e a aposentadoria. Os veteranos também estão se preocupando mais com a satisfação profissional, a localização de seu local de trabalho e o estresse.

Digamos que você está considerando a possibilidade de abrir seu próprio negócio. Existem muitos atrativos em ser autônomo: você é seu próprio chefe, o horário de trabalho é flexível e você decide os horários que dedicará a sua família. No entanto, antes de tomar a decisão final de abrir seu negócio, há alguns pontos que devem ser considerados:

- Você possui as qualificações necessárias para começar sua firma de construção? É fundamental que você tenha ao menos alguns anos de experiência de primeira mão com o setor da construção civil.
- Você já estudou administração de empresas? Tem alguma ideia de como gerir um negócio?
- Fundar uma empresa de construção civil "do zero" exige um alto investimento de capital. Antes de tudo, você precisa calcular quanto custará para que sua firma entre em funcionamento e para isso é crucial fazer um plano de negócios adequado.
- Começar uma empresa de construção não é uma atividade que possa ser desenvolvida apenas durante o horário comercial. Isso exige alguém que esteja disposto a dedicar de 12 a 15 horas por dia para colocar seu negócio em funcionamento.
- Faça as pesquisas necessárias para se certificar que a cidade na qual você vive já não está cheia desse tipo de firma. Discuta com outras pessoas do ramo qual seria a possibilidade de sucesso de uma empresa de construção na sua região. Tente descobrir se há uma demanda suficiente que justifique mais uma empresa ou se há um nicho de mercado que você poderia preencher.

Realize seu sonho de abrir uma empresa de construção, mas não deixe de fazer as pesquisas necessárias e se preparar bem.

» Como preparar um plano de negócios e uma estratégia de negócios

O planejamento é a chave para o sucesso de qualquer negócio – não estamos exagerando ao afirmar que o planejamento é o mais importante de tudo. A elaboração de um bom plano de negócios pode levar de duas a três semanas. A maior parte desse tempo é gasta pesquisando e reavaliando suas ideias e pressupostos. Uma análise objetiva do plano de negócios ressaltará seus pontos fracos e fortes, mostrando desde o início requisitos que poderiam ter sido negligenciados e identificando oportunidades. O plano de negócios servirá de guia, garantindo que você saiba que direção tomar para alcançar os objetivos de seu empreendimento.

Um plano de negócios é uma ferramenta operacional que, se utilizada de modo adequado, pode ajudar na gestão do negócio e contribuir efetivamente para seu sucesso. Além disso, quem empresta dinheiro também o exige. Um plano de negócios bem escrito comunica ideias a outras pessoas e oferece as bases para uma proposta financeira. Ele também determina a viabilidade de um projeto e descreve as ações que são necessárias para colocá-lo em prática. Um bom plano pode ajudar a convencer um banco ou investidor potencial de que vale a pena investir dinheiro nesse novo empreendimento. Contudo, o plano em si talvez não lhe garanta a obtenção de qualquer empréstimo, pois não é fácil conseguir capital para começar um novo negócio. Como proprietário, espera-se que você tenha economizado o capital inicial suficiente ou obtenha um empréstimo bancário garantido por uma renda que não dependa daquela do novo negócio.

A elaboração de um plano de negócios bem-sucedido é uma arte e uma ciência. Embora haja várias maneiras de formatar um plano de negócios, as orientações a seguir apresentam os elementos-chave que devem ser considerados durante o preparo de seu plano.

» O sumário executivo

O sumário executivo dá uma ideia geral do plano de negócios e não deve passar de duas páginas. Embora ele seja inserido no início do plano de negócios, deverá ser escrito apenas após o término da elaboração do plano. O sumário condensa os pontos mais importantes do projeto e deve transmitir entusiasmo e profissionalismo. Em geral, os investidores não gastam mais do que alguns minutos para examinar rapidamente um plano de negócios e determinar se ele merece uma leitura detalhada ou se vão deixá-lo de lado e passar para outro plano. Portanto, é fundamental preparar um sumário executivo interessante e convincente, a fim de chamar a atenção do investidor, atiçar sua imaginação e torná-lo disposto a ler o resto do plano de negócios. O sumário executivo deve ser conciso, mas ao mesmo tempo abrangente, descrevendo a empresa em linhas gerais, a origem da ideia de sua fundação e as pessoas envolvidas. Se o plano de negócios fizer parte de um pedido de financiamento, você deverá deixar claro qual a quantia necessária, exatamente como o dinheiro será gasto e como ele aumentará os lucros do negócio, o que garantirá o pagamento da dívida. Em suma, o sumário executivo é a parte mais importante do plano de negócios, uma vez que determinará se as páginas a seguir serão lidas ou não.

» Descrição da empresa, visão e missão

Em todos os empreendimentos, o primeiro passo é desenvolver uma visão realista do negócio. Em geral, essa visão reflete como você vê sua empresa após três ou mais anos de funcionamento, em termos de suas instalações, seu tamanho, suas atividades, etc. Descreva os pontos fortes de sua empresa e os principais serviços prestados, bem como os fatores necessários para garantir seu sucesso. A seguir, deve ser apresentada a missão da firma. Uma missão deve refletir de modo conciso a direção dos negócios, seus objetivos e seu progresso estimado. Defina tanto os objetivos e as metas de curto prazo como os de longo prazo e quais fatores devem receber atenção especial também tanto em longo como em curto prazo. A descrição da empresa também deve indicar sua natureza jurídica – ou seja, se ela será uma firma individual, uma companhia limitada, uma sociedade anônima, etc.

» Administração

Mesmo que na prática você trabalhe sozinho, um ingrediente-chave do potencial de sucesso de seu negócio será sua capacidade de gestão. Se a empresa consistir em mais de uma pessoa, o plano de negócios deverá identificar as pessoas que atuarão no negócio, incluindo um breve currículo de vida dos sócios e dos principais colaboradores, sem deixar de falar de suas qualificações, posições, responsabilidades e de seus pontos fortes que contribuirão para o sucesso do novo empreendimento.

» O mercado e os serviços oferecidos

Descreva em detalhes os serviços oferecidos, o mercado, como será sua inserção no mercado e seus planos para alcançar determinada participação. Descreva os fatores que conferem a sua empresa uma vantagem competitiva em relação aos demais concorrentes. Os exemplos podem incluir o nível de qualidade, a experiência ou habilidades específicas. Você também deve explicar em linhas gerais qual será sua política de preços ou o sistema de cálculo dos honorários cobrados pelos serviços prestados. Como apêndice, você pode incluir fotografias da empresa ou materiais de venda impressos.

» O plano de negócios bem-sucedido

Um plano de negócios é, em suma, um documento escrito que descreve o negócio, seus objetivos, suas estratégias, seu mercado e suas previsões financeiras. Ele deve explicar o tipo de empresa e de serviços que serão prestados. Caso ele trate de uma firma já existente, deverá incluir seu histórico. Se for de um novo negócio, ele descreverá os produtos vendidos e/ou serviços prestados e falará das qualificações necessárias para o início das atividades. Ele também deve explicar por que esse negócio é importante, quais são suas chances de êxito e, se existentes, as características únicas que atrairão os clientes.

Um plano efetivo deve descrever em linhas gerais a estratégia de mercado que será posta em prática. Assim, um plano de negócios é uma ferramenta operacional muito útil e que, se for empregada de modo adequado, ajudará na administração do negócio e facilitará seu sucesso. Embora um plano de negócios sirva a muitas funções diferentes – como ajudar na obtenção de recursos financeiros externos e no acompanhamento do sucesso da empresa – seus objetivos principais são de duas naturezas: (1) Ele garante que você pesquisou e considerou os diversos aspectos da gestão do empreendimento, o que evita surpresas desagradáveis. (2) Ele é exigido pelas instituições financeiras e pode ajudar a convencer os bancos ou investidores em potencial que sua firma merece um aporte financeiro. Assim, o conceito é comunicar ideias às outras pessoas e ao mesmo tempo estabelecer as bases para uma proposta de financiamento.

Fundar uma empresa não costuma ser fácil; as estatísticas mostram que mais da metade dos negócios vão à falência dentro de 10 anos. O motivo para uma taxa de fracasso tão elevada geralmente é a falta de planejamento e recursos financeiros. A melhor maneira para aumentar as chances de sucesso de seu negócio é planejar e seguir o plano à risca.

» O plano financeiro

Este é outro elemento crucial para o sucesso de seu negócio. A credibilidade de suas projeções é fundamental para que seja possível estimar as probabilidades de sucesso ou fracasso de sua empresa. Os investidores e financiadores usarão as informações desse documento para avaliar as perspectivas financeiras de sua ideia. Não esqueça de se informar sobre quantos anos de projeção financeira seu possível financiador exige – o normal são três anos. Explique as necessidades financeiras de seu negócio e como essas verbas se relacionam com o faturamento, as despesas e os lucros futuros. A elaboração de demonstrativos financeiros ajuda a entender o fluxo de caixa de uma empresa, seu ponto de equilíbrio e a sensibilidade do negócio a flutuações no custo dos insumos e devido a fatores de mercado. Um plano financeiro ideal consistiria em:

- Uma projeção de lucros e perdas para os próximos 12 meses
- Uma projeção dos lucros e das perdas para os próximos três a cinco anos (opcional)
- Uma projeção do fluxo de caixa para o próximo ano, mês a mês
- Uma projeção do próximo balanço
- O ponto de equilíbrio do negócio
- A declaração do imposto de renda do(s) proprietário(s)

Juntos, esses documentos dão um panorama razoável do potencial financeiro de sua empresa. Uma recomendação que vale para todos os negócios é a contratação de um advogado que possa prestar consultoria jurídica, a fim de garantir que o plano de negócios e sua execução sejam legais e atendam a suas expectativas. Além disso, é importante contar com os serviços de um contador experiente. A menos que você esteja preparado para criar planilhas eletrônicas e gráficos explicando como pretende aplicar os recursos financeiros e fazer projeções, talvez seja preciso contratar alguém que conheça profundamente todos os detalhes financeiros de uma empresa.

» Os fatores que contribuem para o sucesso

Há muitos fatores que têm impacto nas chances de sucesso de uma nova empresa, e todos eles exigem esforços consideráveis no estabelecimento de uma rede de contatos pessoais com colegas e clientes em potencial. Entre alguns desses fatores, podemos citar:

1. Uma grande rede de contatos: Um único cliente pode proporcionar um contrato lucrativo, mas é preciso ter uma rede sólida para garantir um fluxo contínuo de trabalho.
2. Excelentes habilidades de comunicação: Muitos profissionais do nível executivo têm excelente capacidade de comunicação – um dos principais determinantes para o sucesso. Contudo, a habilidade de escrever bem é totalmente distinta, e pode ser um enorme desafio para aqueles que estão acostumados a depender de outros para "colocar as coisas no papel".
3. Inteligência interpessoal: Fundamental para o sucesso de qualquer negócio é saber se relacionar com os outros, sejam eles clientes, empregados, fornecedores e consultores. Os empresários bem-sucedidos investem no desenvolvimento de suas habilidades de comunicação e relacionamento interpessoal.
4. Trabalho duro: Os autônomos e empresários têm certa flexibilidade no horário de trabalho, mas quem é seu próprio chefe não costuma ter uma jornada de trabalho menor – e é preciso muito esforço e foco para que uma empresa dê certo.
5. Autonomia: Algumas pessoas têm muita dificuldade para ter iniciativa própria e precisam de um ambiente bem organizado para serem produtivas. A independência pode ser libertadora, mas também solitária; algumas pessoas precisam de interação diária e direta com as outras. Isso é especialmente válido para aqueles indivíduos que trabalham em casa, em vez de alugar um escritório em um prédio comercial.
6. Conhecimentos de marketing: Algumas pessoas são tímidas e introvertidas, e se você não está disposto a promover seu trabalho de modo incansável, talvez seu novo empreendimento não tenha muitas chances de sucesso. Identifique seu público-alvo. É preciso existir um mercado específico que precise de seus serviços e esteja disposto a pagar por ele. Estabeleça uma estratégia de marketing que tenha alguma vantagem competitiva que possa atrair clientes para

você e sua empresa, tornando-a mais interessante do que a concorrência. Os clientes podem vir de várias fontes diferentes e imprevistas. É preciso que você seja flexível e consiga se adaptar a situações novas.

7. Segurança financeira: Ser o dono de uma empresa é uma das melhores maneiras de enriquecer, desde que você saiba o que é preciso fazer para isso. Começar um negócio é arriscado, mas as chances de sucesso são melhores se, antes de começar, você entender os desafios que encontrará e deverá vencer. Além disso, é essencial que o novo empreendimento tenha capacidade financeira de sobreviver durante os períodos "de vacas magras", que muitas vezes chegam a durar um ano ou mais; caso isso não seja possível, talvez você deva reconsiderar a decisão de ser um construtor independente.

Além das várias dificuldades burocráticas e legais que um empreendedor deve superar para estabelecer e registrar uma nova empresa, há procedimentos para a fundação de uma construtora que envolvem tempo e dinheiro. Tudo isso deve ser bem analisado antes de você tentar abrir sua empresa.

>> *Investimento inicial e capitalização*

Os gastos iniciais podem ser divididos, grosso modo, em: 1. pesquisa; e 2. investimentos pré-operacionais. Esses gastos podem acontecer ao longo de várias semanas ou mesmo anos, dependendo do setor econômico e da duração do processo de pesquisa.

O investimento inicial normalmente inclui todos os valores gastos ou incorridos em relação a: 1. análise do que é mais interessante: abrir um novo negócio ou adquirir uma empresa já estabelecida; 2. a fundação ou aquisição da empresa. Entretanto, distinguir como classificar as despesas iniciais pode ser uma tarefa intimidante. As regras legais e contábeis nem sempre são precisas, mas várias etapas do processo de fundação de uma empresa determinam a classificação das despesas em termos contábeis.

De qualquer maneira, serão muitas as despesas iniciais, e elas começam bem antes que seu negócio efetivamente entre em operação. Seria inútil criar um negócio, administrá-lo e esperar que ele tenha sucesso sem dispor de fundos adequados. É importante estimar com precisão tais despesas, e então planejar como conseguir o capital necessário. É muito comum ver empresários novatos esquecendo de levar em conta (ou estimando muito mal) o capital necessário para que suas microempresas consigam "decolar" – um erro frequente é esquecer de incluir uma reserva para contingências (despesas imprevistas). Consequentemente, eles não conseguem o volume de financiamento devido para manter seus negócios durante o período de tempo necessário para que eles alcancem o ponto de equilíbrio e comecem a gerar lucros.

Para evitar ficar "descapitalizado", você precisará fazer um planejamento de gastos adequado durante a fase pré-operacional de sua empresa. A maioria dos especialistas recomenda que o capital inicial inclua todas as despesas operacionais que surgirão ao longo dos primeiros seis ou 12 meses da empresa. No mínimo, você precisará de vários meses para conseguir um volume de clientes suficiente para a estabilidade de sua empresa. Por outro lado, para determinar o volume de financiamento necessário, será necessário fazer projeções detalhadas dos gastos. Para isso, os especialistas costumam sugerir um processo com duas etapas. Em primeiro lugar, faça uma estimativa dos investimentos iniciais que incorrerão apenas uma vez. Depois faça uma projeção de seus custos operacionais e das despesas gerais indiretas para, no mínimo, os primeiros seis meses de operação. Esses dois exercícios lhe ajudarão a garantir o suporte financeiro necessário para poder abrir sua empresa e mantê-la operando até que ela comece a dar lucro.

» Estimativa do investimento inicial

Estimar o valor necessário para começar um novo negócio exige uma análise cuidadosa de vários fatores. O primeiro passo é fazer uma lista realista dos gastos únicos antes de "abrir as portas", como as despesas com móveis, equipamentos e instalações necessários. Sua lista também incluiria o custo do capital de terceiros, ou seja, a prestação do empréstimo feito, seja ela mensal, seja periódica. Registre esses custos na tabela a seguir:

Montante total do empréstimo   R$_____

Prestação do empréstimo   R$_____

Os móveis, acessórios e equipamentos necessários podem incluir, por exemplo, mesas e cadeiras, divisórias móveis, estantes, arquivos, mesas de reunião, um cofre, pontos de iluminação especial e sinais visuais.

GASTOS INICIAIS TÍPICOS (QUE EM GERAL SÃO FEITOS APENAS UMA VEZ):

Móveis, acessórios e equipamentos   R$_____

Decoração dos interiores   R$_____

Instalação de acessórios e equipamentos   R$_____

Inventário inicial   R$_____

Taxas para ligações a utilidades públicas (como luz)   R$_____

Honorários com advogados e outros profissionais   R$_____

Licenças ou concessões   R$_____

Publicidade e promoção de inauguração   R$_____

Contratação do empréstimo bancário   R$_____

Outras despesas diversas   R$_____

NUMERÁRIO TOTAL ESTIMADO PARA INICIAR O NEGÓCIO =   R$ _____

Despesas mensais estimadas:

R$_____Salário do proprietário e/ou gerente

R$_____Outros salários e pagamentos

R$_____Impostos e gastos relacionados com a folha de pagamento

R$_____Aluguel ou prestação de compra do imóvel

R$_____Publicidade

R$_____Material de escritório

R$_____Telefone

R$_____Outras redes e serviços públicos

R$_____Seguros

R$_____Tributos do imóvel (como IPTU)

R$_____Pagamento de juros

R$_____Manutenção e consertos diversos

R$_____Advogados e contadores

R$_____Gastos diversos

TOTAL DAS DESPESAS MENSAIS ESTIMADAS =

R$_____ Multiplique por 6 (para 6 meses) ou 12 (para um ano)

R$_____ Some com o valor dos gastos iniciais típicos (listados anteriormente)

CAPITAL TOTAL ESTIMADO

R$_____

Uma vez terminado o cálculo do numerário aproximado que você precisará para começar seu negócio, poderá conferir qual a parcela que você de fato tem ou pode disponibilizar para investir no negócio e então pensar onde será possível obter o resto do dinheiro necessário para começar o negócio.

» Empregados e formulários que devem ser preenchidos

Se você pretende contratar funcionários em turno integral ou não ou mesmo fazer com que sua pessoa jurídica o empregue, provavelmente precisará fazer alguns registros nas agências governamentais pertinentes, inscrever sua empresa no Fundo de Garantia por Tempo de Serviço (FGTS) e no Instituto Nacional de Segurança Social (INSS), para fins de seguro-desemprego e outros benefícios.

» Utilidades públicas

As utilidades públicas (eletricidade, telefonia, gás, água e esgoto, etc.) são despesas gerais indiretas. Em geral, são cobradas taxas de instalação quando você solicita a ligação a qualquer uma dessas redes. Quando você decidir abrir seu próprio negócio, coloque um anúncio nas Páginas Amarelas do guia de telefones, nos classificados ou pelo menos em algum site.

» Relatório de despesas

Sua empresa economizará tempo se tiver um relatório padronizado para o pedido de reembolso de despesas feitas, por exemplo, com viagens. Mesmo que o construtor recém tenha iniciado sua operação, é fundamental monitorar os gastos, e um formulário padronizado talvez seja a melhor maneira de fazê-lo. O relatório de despesas deve ser bem organizado e preenchido, identificando o local, nome e número de cada projeto, bem como as datas das despesas. Todos os recibos originais ou outros documentos comprobatórios também devem ser anexados ao formulário. Só então o departamento de contabilidade de sua empresa deverá processar e registrar tais pedidos de reembolso, antes de arquivá-los.

» Equipamentos e móveis de escritório

Todas as empresas precisam ter alguns equipamentos e móveis, embora as necessidades variem muito conforme o tipo de negócio. Às vezes, é melhor poupar dinheiro para ter inventário ou capital de giro e comprar equipamentos e móveis usados, mas em bom estado, que evidentemente são mais baratos.

» Serviços de telefonia e acesso à Internet

Consiga um número de telefone e registre um domínio (para seu próprio site da Internet). O domínio deve ter nome simples e fácil de lembrar. Isso será discutido com mais detalhes em uma seção seguinte deste capítulo.

» Fornecedores e prestadores de serviço

Identifique os principais fornecedores e prestadores de serviço, registrando seus nomes, endereços, tipo e quantidade de produtos ou serviços oferecidos, facilidades de crédito, sistemas de entrega, histórico e seriedade. Para os itens mais importantes, é melhor contar com mais de um fornecedor. Os fornecedores muitas vezes relutam em enviar pedidos a empresas novas. Esse é um dos motivos pelos quais você deveria ter um relacionamento sólido com seu banco, para poder lhe solicitar referências de crédito que sejam aceitas pela maioria das empresas. Alguns fornecedores e prestadores de serviços exigem pagamento à vista na entrega dos produtos ou prestação dos serviços quando as empresas são muito novas, então leve isso em consideração ao fazer seu planejamento financeiro e calcular seus gastos iniciais.

» Arquivamento de documentos fiscais e contabilidade

Organize seu sistema de arquivamento de documentos fiscais e contabilidade e informe-se sobre os tributos que a firma deverá pagar. No Brasil, em geral, as empresas são obrigadas a guardar comprovantes fiscais e de pagamentos de tributos por cinco anos, mas alguns recolhimentos não feitos (como contribuições do INSS) podem ser cobrados muitos anos depois e às vezes sequer estão sujeitos à prescrição. Assim, informe-se com seu contador por quanto tempo sua empresa deverá guardar os documentos fiscais, as declarações do imposto de renda, os balanços anuais, as alterações no contrato social, etc.

Você poderá fazer sua própria contabilidade, ao menos no início. Porém, se seus conhecimentos contábeis forem limitados, contrate um contador para trabalhar em meio-expediente ou lhe prestar serviços periódicos e fazer sua contabilidade mínima. O contador pode se responsabilizar pela contabilidade durante os primeiros meses, enquanto você se familiariza com os procedimentos. Faça do contador seu conselheiro – após algum tempo você provavelmente se sentirá seguro para cuidar sozinho de toda a contabilidade.

» Questões diversas a considerar

Na indústria da construção civil, os equipamentos e as máquinas em geral são fundamentais para todas as empresas. Sem equipamentos apropriados, seria difícil prestar os serviços de modo eficiente e dentro dos prazos acordados. Geralmente, o objetivo de um construtor é executar uma obra de acordo com as plantas e especificações, dentro do prazo, sem extrapolar o orçamento previsto e ao menor custo possível. Ao fundar uma empresa de construção, é crucial ter todos os equipamentos necessários para os diversos tipos de obras com os quais você pretende trabalhar. Assim como em todos os negócios, é importante que o equipamento "se pague", a fim de gerar lucros significativos. Em outras palavras, o custo de aquisição e operação de um equipamento deve ser menor do que o preço cobrado pelo construtor para seu uso.

Além disso, é importante levar em consideração tanto as despesas diretas da empresa como aquelas necessárias para você viver, para poder determinar quanto dinheiro você precisará. Se você está abrindo mão de um emprego assalariado para começar seu próprio negócio, deverá incluir na projeção de gastos uma estimativa do custo de vida para você e sua família durante o período que a firma precisará para se estabelecer e gerar lucro. Converse com seus familiares para calcular a menor despesa mensal para sua casa.

Uma vez somado o investimento de capital inicial de sua empresa com o quanto sua família precisa para, digamos, viver durante seis meses, talvez você se surpreenda com o total e prefira reconsiderar ou tentar economizar durante algum tempo mais. Provavelmente, valha a pena revisar certas categorias de gastos, como equipamentos, material de escritório ou publicidade e propaganda, não esquecendo do controle de custos.

Ainda que você tenha calculado com o maior cuidado o investimento que será necessário, é provável que jamais tenha sido o proprietário ou administrador de uma empresa. Nesse caso, talvez valha a pena mostrar sua estimativa a um empresário com bastante experiência e se certificar que sua projeção de gastos está correta.

» *Formulários, tributos, licenças, permissões e seguros*

Como proprietário de uma empresa você é obrigado a entender e cumprir as leis e os regulamentos públicos que se aplicam a seu negócio e foram criados para proteger você, seus clientes e empregados. Após decidir abrir um negócio, é provável que você precise obter várias licenças e permissões municipais, estaduais e federais. Como as exigências para as pequenas empresas podem variar de uma jurisdição para a outra, é importante que você entre em contato com as agências das três esferas públicas, para se informar sobre as obrigações específicas de sua empresa.

» **Nome e natureza jurídica da empresa**

Agora chegou a hora de decidir qual será o nome e a estrutura jurídica de sua empresa. Cada tipo jurídico de empresa tem suas vantagens e desvantagens. A natureza escolhida dependerá das necessidades de sua empresa e terá impacto direto em como seu negócio será conduzido. Os principais tipos de empresa são quatro: firma individual, empresa de responsabilidade limitada (LTDA.), empresa individual de responsabilidade limitada (EIRELI) e sociedade anônima (S.A.).

Uma firma individual é uma empresa cuja propriedade e direção está nas mãos de apenas uma pessoa. Essa é a forma mais simples de empresa e a mais comum adotada pelas pequenas empresas. No entanto, se você não tiver o capital ou os conhecimentos suficientes para empreender sozinho, talvez seja melhor ter uma "limitada". Outra opção é iniciar com uma firma individual e posteriormente buscar sócios. O custo posterior de transformar sua empresa individual em uma limitada não é significativo, mas, a menos que os sócios aumentem suas chances de sucesso ou ofereçam mais proteção para seu investimento, não há muitas vantagens em tê-los. Mesmo que o risco para seu patrimônio pessoal seja limitado ao obter um empréstimo ou caso o capital da empresa seja mal-empregado, ainda assim você pode ser pessoalmente responsabilizado.

Antes de decidir, consulte um advogado para escolher qual tipo de pessoa jurídica criará. Atualmente, a maioria dos empresários prefere formar uma limitada, pois ela costuma ser mais vantajosa em termos tributários e dilui as responsabilidades dos sócios. Enquanto aguarda pela constituição de sua empresa, você deve entrar em contato com os vários órgãos tributários municipais, estaduais e federais.

As empresas individuais de responsabilidade limitada são uma nova natureza jurídica instituída no Brasil em 2012, e todos os novos empresários deveriam se informar sobre suas vantagens e desvantagens. Do ponto de vista contábil, o maior benefício de se constituir uma empresa individual de responsabilidade limitada talvez seja a incomunicabilidade entre o patrimônio empresarial e o patrimônio pessoal do empresário, embora haja exceções a essa regra, como as dívidas trabalhistas e previdenciárias. Além disso, evidentemente, tal natureza jurídica evita a necessidade dos sócios participativos (ocultos), tão comuns.

» Licenças e permissões

As licenças (ou alvarás) e permissões podem ser federais, estaduais ou municipais, e cada setor empresarial está sujeito a algumas delas antes de poder efetivamente entrar em operação.

No mínimo, sua empresa precisará de um Alvará de Localização e Funcionamento, uma licença concedida pelo município para que determinada atividade seja exercida em certo local. Essa exigência geralmente se aplica mesmo que a sede de sua empresa seja sua casa.

A maioria das empresas tem um nome de fantasia, cujo objetivo costuma ser deixar mais claro para os possíveis clientes exatamente o que sua firma oferece. Para usar um nome de fantasia, às vezes é obrigatório obter uma licença em uma ou mais das esferas públicas, ou, no mínimo, ela deverá constar no contrato social de sua firma. Essa licença (ou o contrato social que estipula o nome de fantasia utilizado) também costuma ser exigida pelos bancos quando você for abrir uma conta ou contratar seus serviços.

Alguns tipos de atividade exigem licenças profissionais, como costuma ser o caso de construtores, corretores de imóvel, engenheiros, corretores de seguros, etc. Muitas vezes, essas pessoas precisam ser aprovadas em um exame público antes de receber suas licenças e poderem atuar na área. Contate as agências estatais para obter uma lista completa das ocupações que exigem uma licença profissional.

Se você planeja trabalhar em casa, também deverá estudar cuidadosamente as normas de zoneamento. Os bairros residenciais geralmente têm normas de zoneamento bastante restritivas, impossibilitando que uma residência seja utilizada para diversas atividades profissionais.

As leis federais controlam os vários tipos de atividades interestaduais, estipulando quais licenças e permissões são obrigatórias para que sua empresa opere no nível nacional. Contudo, na maioria dos casos você não precisará se preocupar com isso, pois tal exigência se aplica a poucos tipos de atividades.

» Planejamento tributário

O planejamento tributário será uma tarefa para o ano inteiro, se você quiser minimizar os gastos com impostos e taxas públicas. Seja para ter aprovação em uma auditoria, aproveitar deduções de impostos ou encontrar maneiras menos onerosas de administrar sua empresa, um bom contador poderá ajudar a reduzir suas obrigações tributárias e fazer com que o pagamento dessas despesas seja menos estressante.

Assim que você tiver o número de CGC (Cadastro Geral de Contribuintes) de sua empresa, poderá obter os demais registros municipais e, às vezes, estadual, para poder emitir notas fiscais, reter impostos de renda na fonte e se inscrever no FGTS (Fundo de Garantia por Tempo de Serviço), um tributo que deverá ser pago para seus funcionários. Ter o CGC federal também lhe permitirá abrir uma conta corrente para sua empresa.

No Brasil, as empresas, sejam individuais ou com sócios, precisam enviar relatórios tributários ao término de cada trimestre, prestando conta do faturamento e dos impostos pagos.

» Seguros

A contratação de seguros é necessária para qualquer tipo de empresa. Os prêmios em geral são elevados, especialmente nos seguros de responsabilização profissional, mas é impossível trabalhar em paz sem ter uma cobertura ampla. Há muitos tipos de seguros que podem ser contratados por uma empresa, e, às vezes, as seguradoras oferecem pacotes bastante abrangentes. Os planos de saúde também são uma forma de seguro, e se você planeja oferecê-los para seus funcionários, em primeiro lugar informe-se sobre a taxa de adesão. Aliás, antes de abrir sua empresa, você deve incluir no investimento inicial o custo dos prêmios de seguro.

» Conta bancária

Uma vez obtido o CGC (federal), você poderá abrir uma conta-corrente para sua empresa. Conheça pessoalmente o gerente de sua agência bancária – ele será uma de suas mais importantes referências. Peça seu conselho quanto a questões financeiras. Quanto mais ele lhe ajudar, melhor ele lhe conhecerá. Contrate uma linha de crédito para o caso de emergências ou despesas imprevistas. Os bancos não se mantêm sem fazer empréstimos, então não hesite em pedir crédito. Contrate os serviços de um ou vários cartões de crédito que seu estabelecimento aceitará ou você usará para seus gastos. As operadoras de cartões de crédito cobram uma comissão de 3 a 5%, mas esse serviço é necessário para atrair um maior público-alvo.

Para abrir uma conta bancária, você precisará do CGC, de uma cópia do contrato social e outros documentos, como, em certos casos, a inscrição no INSS ou no Ministério da Fazenda. Se você tiver sócios, o banco provavelmente requisitará um número maior de documentos e assinaturas. Antes de tudo, contate o banco, para ver quais são as exigências específicas de cada instituição para a abertura de uma conta-corrente de pessoa jurídica.

» *Como criar uma imagem profissional*

Ser dono de seu próprio negócio é uma das melhores maneiras de aumentar sua renda e satisfação pessoal, desde que você saiba tudo o que é necessário. Abrir uma empresa é arriscado, mas suas chances de sucesso aumentarão se você entender os desafios que enfrentará e tratar de enfrentá--los, de preferência antes de começar seu negócio.

›› Desenvolva uma identidade empresarial

É fundamental criar uma boa imagem profissional e identidade empresarial, refletindo segurança e eficiência. Uma das primeiras coisas que você deve fazer é contratar um profissional para criar um logotipo, o cartão de visita, o papel timbrado e os materiais promocionais de sua empresa. Um logotipo e um papel timbrado feitos por um profissional competente contribuem muito para transmitir uma imagem positiva aos clientes.

›› Publicidade e propaganda

Muitas novas empresas começam a operar sem ter uma bela inauguração e fazer comunicados à imprensa, que podem ser os jornais municipais ou as publicações da sua área. Talvez seja interessante também imprimir algumas centenas de folhetos e enviá-los a clientes em potencial. Outra alternativa é a inserção de um anúncio da inauguração de seu negócio, que pode ser encartado nos jornais distribuídos aos assinantes. Os gastos com qualquer iniciativa de publicidade planejada devem ser incluídos, bem como as despesas com folhetos, malas diretas, ligações telefônicas, brochuras, catálogos, cartazes e outros itens promocionais.

›› Faça atividades de marketing

Contrate com um bom profissional para a elaboração de brochuras e outros materiais promocionais. Caso sua empresa preste algum serviço especial, busque aprender qual é o tipo de marketing mais adequado para ela. Um plano e uma estratégia de marketing são necessários para sensibilizar os seus clientes ideais. Agora que sua empresa já está aberta, é preciso divulgá-la. A Figura 12.1 apresenta uma mala direta típica, que mostra aos clientes atuais e potenciais que sua empresa já está pronta para receber pedidos.

›› Gerencie bem seu tempo

Uma secretária ou um gerente pode ajudar a tornar os aspectos operacionais de sua empresa os mais eficientes possíveis, permitindo que você possa se concentrar na prestação dos serviços e ampliação dos negócios. Essa é uma maneira de liberá-lo do processamento de pedidos, do pagamento de contas, funcionários e impostos, de tarefas burocráticas, etc. Quanto mais organizado você for, mais eficiente será.

›› *Como divulgar seus serviços*

Ser profissional vai muito além de apenas fazer seu serviço de modo efetivo. A maneira pela qual você se porta em um ambiente profissional não reflete somente sua posição dentro da empresa como também afeta as chances de crescimento de sua carreira.

Muitas pessoas têm dúvidas sobre qual seria o protocolo adequado para várias situações em ambientes profissionais.

Mr. John Doe
Departamento de Imóveis
First Union Bank, 1070
Chain Ridge Road
McLain, Virgínia, 22101
Estados Unidos

24 de abril de 2008

Tel.: (703) 760 0000
Fax.: (703) 760 0001
Email: jdoe@abc-contractors.com

Assunto: Serviços de Construção

Prezado Sr. Doe,

Venho por meio desta lhe apresentar os serviços de construção e gerenciamento de obras que estamos oferecendo às instituições de financiamento de imóveis.

A ABC Contractors foi criada recentemente para prestar serviços gerais de construção. Embora nossa empresa seja recém-formada, seus sócios têm mais de 20 anos de experiência com construção e gerenciamento de obras. Somos licenciados para atuar nos estados da Virgínia, Maryland e Washington, D.C. Para obter mais informações e ter uma ideia de nossos serviços, por favor, visite nosso site: www.abc-construction.com.

Estamos a sua disposição para orçamentos gratuitos de qualquer projeto, inclusive reformas. Podemos viajar para qualquer parte dos Estados Unidos, a fim de prestar serviços adequados as suas necessidades. Minha linha direta de telefone é (703) 852 4391.

Atenciosamente,

Dr. Sam Kubba, Membro do Instituto de Arquitetos dos Estados Unidos,
Sócio
ABC CONTRACTORS

CC: Arquivos Gerais

ABC/PROMO/CARTAS/First Union/promoção.doc

Figura 12.1 Exemplo de uma mala direta que pode ser enviada aos clientes, informando-lhes que sua empresa já está em funcionamento. Esta carta deve ser acompanhada de algum material promocional.

A maioria dos clientes em potencial decide em questão de segundos se considera você ou seus empregados confiáveis. A confiança é crucial para o estabelecimento de relações que possam se transformar em parcerias profissionais.

Apresentações desajeitadas, apertos de mão fracos, dificuldades de comunicação, reuniões ineficientes e falta de consideração com os outros podem afetar negativamente sua carreira e suas relações profissionais. Quando não se nota grandes diferenças nos outros aspectos de uma empresa, a cordialidade pode se tornar seu maior diferencial.

» Correspondência

A correspondência é um assunto delicado, pois hoje há inúmeras formas de comunicação. A decisão de se comunicar com um cliente por telefone, email ou face a face depende em grande parte da personalidade de cada um. Os introvertidos costumam preferir o uso de emails, pois eles são eficientes e evitam o contato direto; já os extrovertidos preferem a comunicação direta.

» Autoconfiança

Se você é seguro, parecerá ser um profissional de sucesso perante os demais. A autoconfiança se consegue por meio da organização, do preparo e da obtenção da qualificação necessária para a boa execução de um serviço. Contudo, isso não significa que você jamais fará perguntas ou que desista quando surgirem certos desafios intransponíveis. Paradoxalmente, as pessoas autoconfiantes sabem da importância de fazer perguntas. Lembre-se de ficar tranquilo e ser reservado e – acima de tudo – pensar antes de falar. Seja ao iniciar uma nova atividade profissional ou ao tentar se reinventar profissionalmente, informe-se sobre o que você deverá fazer. O mundo empresarial pode ser cruel, mas, com as habilidades mencionadas anteriormente você estará no caminho do sucesso.

» Reuniões

As reuniões são um tópico na qual o sucesso depende muito da boa organização e de preparos adequados. Você frequentemente encontrará pessoas ocupadas e distantes ou inacessíveis. Faça uma lista de perguntas que deseja fazer ou dos assuntos a tratar e, antes de ir para a reunião, saiba quais são seus objetivos para o encontro.

As reuniões de negócios são uma das arenas nas quais a falta de etiqueta pode ter efeitos negativos. Assim, melhorar sua etiqueta nas reuniões automaticamente aumentará suas chances de sucesso. Segurança, confiança, atenção e comunicação clara são alguns dos resultados positivos da prática de uma boa etiqueta profissional.

As reuniões informais, por outro lado, tendem a ser mais despreocupadas e nem sempre precisam ser conduzidas em um escritório ou sala de reuniões. Ainda assim, é importante manter o profissionalismo e a boa etiqueta. As reuniões formais podem ser de vários tipos – de um departamento, da administração, do conselho diretor, com os clientes, etc. – e as normas de etiqueta podem ser surpreendentes. Cada um desses tipos de reunião costuma ter um formato específico. Um resumo das diretrizes para uma boa etiqueta profissional em reuniões formais:

- Prepare-se para a reunião, uma vez que sua contribuição pode ser fundamental para ela. Se você for usar estatísticas, relatórios ou outros tipos de informações, entregue a cada um dos participantes da reunião um jogo de cópias desses documentos, mas faça-o com antecedência, para que possam ser lidos adequadamente.
- Durante as reuniões, os telefones celulares devem ficar desligados.
- Seja pontual e se vista adequadamente, pois esses hábitos refletem profissionalismo.
- Quando houver assentos estabelecidos para os participantes, aceite seu lugar. Caso tenha dúvida, pergunte.
- É uma cortesia começar as apresentações ou os comentários introdutórios reconhecendo brevemente o presidente da reunião e os outros participantes.
- Durante as discussões, faz parte da boa etiqueta profissional deixar que os participantes mais velhos contribuam primeiro.
- Interromper quem está falando é falta de educação – mesmo que você discorde totalmente. Tome notas sobre o que foi dito e retome o assunto depois, com a anuência do presidente da reunião.
- Ao falar, seja breve e objetivo, certificando-se de que o que você diz é relevante.

- Também é falta de etiqueta profissional revelar a outras pessoas que não estiveram presentes o que foi discutido – tudo o que é falado em uma reunião a princípio deve ser tratado como confidencial.

>> Identifique e vá atrás de possíveis contatos

Há muitos métodos para identificar e chegar a clientes e serviços em potencial, dependendo do fato de você desejar que sua empresa seja uma firma individual e sem funcionários ou uma empresa com grande estrutura e vários colaboradores. Esses métodos incluem:

1. Enviar folhetos, brochuras, emails, etc., a clientes em potencial é um excelente ponto de partida.
2. Surfar na Internet. Hoje, a maioria dos construtores e instaladores tem sites, e algumas dessas empresas coloca uma lista dos clientes (para aumentar a confiança de clientes em potencial). Tais listas podem ser pesquisadas, a fim de conferir se vale a pena ir atrás de algum cliente.
3. Visite as várias imobiliárias de seu bairro, para ver quais propriedades comerciais estão sendo oferecidas. Você deve fazer uma lista de todos esses possíveis contatos, chegando a eles por meio de cartas e materiais promocionais e oferecendo os serviços de sua empresa.
4. Como muitos desses clientes serão proprietários de imóveis, empreendedores/investidores e empresas financeiras (como bancos comerciais e caixas econômicas), talvez seja interessante fazer uma lista com o auxílio das Páginas Amarelas, da Internet e de algumas pesquisas em uma biblioteca pública.

>> Propostas, contratos e pagamentos

Os serviços de construção em geral são contratados com base em uma proposta, licitação ou negociação entre as partes. Em suma, o construtor fará uma estimativa do custo de execução de um projeto e agregará um percentual, que corresponderá ao lucro e às contingências (despesas imprevistas). No entanto, no final das contas, seu preço deverá ser determinado pela lógica da maioria dos negócios – ou seja, ele precisa refletir o que o mercado está disposto a pagar.

De qualquer maneira, leia o contrato cuidadosamente. Muitos construtores e terceirizados costumam assinar contratos pré-prontos, sem lê-los com atenção ou solicitar uma revisão a seu advogado. Em parte, isso acontece por que os construtores em geral não gostam muito de lidar com a "papelada" relacionada com um serviço. Mas infelizmente a contratação trata de contratos, e os contratos incluem a "papelada"! Em alguns casos, até 50% de todo o lucro que é obtido ou perdido em um projeto de construção resulta de como o contrato foi negociado e feito.

Reunir todos os documentos necessários, fazer ordens de mudança de pedido e reunir as informações previstas em um contrato podem ser uma tarefa desanimadora. Porém, uma vez que você se acostumar a seguir os contratos, isso se tornará uma parte normal da sua metodologia de trabalho. Para conseguir tudo o que você merece durante a execução do projeto para seu cliente, você deverá fazer as solicitações nos momentos adequados. O não cumprimento dos prazos contratuais pode resultar na perda de seu direito de ser pago por itens ou serviços que fujam ao seu escopo de trabalho ou controle. É interessante dedicar algum tempo extra para se certificar de que o contrato inclua minuciosamente todos os serviços que serão contemplados pela obra. Sempre que necessário, os problemas que surgirem devem ser fotografados.

Ao não documentar de modo completo e em tempo hábil os conflitos ou as alterações de uma obra, os construtores inconscientemente transferem uma maior parte das responsabilidades para seus ombros e isso pode impossibilitá-los de cobrar por serviços extras, que não estavam incluídos no contrato.

A fim de obter as informações necessárias para a elaboração e apresentação de um orçamento, uma prática comum é primeiro visitar o terreno, sem qualquer custo para o cliente. Isso evita surpresas futuras, já que o cliente desde o início sabe o que espera de uma obra. Quando serviços adicionais forem necessários, deverá ser apresentada uma fatura à parte (Figura 12.2). Não hesite em fazer orçamentos com outros construtores, para compará-los com o seu, levando em conta a oferta e a demanda em sua área.

» *A Internet, seu site e a criação de uma imagem para sua empresa*

A Internet criou enormes oportunidades para alcançar um número de pessoas que no passado era inimaginável. Além de tornar possível a comunicação com um público muito mais amplo do que aquele que antes era alcançado por meio da publicidade e de outas mídias, ela também chega a

PEDIDO DE EMISSÃO DE NOTA FISCAL
SERVIÇOS ADICIONAIS EXECUTADOS

NOME DO EMPREGADO:

DATA:

PROJETO Nº:

OBRA: ____________________

PERÍODO ATÉ ____________________

DESCRIÇÃO DOS SERVIÇOS EXECUTADOS, INCLUINDO QUEM ESTEVE ENVOLVIDO, AS DATAS, ETC.

HORAS: ____________

DESPESAS: ____________

____

____

APROVADO: ASSINATURA:

MODELO

Figura 12.2 Um exemplo típico de formulário para serviços não previstos em um contrato.

pessoas que de outro modo não teriam acesso a informações sobre as empresas no mercado. Os sites, sejam eles para empresas pequenas ou de qualquer tamanho, se tornaram uma alta prioridade; eles não só são uma ótima ferramenta de marketing, mas permitem aos empresários alavancar seus serviços e lançar diversas campanhas de marketing ao longo de um curto período de tempo. Considere seu site uma plataforma para apresentar seus serviços aos clientes e ao mundo inteiro.

Contudo, usar a Internet é mais do que apenas criar um site e aguardar que os clientes em potencial o encontrem. O site deveria ser apenas uma das partes de uma abrangente estratégia de marketing na Internet. Mas antes de lançar seu site, é fundamental que sua empresa já tenha um email em funcionamento.

Emails

O uso de emails é extremamente importante para a comunicação e para o envio de materiais promocionais. Um número cada vez maior de clientes considera a disponibilidade de um email vital, pois a comunicação por meio dos correios é muito trabalhosa e ineficiente. Um email de uma empresa deve ser profissional e simples. Após a criação do site, o email deverá refletir o nome do domínio do site.

O Site

Um número cada vez maior de clientes espera que os profissionais e as empresas tenham seu site, da mesma maneira que devem ter um cartão de visitas. Porém, em primeiro lugar, é importante entender por que um site é necessário e o que se pode conseguir com ele. Um site no mínimo pode divulgar seus serviços a um público global. Além disso, ele é um excelente veículo para a venda dos serviços de uma companhia na Internet. Lembre-se de considerar quais informações você quer que seus clientes em potencial consigam ao visitar seu site. Um site bem elaborado em geral pode ser utilizado para:

- Os clientes em potencial fazerem perguntas
- Melhorar sua prestação de serviços
- Dar mais informações sobre a empresa e seus serviços
- Obter um retorno dos clientes acerca dos serviços prestados pela empresa
- Recrutar funcionários
- Aumentar a eficiência da empresa

O uso de um site para facilitar o acesso dos clientes e colaboradores a sua companhia pode trazer grandes benefícios. Os clientes ficam mais felizes e têm seus problemas resolvidos rapidamente, e você pode dedicar uma parte maior de seu tempo para outras questões importantes. A lista de serviços que você pode oferecer por meio de seu site é enorme.

Seu site pode, por exemplo, incluir fatos, números e imagens de projetos, incluindo as obras executadas recentemente, a experiência da empresa, etc. Ele também pode incluir esclarecimentos sobre a estrutura de sua firma – ou seja, "quem faz o quê". O site pode ser utilizado para divulgar eventos futuros ou informações que devem ser rapidamente disponibilizadas.

Planeje sua abordagem

A Internet e seu site são apenas mais uma das formas de alcançar seu público-alvo. Você já deu todos os passos necessários para o dia a dia de sua empresa. Agora você precisa traduzir isso para essa nova mídia. Pense na imagem que você quer transmitir aos visitantes do site, e certifique-se de que tudo no seu site contribua um pouco para essa imagem. O desenvolvimento e a manutenção de um site não são tarefas pequenas.

Mas, seja ao criar um conceito para seu site pela primeira vez ou tentar atualizar um site existente, não deixe de olhar para o site do ponto de vista do usuário. Por exemplo, o que os visitantes buscarão ao se conectarem a ele? Se você está trabalhando com um site já existente, pergunte aos clientes e clientes em potencial o que eles acham das informações ali oferecidas. O que mais eles gostariam de ver incluído no site? Conheça seus visitantes atuais (ou futuros) e saiba o que eles querem e do que precisam. Se você está começando a partir do zero, uma enquete rápida talvez ajude a determinar as respostas a tais perguntas. Analise os sites de outras construtoras ou instaladores para de descobrir os serviços adicionais que seus colegas estão oferecendo aos usuários.

Para cada um dos objetivos que você escolheu para o site de sua companhia e para você próprio, é preciso decidir:

- Qual é o público-alvo?
- O que você quer que os clientes consigam em seu site?
- O que você precisa ter em seu site a fim de atrair clientes ou mantê-los em contato? Tanto o conteúdo quanto o desenho do site são cruciais para o sucesso do seu marketing.
- Quais serviços você precisa oferecer online ou diretamente, para reforçar a "promessa" feita aos visitantes?
- Como você vai promover seu site e seu conteúdo junto ao público-alvo?

A criação do site

Para criar um site empresarial aceitável (e não uma home page pessoal), você precisa do seguinte:

- Um domínio, como www.mysite.com
- Um espaço na Internet – um local para a manutenção dos arquivos de seu site, oferecido por uma hospedagem.
- O site propriamente dito – um conjunto de páginas e imagens relacionadas entre si, para que o site fique completo.

A primeira coisa que você precisa é um endereço na Internet ou nome de domínio. Há inúmeras empresas, como www.register.com e www.dotster.com, que lhe permitem conferir se o nome escolhido está disponível e, se esse for o caso, registrar o nome do domínio online. O registro de um domínio não é caro, e muitas vezes o nome do domínio será registrado no mesmo site de hospedagem que oferece o espaço na Internet. A maioria das empresas lhe permitirá "reservar" um nome até que seu site esteja pronto.

O espaço na Internet é o espaço em um computador cuja propriedade é de uma empresa hospedeira. Ele é feito de tal modo que qualquer pessoa que digitar o nome do seu domínio em um navegador será conectada ao seu site. O número de empresas de hospedagem é enorme, mas você precisará fazer algumas pesquisas na Internet para descobrir uma que atenda às suas necessidades da melhor forma possível.

Qualquer um pode fazer um site na Internet, e parece que realmente todas as pessoas o fazem, com maior ou menor sucesso. Se você sabe como usar um editor de texto, também tem como criar seu site. No entanto, a criação de um bom site é totalmente diferente e exige uma análise profunda e atenção aos detalhes.

Os componentes e detalhes do site

O site deve destacar os serviços prestados por sua empresa, citando-os em sua "missão" ou "visão". Quando você está criando um site, é como se estivesse começando a escrever em algo parecido com uma folha em branco. A maioria dos usuários da Internet provavelmente não lhe conhece bem. Você pode projetar o tipo de imagem que quiser e, além disso, pode enfatizar qualquer aspecto especial da organização que desejar.

Pegue uma folha de papel, sente-se com alguns de seus colegas e faça uma seção de brainstorm para compilar alguns pontos importantes de sua empresa, o que você faz ou gostaria de fazer. A seguir, você precisará relacionar esses pontos com o tipo de imagem que deseja transmitir em seu site. Assim, quando chegar a hora de fazer seu site, você conseguirá ignorar as imagens e animações chamativas, mas irrelevantes, e se concentrará em fazer com que o usuário possa ter acesso rápido e efetivo às informações que ele precisa. Use seu site para mostrar sua competência da melhor maneira possível; em outras palavras, ressalte seus pontos fortes.

A imagem de sua empresa também conta em um site. Você provavelmente quer se certificar de que a imagem nas páginas da Internet corresponda à imagem divulgada por outros formatos e mídias. No entanto, não se esqueça que você está começando do zero e tem liberdade total. Talvez inclusive valha a pena fazer algumas mudanças sutis no site – por exemplo, se a cor de sua empresa é azul, pense em mudar o tom ou mesmo radicalizar, e adotar o vermelho! Escolha um tema e se atenha a ele. Use o mesmo logotipo em todas as páginas, na mesma posição e com o mesmo tamanho.

Hoje, fazer um site é mais fácil do que nunca; às vezes, ele pode ser feito da noite para o dia. Graças à riqueza de informações e opções disponíveis na Internet, você não precisa ser um desenhista gráfico ou especialista na rede mundial para dominar as questões-chave. Uma ótima maneira para começar a desenvolver seu site é usar um dos modelos disponíveis, que, embora simples, são vários e atraentes. Você sempre poderá aprimorar sua página posteriormente, e isso é mais fácil do que nunca encontrar um modelo único, de modo que você não estará simplesmente imitando outro site. Não há códigos envolvidos – você sequer precisa aprender o HTML.

É ilegal copiar o site de outra empresa, mas encontrar um modelo gratuito é simples: basta baixá-lo da Internet e você terá uma estrutura com a qual pode começar a trabalhar. Uma vez encontrado o esquema certo, examine suas opções para desenvolvê-lo ou adaptá-lo a sua empresa. Nem todos precisam ter um site personalizado; se você está buscando uma apresentação e funções padronizadas, encontrará várias opções atraentes na Internet. Após gravar os modelos obtidos em seu construtor de sites favorito, você poderá imediatamente lançá-lo na rede. A Figura 12.3 mostra um exemplo de modelo modificado que você pode encontrar na Internet. Esses sites costumam oferecer modelos gratuitos e serviços de criação de sites. Os links podem ficar no lado esquerdo ou no topo da página. Eles são uma maneira de direcionar o visitante rapidamente para onde ele deseja ir (por exemplo, para ler a missão da empresa, ver as obras que estão sendo executadas, os serviços que são oferecidos, etc.). O modo como a página é composta e desenhada é basicamente uma questão de preferência. No entanto, para que um site tenha aparência profissional, é recomendável contratar um profissional para seu desenho.

Quem você quer que visite seu site? Isso depende muito das respostas que você já obteve, mas, entre outros, serão os clientes atuais e potenciais, as pessoas interessadas na sua área, que talvez nunca tenham ouvido falar em você, outras organizações e indivíduos, etc. Se sua empresa é de construção, o público-alvo de seu site provavelmente será mais ou menos o seguinte:

- Proprietários de imóveis e síndicos

Figura 12.3 Exemplo de um modelo para criação de página na Internet que pode ser baixado gratuitamente de sites como www.freewebsitetemplates.com ou www.steves-templates.com. Esse modelo foi modificado para se adequar a uma construtora. Fonte: site www.freewebsitetemplates.com.

- Empresários ou financistas
- Investidores
- Arquitetos e engenheiros

Faça sua lista e então escolha seus alvos prioritários. Por exemplo, se você quer promover a imagem de uma empresa de instalações prediais especializada em eletricidade, os proprietários de imóveis provavelmente terão maior prioridade que os visitantes casuais. Isso deve ser enfatizado na estrutura das páginas do site e no peso que você dará a essa informação.

Para que os visitantes do site saibam que você é de confiança, lembre-se do que foi dito antes: você não pode presumir que os usuários saibam que sua empresa é séria. Assim, a mensagem deve ser reforçada em todas as oportunidades. Use o logotipo de sua empresa, o brasão de sua universidade e outras imagens para reforçar essa ideia. Se você ganhou algum prêmio, faça com que todos os visitantes de seu site saibam disso! Eles precisam de confirmações de que tanto sua empresa e as informações do site são confiáveis. Isso deve ser enfatizado em todas as páginas do site – como não há como saber qual página será visitada em primeiro lugar, você deve ser consistente ao posicionar seu logotipo sempre no mesmo lugar.

Você tem menos de 15 segundos para criar um impacto antes que seus visitantes saiam. Essa janela é muito pequena, então você deve se esforçar ao máximo para aproveitá-la. Deixe claro qual é sua mensagem. Se você não souber qual ela é, os visitantes também não saberão. O desenho do site é crucial. Ofereça a seus visitantes uma orientação suficiente e deixe que eles escolham como usarão seu site. Deve haver uma razão pela qual as pessoas visitem seu site e outra razão pela qual eles continuam retornando a ele. Ou seja, você deveria oferecer algo útil, como uma lista detalhada de seus serviços, com preços atuais. No entanto, se você conseguir pensar em um serviço gratuito que seja útil (como um orçamento gratuito) que possa oferecer para atrair as pessoas ao site, é mais provável que eles o visitem com mais frequência e fiquem mais tempo logados.

Um site bem-sucedido não precisa ser lindo ou estar repleto dos últimos recursos da Internet. Em geral, seu sucesso sequer depende de quantas pessoas o visitam – o que importa é quantas pessoas o visitam regularmente e qual a quantidade de negócios que ele gera.

Agora o site está ativo e você está esperando pela chegada dos pedidos de orçamento, mas isso não acontece, pois ninguém sabe da existência daquele site. Ele precisa ser divulgado. Os clientes em potencial precisam saber que o site existe. Assim, todos os materiais promocionais, como o papel timbrado, folhetos, catálogos e anúncios devem apresentar seu site e email.

Coloque o site em todos os buscadores da Internet. Em geral, leva pelo menos alguns meses para que um site se torne reconhecido e os buscadores da Internet comecem a gerar respostas. Esse é o tempo que costuma levar para as grandes ferramentas de busca (especialmente o Google) para indexar um site novo. Você também deve se certificar de que todos os diretórios especializados nos quais sua empresa aparece também tenham links para o site. É claro que a popularidade de seu site e quanto tempo levará para isso depende antes de tudo do que está sendo oferecido e de que forma os serviços são apresentados.

>> **NO SITE**
Visite o ambiente virtual de aprendizagem Tekne (**www.bookman.com.br/tekne**) e tenha acesso a atividades para reforçar o seu aprendizado.

>> apêndice 1

Glossário

Abertura para ventilação   Em geral, uma abertura no beiral ou no forro, a fim de permitir a circulação do ar retido sob a cobertura não isolada. O usual é cobri-la com uma tampa ou tela de metal.

ABS (Acrilonitrilo Butadieno Estireno)   Um tipo de plástico utilizado para a fabricação de tubulações.

Acessível   Adjetivo empregado para um terreno, uma edificação ou equipamento urbano ou parte deles que atenda aos requisitos de acessibilidade universal de qualquer tipo de usuário, inclusive aqueles com dificuldades de locomoção, como os cadeirantes.

Adendo   Instrução escrita ou representada graficamente feita pelo arquiteto antes da execução do contrato, modificando ou interpretando os documentos que serão assinados, por meio de acréscimos, ressalvas, esclarecimentos ou correções. Um adendo se torna parte dos documentos do contrato quando eles entram em vigor.

Adesivo   Material de solidarização utilizado para unir dois elementos.

Adobe   Tijolo de argila não cozido empregado em muitos locais com clima quente e seco.

Adutora   A tubulação de água para uso público ou comunitário.

Agregado   Grãos ou pedregulhos pequenos, leves e rústicos de areia, vermiculita, perlita ou brita que são adicionados a uma massa, reboco ou cimento (no caso da fabricação do concreto).

Água-furtada   Elemento que se projeta em relação a um telhado em vertente, formando outra área coberta. Também chamada de trapeira ou lucarna. Esse elemento costuma ser utilizado para a criação de uma superfície que acomodará uma janela.

Alçapão   Portinhola de acesso a uma cobertura ou a um sótão, instalada na horizontal.

Alvará de construção   Licença concedida pela autoridade competente permitindo a execução de uma obra de acordo com o jogo de plantas e especificações aprovado.

Analógico   O processamento de dados por meio de valores variáveis.

Ângulo   Figura formada por duas linhas ou planos que se estendem de um mesmo ponto ou divergem dele.

ANSI   O Instituto Federal de Normalização dos Estados Unidos (American National Standards Institute). O ANSI é uma confederação que administra e coordena o sistema de normas voluntário e consensual do país. http://www.ansi.org.

Aparelho   Na alvenaria, o sistema de travar tijolos ou blocos entre si.

Aparelho comum   Aparelho de alvenaria de tijolo que consiste em cinco fiadas na horizontal (ao comprido), seguidas de uma fiada de peripianos (tijolos na transversal).

Apólice de seguro   Documento emitido por um representante autorizado de uma seguradora declarando o tipo de seguro, a validade e a cobertura contratados.

Arco   Parte da circunferência de um círculo.

Área condominial   As áreas de uso comum em um imóvel com vários proprietários.

Área de piso desobstruída   A área de piso interno ou externo mínima necessária para acomodar uma cadeira de rodas estacionária e seu usuário.

Área de risco　Área que representa risco à saúde de seus usuários ou visitantes e que pode exigir a evacuação ou o uso de roupas de proteção especiais, equipamentos de segurança, equipamentos especiais de acesso ou qualquer outra medida de precaução.

Área de uso comum　Cômodo ou espaço disponibilizado para o uso de um grupo restrito de pessoas (por exemplo, os inquilinos de um condomínio).

Argamassa　Mistura de cimento ou cal, areia e água empregada nas juntas das unidades de alvenaria, em uma camada de regularização de piso e outros usos em uma construção.

Argamassa de cimento　Argamassa que usa cimento, em vez de gesso. Mistura de cimento, água e areia.

Argamassa de pega rápida　Argamassa de cimento que endurece rapidamente.

Argamassa de rejunte　*Veja* Gráute.

Armadura de tela soldada　Armadura de aço formada por uma tela, para o reforço de lajes de concreto. Também chamada de tela soldada.

ASTM International　Outrora chamada American Society for Testing Materials, é uma entidade norte-americana que desenvolve e publica as normas de testagem e especificação de materiais empregadas no setor da construção. http://www.astm.org.

Aterro　Qualquer material resistente (areia, cascalho, entulho, etc.) empregado para encher uma escavação.

Avaliação de imóvel　Análise ou estimativa (geralmente feita por um corretor de imóveis licenciado) do valor de mercado, custo, utilidade ou outro atributo de uma edificação, terreno ou equipamento urbano.

Avanço　A distância que uma rosca de parafuso se desloca a cada giro de 360° medido paralelamente em relação ao eixo do parafuso. Em um parafuso com rosca simples, o avanço equivale ao passo; em um parafuso com rosca dupla, o avanço é o dobro do passo; em um parafuso com rosca tripla, o avanço equivale a três vezes o passo.

Axonométrica　*Veja* Perspectiva axonométrica.

Bacia de captação　Caixa de drenagem completa feita com profundidade e tamanho variáveis. A água que é coletada por uma vala geralmente é levada à bacia de captação por meio de uma tubulação.

Balanço　Condição estrutural horizontal na qual um elemento avança em relação a um ponto de apoio, como ocorre nas lajes que sustentam as sacadas ou se projetam em relação às paredes externas.

Balaustrada　Um guarda-corpo composto de uma série de balaústres.

Balaústre　Elemento vertical utilizado em série para sustentar um corrimão ou compor um guarda-corpo.

Banzo　O elemento de apoio inclinado de uma escada que sustenta os degraus (pisos e espelhos).

Banzo superior　A linha superior de uma treliça.

Barbacã　Pequeno orifício ou tubo em um muro, a fim de permitir a drenagem da água retida no terreno.

Barreira à umidade　Material, geralmente um plástico, utilizado para evitar que o vapor penetre em um sistema ou uma edificação. Também chamada de barreira ao vapor.

Barreira ao vapor　*Veja* Barreira à umidade.

Barreira contra cupim　Placa de metal inserida em um muro de arrimo ou sobre ele para evitar a entrada de cupins. Também chamada de chapa anticupim.

Barreira corta-fogo　Membrana contínua, como uma parede, cobertura ou piso projetada e construída de acordo com uma classificação de resistência ao fogo, a fim de retardar a dispersão das chamas e da fumaça. A classificação de resistência ao fogo se baseia no tempo de resistência. Nesse tipo de barreira, somente podem ser empregadas portas corta-fogo. Também chamada de barreira contra fogo.

Barrote Viga assentada na horizontal e empregada para sustentar um teto ou uma cobertura. Também chamada de vigota.

Barrote de piso Elemento estrutural e horizontal que transfere as cargas de piso.

Base A primeira demão (camada) de tinta ou cola no caso de serem aplicadas mais de uma demão. Também chamada de camada de base ou *primer*.

Beiral A parte de uma cobertura que avança em relação à parede externa.

Biqueira Pequeno tubo ou calha disposto na base de uma platibanda ou cobertura para drenar a água do telhado, evitando que ela escorra pela parede.

Biseccionar Dividir em duas partes iguais.

Bloco de aplicação Parte de um desenho ou montagem secundária que mostra o número de referência do desenho de montagem principal ou de outra montagem adjacente.

Bloco de concreto Elemento de alvenaria de concreto, geralmente com furos ou cavidades.

Bloco de revisões O quadro desenhado junto ao canto superior direito de uma prancha, para que os projetistas possam anotar as alterações feitas no desenho original.

Board foot Unidade de medida de madeira equivalente a 144 polegadas cúbicas ou 2.360 cm^3.

Bocel *Veja* Focinho.

Braçadeira de suspensão *Veja* Estribo.

CAD (Projeto Assistido por Computador) Método pelo qual os desenhos de engenharia ou arquitetura podem ser feitos com o uso de um computador. O termo também costuma ser utilizado para se referir aos programas (software) que permitem esse sistema de desenhar e projetar.

Caibro Viga inclinada ou na horizontal utilizada para sustentar uma cobertura.

Caimento da cobertura A razão entre o vão total e a altura total de uma cobertura, expressa como uma fração ou um percentual.

Calafeto Um dos vários tipos de materiais utilizados para vedar paredes, janelas e portas, protegendo os interiores do intemperismo.

Calçada *Veja* Passeio.

Calço Ripa de madeira fixada aos elementos estruturais, a fim de criar uma superfície regular para os materiais de acabamento, quando são empregados elementos estruturais com diferentes dimensões.

Calha Elemento com seção transversal em U ou C deitado que é instalado sob o beiral para coletar e conduzir a água da chuva e a neve que derrete e direcioná-las a um tubo de queda.

CAM (Fabricação Assistida por Computador) Método pelo qual um computador usa um projeto para operar uma máquina que produz peças.

Camada de base *Veja* Base.

Canal de ventilação Passarela coberta, mas com as laterais abertas entre duas partes de uma estrutura.

Cano de despejo Tubulação que transporta a água servida de um aparelho sanitário que não contenha resíduos fecais, ou seja, que não seja uma bacia sanitária, um mictório ou um bidê.

Capilaridade A ação por meio da qual a superfície de um líquido, ao estar em contato com um sólido é erguida ou sugada.

Carga acidental *Veja* Carga viva.

Carga axial Um peso que é aplicado simetricamente na direção do eixo de um elemento de apoio, como um pilar.

Carga de vento   A força exercida pelo vento contra uma edificação.

Carga morta   O peso de uma edificação, incluindo todos seus componentes fixos, mas excluindo o peso vivo, ou seja, o peso dos usuários, móveis, etc. Também chamada de peso próprio.

Carga viva   Carregamento temporário e dinâmico imposto aos componentes de uma estrutura pelo uso e a ocupação de uma edificação, sem incluir a carga de vento, carga de terremoto ou carga morta. Também chamada de carga acidental.

Cavaleira   *Veja* Perspectiva cavaleira.

Chapa anticupim   *Veja* Barreira contra cupim.

Chapa de aço   Lâmina de aço com peso inferior a 25 kg/m².

Chapa de base   Consiste em um rufo que cobre as bordas de uma membrana na parte inferior de um sistema de construção. Também chamado rufo inferior.

Chapa de cumeeira   Elemento horizontal no qual está apoiada uma das extremidades dos caibros. Também chamada de pau de cumeeira.

Chapa gusset   Uma placa colocada na lateral de dois elementos estruturais que se unem, criando uma conexão segura e reduzindo o esforço entre as peças. Também chamada de placa gusset, placa de união, chapa de união ou placa de ancoragem.

Chaveta   Pequena peça de metal retangular ou cuneiforme inserida em uma fenda para evitar o escorregamento de duas peças.

Choque de aríete   *Veja* Golpe de aríete.

Chumbador   Barras de metal de diâmetro variável que são empregadas para unir e firmar dois materiais entre si.

Cilindro   Figura tridimensional com duas bases circulares iguais.

Círculo Figura plana fechada que tem todos os pontos de sua circunferência (seu perímetro) equidistantes de seu centro geométrico.

Circunferência   O comprimento de uma linha que forma um círculo.

Cisalhamento   O esforço de corte. Também chamado de esforço cortante.

Classificação de resistência ao fogo   Também chamada de classificação de incêndio, refere-se a um termo definido nos códigos de edificações, geralmente baseados na resistência ao fogo exigida para determinado material, componente, sistema de construção ou cômodo. As classificações de resistência ao fogo também variam conforme o tipo de ocupação e em geral são dadas em incrementos de hora ou meia hora.

Clerestório   Uma janela ou um grupo de janelas instalado acima do nível normal, frequentemente entre dois níveis de cobertura.

Cloreto de polivinil (PVC)   Um plástico muito empregado em tubulações e conexões hidrossanitárias. Também chamado de cloreto de polivinila ou PVC.

Cobertura   O valor máximo que uma empresa seguradora concorda em pagar no caso de perda total do bem segurado.

Código de edificações   Conjunto de normas e regras adotadas por uma jurisdição (geralmente municipal) que regula o projeto, a construção, a reforma e a manutenção de imóveis. Em alguns casos, as normas do comércio ou da indústria são incluídas em tais códigos governamentais. Os códigos de obra geralmente devem ser interpretados como incluindo as normas de outros códigos ou leis referentes a estruturas, sistemas de condicionamento de ar, instalações (hidrossanitárias, elétricas, de telefonia, entre outras), segurança contra incêndio e prevenção e sistemas de transporte vertical.

Coletor sanitário   Conduto ou tubo que conduz o esgoto sanitário.

Coluna   (1) Tubo vertical das instalações hidrossanitárias. (2) *Veja* Pilar.

Coluna de incêndio Tubo vertical utilizado para o armazenamento e a distribuição de água para o combate a incêndio.

Coluna de ventilação Tubulação para a circulação do ar e impedir que a água dos sifões seja sugada para dentro das tubulações de esgoto.

Componente (1) Parte totalmente funcional de um sistema de edificação, equipamento ou elemento de construção. (2) Termo abrangente que designa um elemento da arquitetura ou das instalações prediais de um prédio, espaço, equipamento público ou terreno, como um telefone, um rebaixo de meio-fio, um bebedouro, um assento ou uma bacia sanitária, por exemplo.

Condensação O processo por meio do qual a umidade do ar se torna água ou gelo em uma superfície (como uma janela) cuja temperatura é inferior àquela do ar.

Conduto de distribuição Condutor que apresenta várias entradas ou saídas para transportar líquidos ou gases.

Cone Figura sólida cujo diâmetro se reduz de modo uniformemente da base circular até o ápice.

Conector Elemento, geralmente de metal, com tamanho e formato variável, utilizado para a união de peças estruturais de madeira.

Contrato Acordo com valor legal entre duas ou várias pessoas.

Contrato de projeto e construção Quando um proprietário contrata com um construtor ou projetista tanto os serviços de projeto como os de construção para toda uma obra. Nos Estados Unidos, este tipo de contrato cresceu de 5% em 1985 para 33% em 1999 e estima-se que atualmente já seja mais frequente do que os contratos feitos apenas para a execução de uma obra. Quando tais contratos são ampliados a fim de incluir a seleção, compra e instalação de todos os móveis, acessórios e equipamentos, são chamados contratos "turnkey" ("chave na mão").

Contraventamento em X transversal Contraventamento para a construção de treliças ou sustentação de planos estruturais (de piso ou parede).

Convecção Transferência de calor por meio do movimento de um líquido ou gás.

Cornija Parte de uma cobertura ou parede que se projeta ou forma um balanço.

Corrente alternada Corrente elétrica que inverte de direção em intervalos regulares (ciclos).

Corta-fogo Blocagem inserida entre montantes leves ou outros elementos estruturais, a fim de resistir à dispersão do fogo.

Corte Vista ortogonal mostrando as características internas de um objeto ou edificação como se ele fosse cortado.

Corte alinhado Corte no qual alguns elementos internos são colocados no plano de observação ou removidos dele.

Corte deslocado Seção feita em dois ou mais planos de um objeto, buscando mostrar elementos que não se encontram no mesmo plano.

Corte longitudinal Corte que passa através de todo um objeto ou edificação na direção de sua dimensão maior.

Corte parcial Seção que consiste em menos da metade de uma seção normal (de lado a lado). Os cortes parciais são empregados para mostrar a estrutura interna de uma pequena parte de um objeto ou uma edificação.

Corte perspectivado Desenho em perspectiva cortando um objeto ou edificação, a fim de mostrar melhor seu interior.

Cota *Veja* Dimensão.

Craquelado Padrão rústico de uma superfície rebocada, de aparência similar à pele de um jacaré.

Cratera   Um defeito na pintura que ocorre quando ar ou umidade fica preso sob a camada de tinta e forma bolhas, que posteriormente se rompem, soltando partículas e formando bordas irregulares.

Crista   A superfície da rosca correspondente ao diâmetro externo de uma rosca externa e ao diâmetro interno de uma rosca interna.

Cronograma da obra   Diagrama, gráfico ou outro sistema pictórico ou escrito que mostra o início e o término das várias etapas de execução de um projeto.

CSI   Construction Specifications Institute, uma organização norte-americana cujos membros são projetistas, construtores, fabricantes e proprietários de edificações. Sua função é desenvolver e promover a normalização nas especificações da construção e os programas de certificação. http://www.csinet.org.

Cubo   Bloco com seis faces quadradas.

Cul-de-Sac   Rua sem saída terminada por um retorno em forma de laço, cujo raio é determinado pelo trânsito.

Cumeeira   O ponto mais alto de um telhado em vertente (ou seja, com águas).

Curva de nível   Linha que representa a mudança de nível em relação a uma referência de nível determinada.

Curva francesa   Instrumento de desenho feito de borracha que serve para desenhar curvas irregulares.

Custos diretos   O custo total de mão de obra, materiais, equipamentos e acessórios necessário para a construção total de uma obra.

Custos indiretos   Certas despesas (que não são diretas) necessárias para a finalização de um serviço, incluindo os honorários de arquitetos, engenheiros, advogados de bancos, aluguéis de terrenos, juros e taxas com cartórios, prêmios de seguros e outros gastos que não são diretamente relacionados à construção.

Dado   Sulco retangular feito em uma tábua, transversalmente à fibra da madeira.

Data de início das obras   A data determinada por uma notificação para que o construtor comece a trabalhar ou, na ausência de tal aviso, a data do contrato firmado com o proprietário ou outra data estipulada nesse documento.

Data do contrato   A data na qual um contrato entra em vigência, seja a data da assinatura dos envolvidos ou outra data explicitamente estipulada em seu texto.

Defeito patente   Defeito em material, equipamento ou obra finalizada que seria evidente após uma inspeção razoável, ao contrário de um defeito latente, que não seria descoberto por meio de uma observação razoável.

Desenho artístico   Desenho que busca dar a aparência real de um objeto ou edificação, geralmente para fins de apresentação ao cliente.

Desenho de mecânica   Desenho técnico em escala feito para representar objetos mecânicos, como máquinas e sistemas mecânicos.

Desenho eletromecânico   Tipo especial de desenho que combina os símbolos das instalações elétricas com o desenho de mecânica, a fim de mostrar a posição de equipamentos que apresentam características tanto elétricas como mecânicas.

Desenhos   As representações gráficas que ilustram o formato e as características de uma peça, máquina ou edificação. Também são chamados de plantas.

Desenhos de construção   *Veja* Projeto executivo.

Desenhos de execução   *Veja* Projeto executivo.

Detalhe Desenho em escala aumentada, mostrando um aspecto estrutural, uma consideração estética, uma solução para uma questão ambiental ou a relação entre os materiais ou componentes de um sistema de construção, uma peça ou máquina.

Diagrama básico da fiação (1) Diagrama de fiação de um navio, mostrando como cada condutor é conectado às várias caixas de conexão de um sistema de circuitos elétricos. (2) Um diagrama, especialmente se for simplificado.

Diagrama de blocos Diagrama no qual os principais componentes de um equipamento ou sistema são representados por quadrados, retângulos ou outras figuras geométricas, e a ordem normal de progressão de um fluxo é representada por meio de linhas.

Diagrama de conexões (1) Diagrama que mostra os cabos entre as unidades eletrônicas, bem como foi feita a conexão dos terminais. (2) Esquema que mostra as conexões individuais de um sistema e a disposição física dos componentes.

Diagrama de ligações Diagrama que mostra croquis das várias partes de um equipamento e das conexões elétricas entre elas.

Diagrama de linha única Diagrama que usa linhas e símbolos gráficos singelos, a fim de simplificar um circuito ou sistema complexo.

Diagrama esquemático Diagrama que usa símbolos gráficos para mostrar como um circuito elétrico funciona.

Diagrama lógico Tipo de diagrama que usa símbolos especiais para mostrar os componentes que desempenham uma função lógica ou de processamento de informações.

Diâmetro externo O diâmetro maior de uma rosca interna ou externa.

Digitalização O processamento de dados por meio de unidades numéricas ou discretizadas.

Dimensão Valor numérico utilizado para indicar tamanho ou distância. Na arquitetura e engenharia civil, também é chamada de cota.

Dimensão real A dimensão verdadeira de um objeto, ao contrário da dimensão nominal.

Dintel *Veja* Verga.

Dreno de telhado Receptáculo para a remoção de água da cobertura. Também chamado de escoadouro de cobertura.

Drywall *Veja* Gesso cartonado.

Duto Grande tubulação, geralmente de chapas metálicas, utilizada para a distribuição de ar quente ou frio através de uma edificação.

Eixo A linha central que corre ao longo do comprimento de um elemento linear, como um parafuso.

Elastomérico Material com características que lhe permitem expandir ou contrair e mesmo assim voltar a suas dimensões originais sem perder estabilidade.

Elevação Desenho de uma edificação, geralmente de cada um dos quatro lados, mostrando a fachada principal, as laterais e a posterior.

Elevação interna Vista bidimensional da superfície das paredes internas de uma edificação.

Em nível Superfície ou elemento alinhado com outro ou na mesma elevação.

Emboço A primeira camada de argamassa aplicada a uma alvenaria, bastante grosseira, para criar uma superfície com boa adesão para o reboco.

Energia trifásica Combinação de três correntes alternadas em um circuito, com suas voltagens deslocadas 120° entre si ou em um terço de ciclo.

Epicentro O ponto da superfície da terra diretamente acima do foco ou do hipocentro de um terremoto.

Equipamento A totalidade ou parte de uma edificação, estrutura, terreno urbanizado, complexo, equipamento, via urbana, passeio, passagem, estacionamento ou outro bem instalado em um lote.

Escala A relação entre a medida utilizada em um desenho e a medida real do objeto ou da edificação. Também é comum usar o termo como sinônimo de escalímetro.

Escalímetro Régua com marcação de várias escalas (geralmente seis) para ser usada na elaboração e na interpretação de desenhos técnicos feitos em escala.

Escalonamento O uso de níveis intermediários com menor altura para dividir dois níveis subsequentes.

Escoadouro de cobertura *Veja* Dreno de telhado.

Escoramento Suporte temporário de madeira ou metal (p.ex.: aço) às vezes necessário para a construção de edificações ou estruturas complexas ou importantes.

Esforço cortante *Veja* Cisalhamento.

Esgoto pluvial Rede de escoamento da água da chuva, água condensada nas superfícies, água dos equipamentos de refrigeração ou outros dejetos líquidos que não fazem parte do esgoto cloacal.

Especificações Parte do projeto executivo inserida no manual de projeto que consiste nas exigências feitas por escrito para materiais, equipamentos, técnicas de construção, padrões e mão de obra.

Especificações de desempenho Material escrito que contém o padrão e as atividades mínimas aceitáveis para finalizar a execução de um projeto. Também chamadas de Requisitos de desempenho.

Espelho O componente vertical dos degraus de uma escada, entre os pisos.

Espiral A curva formada em qualquer cilindro por uma linha que nele é enrolada, mas progressivamente reduz seu diâmetro.

Estaca profunda Tipo de fundação; um suporte vertical de uma edificação ou estrutura, geralmente projetado para transferir ao solo cargas elevadas ou quando as camadas superficiais do solo têm pouca capacidade de carregamento.

Estribo Suporte de metal empregado para conectar dois elementos estruturais. Também chamado de braçadeira de suspensão.

Estribo do barrote Conector de metal para sustentar um piso ou teto na extremidade dos barrotes.

Estrutura em balão Sistema de estrutura independente de madeira no qual os montantes são contínuos, sem a inserção de uma placa intermediária de sustentação dos barrotes do segundo pavimento.

Estrutura independente Sistema estrutural de uma edificação no qual o peso constante (carga morta) e os pesos variáveis (carga viva ou acidental) são transferidos ao solo por meio de um arcabouço de lajes, vigas e pilares, fazendo com que as paredes tenham apenas a função de vedação.

Estuque Tipo de argamassa de revestimento muito resistente e dura feita com gesso ou cal fina e areia e, às vezes, outros componentes, como pó de mármore, cimento branco, greda, cola ou pigmento.

Face do montante A superfície externa do montante O termo geralmente é empregado para o dimensionamento ou a marcação de um ponto de referência.

Fachada O revestimento externo de uma edificação. O termo muitas vezes é utilizado como sinônimo de elevação.

Fachada-cortina *Veja* Parede-cortina.

Fáscia Elemento horizontal localizado sob o beiral de uma cobertura. Também chamada de faixa.

Fase Na eletricidade, um impulso da corrente alternada. O número de fases depende das bobinas dos geradores. A maioria dos grandes geradores produz uma corrente trifásica que deve ser conduzida em pelo menos três fios.

Feltro de construção Papelão impregnado com alcatrão utilizado para impermeabilização em materiais de cobertura e revestimentos de parede. O feltro de construção às vezes também é instalado sob lajes de concreto, para proteção contra a umidade.

Fenda   Uma ranhura na qual se insere uma chaveta.

Fiada de peripianos   Na alvenaria de tijolo, uma fiada de unidades assentadas perpendiculares à face da parede; é utilizada para amarrar dois panos de alvenaria juntos.

Figura inscrita   Uma figura que é completamente fechada por outra.

Filete   A quina interna e côncava de um componente de metal, geralmente uma peça fundida.

Finalização da obra   Termo que indica que a execução de um projeto foi finalizada de acordo com os termos e as condições estipulados no contrato.

Fiscal de construção   Representante de uma autoridade governamental empregado para inspecionar uma obra e verificar se ela está de acordo com o código de edificações, os regulamentos e as demais leis relacionadas com a construção civil.

Focinho   A borda, geralmente arredondada, de um piso de degrau que avança em relação ao espelho. Também chamado de bocel.

Forjamento   O processo de moldagem de elementos de metal com o uso de martelos ou outro meio de impacto.

Formato   O leiaute ou estilo geral de um desenho.

Forro   Superfície construída sob o teto para um vão desejável (pleno) ou reduzir o pé-direito de um cômodo. Também chamado de teto falso.

Fossa negra   Caixa de areia construída para a coleta e dispersão do esgoto.

Fossa séptica   Tanque no qual o esgoto é decomposto por bactérias e escoado por manilhas. Também chamado de tanque séptico.

Friso   Decoração ou ornamento criado para formar uma faixa ao redor de um elemento, estrutura ou edificação.

Fundição Processo de fabricação de objeto de metal no qual o metal líquido é vertido em um molde.

Gabarito   (1) A espessura de uma chapa de metal. (2) Instrumento de desenho de pequena espessura utilizado como guia para escala verdadeira ou como modelo para a reprodução de vários formatos. (3) Quadro de madeira de referência empregado para marcar a construção de uma nova edificação.

Galvanização   Processo de proteção do aço no qual uma camada de zinco é aplicada na superfície externa, conferindo maior proteção contra a oxidação.

Garantia   Certificação dada pelo fabricante de um produto ou prestador de um serviço garantindo sua qualidade, desempenho ou duração satisfatória.

Gato   *Veja* Grapa.

Gerente da obra   Representante do construtor no canteiro de obras que é responsável pela supervisão contínua em campo, coordenação e finalização dos serviços e, a menos que haja outra pessoa designada por escrito pelo construtor, também responsável pela prevenção de acidentes. Também chamado de superintendente da obra.

Gesso cartonado   Material de construção em placas rígidas de gesso utilizadas para fazer paredes internas leves ou forros. Também chamado de *drywall*.

Golpe de aríete   O ruído e a vibração que surge em uma tubulação quando uma coluna de líquido não compressível que nele está fluindo sob determinada pressão e velocidade é bruscamente interrompida. Também chamado de choque de aríete ou martelo hidráulico.

Gráfico de barras   Tipo de gráfico que geralmente é utilizado na construção para ilustrar o cronograma das diferentes etapas de uma obra.

Grampo   Qualquer material linear conectado à superfície de outro material, a fim de reforçá-lo, sustentá-lo ou segurar um terceiro elemento.

Granitina   Mistura de concreto, pedra moída, calcário e/ou vidro polida até ficar brilhante. Também chamada de marmorite ou granilite.

Grapa   (1) Fio de metal macio torcido em torno de uma barra e a armadura de distribuição a fim de manter a segunda no lugar durante a concretagem. (2) Tira de metal corrugado utilizada para amarrar um pano de alvenaria de tijolo de revestimento a sua parede de sustentação. Também chamada de grapa de fiada ou gato.

Grau   Designação da qualidade de uma peça de madeira manufaturada.

Gráute   Mistura de cimento, areia e água utilizada para o preenchimento das juntas de alvenaria e instalação de azulejos. Também chamada de argamassa de rejunte.

Gravata   Elemento estrutural utilizado para sustentar barrotes de teto e cobertura nas paredes externas.

Guarda-corpo Barreira horizontal com ou sem aberturas empregada em escadas, balcões e desníveis geralmente superiores a 75 cm.

Guarnição   Peça de acabamento instalada ao redor de janela, porta ou armário.

Guia inferior   *Veja* Placa de base.

Guia superior   Elemento horizontal no topo de uma parede externa da edificação; é utilizada para sustentar um caibro ou barrote. Também chamada de placa superior ou travessa superior.

Habitação multifamiliar   Qualquer edificação que consiste em mais de duas unidades de moradia.

Habitável   Cômodo ou área fechada projetado para ocupação humana, seja qual for o tipo (lazer, educação, trabalho, moradia, etc.), e dotado de saída, iluminação e ventilação.

Habite-se   Documento emitido por uma autoridade governamental certificando que uma edificação ou parte dela está de acordo com as provisões das normas e leis aplicáveis, permitindo a ocupação imediata para o uso designado.

Hachura   As linhas paralelas e próximas entre si que são desenhadas no interior de um elemento em corte, geralmente de grande massa ou mais espesso que os demais daquele desenho. Uma hachura é utilizada para destacar um material de construção.

Impermeabilização   Material empregado para proteger uma construção da penetração da umidade.

Inspeção   (1) Análise dos serviços completados ou sendo executados, a fim de determinar se estão conforme as exigências do contrato e do projeto executivo. O arquiteto ou engenheiro responsável pelo projeto geralmente faz pelo menos duas visitas à obra, uma para conferir se a obra realmente está terminada, conforme a alegação do construtor, e outra para conferir se os problemas relatados na primeira visita foram efetivamente sanados. Essas inspeções não se confundem com as visitas mais regulares feitas pelo arquiteto durante o desenvolvimento da obra. O termo também é utilizado para se referir à fiscalização de uma obra que é feita por um agente público, representante do proprietário ou outra pessoa. (2) Visita a uma obra a fim de obter informações sobre um imóvel, seus componentes e instalações que possam ser coletadas por meio da observação visual.

Inspeção predial   O processo de conduzir uma visita em uma edificação e fazer perguntas apropriadas sobre as condições físicas do imóvel, geralmente para fins de concessão de uma licença (alvará), trazer subsídios para uma ação judicial ou possibilitar uma transação imobiliária. O tipo e a complexidade das inspeções prediais variam conforme o imóvel e o objetivo da inspeção.

Interruptor de circuito   Equipamento de segurança que abre ou fecha um circuito elétrico.

Isolamento   Qualquer material capaz de resistir à transmissão de calor, som ou eletricidade.

Isolamento não revestido   Isolamento que não tem revestimento ou membrana plástica de um lado.

Isométrica   *Veja* Perspectiva isométrica.

Janela de batente   Tipo de janela com folhas articuladas que se abrem para fora ou dentro do cômodo.

Junção de 45°   Conexão que tem uma saída lateral em ângulo agudo.

Junta de dilatação Junta geralmente feita em construções de concreto longas, a fim de reduzir a fissuração, reduzir os esforços gerados pelas dilatações e facilitar a execução da obra. Também chamada de junta de expansão.

Junta de topo Uma junta entre duas extremidades.

Junta recuada Uma junta de argamassa que fica recuada em relação ao plano da parede de alvenaria. Também chamada de junta escavada.

Lajota de pedra Peça de piso extraída de pedreira.

Laminado Uma lâmina fina de madeira utilizada para revestimento.

LEED Leadership in Energy and Environmental Design, um sistema de certificação de edificações sustentáveis promovido nos Estados Unidos pelo Green Building Council. Também é um programa de acreditação de profissionais (LEED AP) que dominam tal sistema de certificação. http://www.usgbc.org.

Legenda Descrição de qualquer marca, símbolo ou conexão de linha especial ou incomum utilizada em um desenho.

Levantamento de demarcação Diagrama matematicamente composto do conjunto completo de divisas de um terreno, refletindo suas dimensões, orientações e ângulos. O levantamento de demarcação deve apresentar o nome do topógrafo licenciado e às vezes inclui uma descrição por escrito das divisas do terreno.

Levantamento topográfico A configuração de uma superfície de terreno, incluindo seu relevo e a localização de seus elementos naturais ou artificiais, geralmente registrada em uma planta que mostra os diferentes níveis por meio de cotas de nível, indicando a altura acima ou abaixo de um nível de referência (um dado).

Linha de chamada Linha fina com seta na extremidade em geral posicionada em ângulo a um elemento e é empregada para relacionar uma dimensão, nota ou referência a tal elemento, especialmente quando o espaço no desenho é limitado.

Linha de corte Linha que indica onde uma seção imaginária foi feita, gerando um corte em uma edificação ou um elemento. As linhas de corte consistem em dois traços curtos alternados por um maior ou uma série de traços e pontos alternados.

Linha de cota Linha fina e contínua (exceto no caso dos desenhos de estrutura) na qual cada extremidade termina com uma seta. É utilizada para indicar as dimensões de um objeto ou elemento. As dimensões (ou cotas) são colocadas acima da linha, exceto nos desenhos de estrutura, nos quais a linha é tracejada e a cota costuma ser colocada nas interrupções de linha.

Linha de extensão Linha empregada para conectar visualmente as extremidades de uma linha de cota à característica relevante do elemento. As linhas de extensão são contínuas e desenhadas perpendicularmente às linhas de cota.

Linha de geada A profundidade na qual a geada penetra no solo.

Linha inferior da verga O topo de uma abertura de janela ou porta (a "luz").

Linha oculta Uma linha empregada para definir uma característica da peça que não fica visível em uma vista específica. As linhas ocultas consistem em uma série de traços curtos.

Linha projetada A linha imaginária de visão que foi estendida para criar a perspectiva ou vista de um objeto.

Linhas de construção Linhas leves (finas) empregadas como apoio, durante o leiaute preliminar de um desenho.

Linhas de eixo Linhas que indicam o centro de um círculo, arco ou qualquer objeto simétrico. Elas consistem em traços longos e curtos alternados, com espaçamento homogêneo.

Linhas de interrupção   São as linhas empregadas para definir os limites de um corte imaginário ou reduzir as dimensões que são excessivamente longas. As linhas de interrupção costumam ser traçadas com uma linha fina e um zigue-zague de traço um pouco mais grosso.

Lintel   *Veja* Verga.

Lista de conferência   Lista de itens empregada para a conferência dos desenhos.

Longarina   Viga estrutural de grande dimensão e que sustenta vigas secundárias ou menores, como barrotes de piso.

Lote   Parcela de um terreno definida pelas divisas.

Lucarna   *Veja* Água-furtada.

Macho e fêmea   Um encaixe no qual a saliência de um elemento se insere no sulco do elemento seguinte.

Malha de armadura   Uma malha de metal utilizada em lajes de concreto e paredes de alvenaria, para evitar a fissuração.

Manilha   Uma conexão de jato livre na extremidade de um cabo ou uma barra, com um furo para a instalação de um pino ou parafuso. Uma manilha funciona como uma dobradiça, dando flexibilidade a um plano.

Mansarda   *Veja* Telhado de mansarda.

Manta isolante   Material de isolamento térmico formado por chapas ou rolos e que é instalado entre os elementos de uma estrutura.

Manual de projeto   O volume de um projeto preparado pelo arquiteto, incluindo, entre outras coisas, as exigências para orçamentação, as condições do contrato e as especificações.

Marcas de acabamento   As marcas que indicam o grau de polimento no acabamento das superfícies usinadas.

Marco geodésico   Ponto de uma elevação conhecida com base no qual os topógrafos conseguem estabelecer todos seus greides.

Marmorite   *Veja* Granitina.

Martelo hidráulico   *Veja* Golpe de aríete.

Master Format   A norma para a organização de especificações e outras informações relativas à construção nos Estados Unidos e no Canadá, publicada pelo CSI e pelo Construction Specifications Canada. Antigamente, era um sistema numérico com cinco dígitos e 16 divisões. Hoje, o sistema numérico tem seis ou oito dígitos e 49 divisões.

Masterspec®   Um arquivo de especificações pago publicado pela ARCOM e de propriedade do American Institute of Architects. http://www.specguy.com/www.masterspec.com

Mástique   Adesivo utilizado para assentar azulejos; também se refere aos adesivos empregados para colar muitos tipos de materiais em uma edificação.

Mastro   O montante na extremidade de um guarda-corpo de escada.

Material similar aprovado   Material aprovado pelo arquiteto para ser utilizado na obra por ser aceitável como equivalente em suas características essenciais ao material especificado no projeto executivo.

Meia cavaleira   *Veja* Perspectiva meia cavaleira

Meia-parede   Parede baixa, que não chega ao teto.

Meio corte   Corte perspectivado duplo, mostrando as duas metades de um objeto simétrico.

Metal não ferroso   Uma liga metálica que não contém ferro, como o cobre ou o latão.

Mezanino   Pavimento parcial que fica em um nível intermediário e é habitável.

Microestaca   Pequena estaca de aço, concreto ou madeira que não desce muito no solo e é suficiente apenas para sustentar o peso de uma parede ou outra pequena carga da edificação.

Modulação   Uso de um sistema baseado em uma unidade de medida padrão.

Módulo de elasticidade (E)   O nível de rigidez de uma viga.

Moldagem monolítica   Método para moldar concreto *in loco* sem o uso de juntas de construção.

Montante   Elemento estrutural vertical e leve, geralmente de madeira ou aço estrutural leve, empregado como parte de uma parede e para a sustentação de cargas moderadas.

Montante lateral curto   Montante de madeira, geralmente com 2 × 4 polegadas (5 × 10 cm), que é mais curto do que os demais montantes, mas é utilizado para preencher um espaço no qual os montantes de tamanho maior poderiam estar mais afastados entre si, mas no qual há uma abertura de porta, janela ou outro tipo na parede.

Montante lateral longo   Montante com comprimento total (da altura do entrepiso, por exemplo) instalado na extremidade de uma trave de borda.

Muro de arrimo   Muro de concreto ou alvenaria total ou parcialmente enterrado e com a capacidade de resistir às cargas do solo. Também chamado de muro de contenção.

Negligência   A falta do cuidado devido em determinadas circunstâncias. A responsabilização legal quanto às consequências de um ato de omissão costuma depender de ter havido negligência ou não.

Nível do solo   A elevação do solo em seu estado final, após a finalização de uma obra.

Nota   Instrução adicional ou comentário geral feito em um desenho técnico. As notas contêm informações sobre os materiais de construção, acabamentos, tipos de usinagem, tolerâncias, etc.

Número de referência   Consiste em um número utilizado em um desenho para fazer indicar ao leitor que ele deve consultar outro desenho com mais detalhes ou outras informações.

Número do desenho   Número de identificação atribuído a um desenho ou a um jogo de desenhos.

Obra defeituosa   Serviço que não está de acordo com o estipulado no contrato.

Obra não conforme   Obra que não atende aos requisitos de um contrato ou projeto executivo. Também chamada de obra irregular.

Ocupação parcial   Ocupação de uma parcela da edificação por parte do proprietário ou inquilino antes do término da obra. *Veja também* Finalização da obra.

Ombreira   As laterais verticais de uma porta, janela ou outro tipo de abertura. Também chamada de umbral.

Orçamentação   Atividade preliminar de cálculo do custo aproximado de uma obra (orçamento). Há vários métodos de orçamentar: 1. Método da área: cálculo do custo por metro quadrado do prédio. 2. Método do custo unitário: o custo de uma unidade multiplicada pelo número de unidades do projeto. Por exemplo, em um hospital, o custo de um leito multiplicado pelo número total de leitos do projeto. 3. Método do cálculo do custo de construção: o cálculo do custo dos inúmeros materiais e componentes de uma obra (como as portas, os metros cúbicos de concreto, a quantidade de telha, etc.) somado ao custo da mão de obra.

Orçamento para contingências   Valor incluído no orçamento de um projeto a fim de cobrir itens imprevistos ou imprevisíveis na obra ou mudanças posteriores solicitadas pelo proprietário da edificação.

Pagamento final   A última parcela paga pelo proprietário de uma edificação ao construtor após a fiscalização da obra, geralmente feita pelo arquiteto, ou o pagamento das despesas extras incorridas pelo construtor e aprovadas pelo proprietário.

Paisagismo   O projeto de vegetação, pavimentação para pedestres e veículos, iluminação externa, mobiliário externo, equipamentos de recreação, etc., em uma área externa.

Pano de alvenaria   Uma extensão contínua de alvenaria. Também chamada de subparede de alvenaria.

Papel de construção   Também é chamado papel alcatroado, cartão asfaltado, papelão betuminado, papelão alcatroado, etc.; um papelão revestido de asfalto e utilizado para a impermeabilização.

Papel vegetal   Papel transparente, de cor branca e alta qualidade que aceita tanto o lápis quanto a tinta; é empregado quando os desenhos serão fotocopiados.

Parede de cisalhamento   Parede projetada para suportar o esforço cortante causado pelos ventos ou por terremotos. Também chamada de parede-diafragma.

Parede dupla com cavidade   Parede de alvenaria construída com uma câmara de ar entre os dois panos da alvenaria.

Parede estrutural   Parede que transfere as cargas de piso ou cobertura, além de seu peso próprio. Também chamada de parede portante.

Parede interna   Parede que não está no perímetro de uma edificação.

Parede não estrutural   Parede que não transfere cargas além de seu peso próprio. Contudo, alguns códigos de edificações consideram uma parede que sustenta apenas as cargas de cobertura como não estrutural. Também chamada de parede não portante.

Parede portante   Parede que transfere cargas verticais além de seu peso próprio. Também chamada parede estrutural.

Parede revestida   Parede de alvenaria de um tijolo sobre uma base (uma estrutura ou outro pano de alvenaria) à qual é ancorada, mas não é totalmente solidarizada.

Parede-cortina   Parede externa de vedação, sem sustentação estrutural. Também chamada de fachada-cortina.

Parede-diafragma   *Veja* Parede de cisalhamento.

Parede-meia   Parede que divide dois espaços contíguos, ou seja, é compartilhada por dois apartamentos ou escritórios, por exemplo.

Parquê   Piso de blocos de madeira assentados de modo a compor desenhos. Também chamado de piso de tacos.

Passeio   Caminho externo com superfície preparada para o uso de pedestres, ao longo de uma via pública, dentro de uma praça ou parque, etc. Também chamado de calçada.

Passo   A distância entre um ponto do filete de uma rosca ao ponto correspondente no filete seguinte, medido paralelamente ao eixo da peça.

Pau de cumeeira   *Veja* Chapa de cumeeira.

Pavimento térreo   O piso habitável que fica mais perto do nível do solo e é acessado diretamente do terreno. Uma edificação ou um equipamento urbano sempre tem ao menos um pavimento térreo, mas às vezes pode haver mais de um pavimento térreo, caso haja um desnível após o acesso pelo terreno ou o prédio esteja implantado em um aclive.

Pedido de alteração contratual   Documento escrito e assinado entre o proprietário de uma obra e o construtor, autorizando uma mudança na obra ou um ajuste no valor do contrato ou no prazo para sua execução. Um pedido de alteração contratual geralmente determina um aumento no preço ou na duração dos serviços, mas também pode estipular uma redução nesses.

Pele de alvenaria   Uma camada de alvenaria de revestimento de uma parede, ou seja um pano de alvenaria não estrutural.

Penny   (d) Unidade de medida dos pregos, utilizada pelos carpinteiros.

Perfil T   Viga com seção transversal na forma de um T. Também chamada de viga em T.

Perspectiva   (1) A impressão visual de que, à medida que as linhas paralelas se afastam do observador, se aproximam umas das outras, em direção a um ponto (o ponto de fuga). (2) Representação gráfica que busca criar a ideia de tridimensionalidade em um desenho bidimensional.

Perspectiva axonométrica   Conjunto de três ou mais vistas reunidas em uma perspectiva, de modo que o objeto parece ser girado, revelando mais de um de seus lados ao observador. Também é chamada projeção axonométrica ou simplesmente axonométrica.

Perspectiva cavaleira   Forma de desenho oblíquo no qual as linhas de recuo (diagonais) são desenhadas na mesma escala que o resto da ilustração, mas a 45° em relação à vista ortográfica frontal. Também chamada de cavaleira.

Perspectiva isométrica   Uma espécie de perspectiva na qual as linhas principais são todas mantidas na mesma escala. Ela normalmente é desenhada com um esquadro de 30°/90°. Também é chamada simplesmente isométrica.

Perspectiva meia cavaleira   Tipo de perspectiva oblíqua na qual as linhas de recuo (diagonais) são desenhadas em uma escala que é a metade da escala empregada no resto do desenho. Também chamada de meia cavaleira.

Peso próprio   *Veja* Carga morta

Pilar   (1) Elemento estrutural de seção quadrada ou retangular empregado em uma estrutura independente para sustentar parte de uma laje de piso e, consequentemente, de uma edificação. Quando um pilar tem seção redonda ou elíptica, é chamado de coluna.

Pilastra   Pilar parcialmente inserido em uma parede ou um muro, a fim de aumentar a resistência desse elemento e/ou transferir cargas axiais.

Piso   A parte de um degrau de escada sobre a qual as pessoas pisam.

Piso de tacos   *Veja* Parquê.

Piso infinito   Piso que se curva ao tocar nas paredes, eliminado a aresta entre as paredes e o piso.

Placa de aço   Lâmina de aço com peso superior a 25 kg/m^2.

Placa de ancoragem   *Veja* Chapa gusset.

Placa de base   Elemento estrutural horizontal utilizado como base para montantes ou pilares. Também chamada de travessa de base ou guia inferior.

Placa de união   *Veja* Chapa gusset.

Placa gusset   *Veja* Chapa gusset.

Placa superior   *Veja* Guia superior.

Plano   Uma superfície bidimensional qualquer.

Plano de referência   O plano normal ao qual todas as informações se referem.

Planta baixa   (1) Corte horizontal feito em uma edificação ou cômodo aproximadamente a 1,2 m de altura em relação ao piso interno. (2) Vista ortogonal de um objeto ou espaço, como se ele fosse visto de cima para baixo.

Planta baixa esquemática   Planta baixa simplificada e geralmente em escala menor, utilizada para fins de orientação do prédio ou mostrar sua inserção no terreno.

Planta de fundações   Desenho que representa graficamente a localização dos vários elementos das fundações e as condições necessárias para a sustentação de uma edificação específica.

Planta de instalações   Planta baixa de uma edificação mostrando os componentes de uma das instalações prediais (de água, esgoto, eletricidade, gás, etc.).

Planta de situação   Mapa ou planta que mostra um terreno edificado ou não e suas principais características, suas divisas, a localização das estruturas ou edificações nele existentes e o entorno imediato.

Plantas   Termo genérico que se refere aos desenhos que compõem um projeto. Muitas vezes, é empregado ao jogo completo de pranchas do projeto executivo (sem incluir as especificações ou a memória) elaborado pelo arquiteto e/ou engenheiro(s) e aprovado pelo proprietário da edificação e descreve graficamente uma edificação, com os métodos de construção, materiais, instalações, móveis fixos, etc., necessários para a execução da obra.

Platibanda   A parte de uma parede que ultrapassa o nível da laje de cobertura.

Pleno   Espaço criado entre um forro e um teto para o transporte de ar de um sistema de climatização.

Polaridade   A direção do magnetismo ou de uma corrente elétrica.

Porão baixo   Um pavimento de subsolo que apresenta um pé-direito muito baixo, tornando impossível que uma pessoa possa ficar de pé. O pé-direito desses pavimentos é suficiente apenas para que uma pessoa possa acessá-lo de quatro, a fim de trabalhar nas instalações elétricas ou hidrossanitárias que tais espaços costumam acomodar.

Porta corta-fogo   Porta utilizada entre diferentes partes de uma construção e que foi classificada como sendo capaz de suportar o fogo por determinado período de tempo. Também chamada de porta contra fogo.

Pórtico   Elemento em destaque na fachada principal de uma edificação, geralmente formado por colunas, pilares ou pilastras adornados.

Poste   Elemento estrutural e vertical de madeira, geralmente com seção transversal de, no mínimo, 4 in × 4 in (100 mm).

Pré-moldado   Elemento de concreto que foi moldado em um local diferente daquele no qual será utilizado (geralmente uma indústria).

Primer   *Veja* Base.

Produto equivalente   Material, produto ou equipamento com características e qualidade similares oferecido em substituição àquele especificado.

Profundidade   A distância entre a raiz de uma rosca e a crista, medida perpendicularmente ao eixo.

Projeção   Técnica para mostrar um ou mais lados de um objeto sem dar a impressão de que estamos representando um objeto tridimensional, ou seja, representando apenas um lado de cada vez.

Projeção axonométrica   *Veja* Perspectiva axonométrica.

Projeção isométrica   Um conjunto de três ou mais vistas de um objeto que parece girado, dando a aparência de que o objeto está sendo visto de uma quina. Todas as linhas de uma isométrica são mantidas na mesma escala, mas nem todos os ângulos retos são preservados.

Projeção oblíqua   Tipo de perspectiva na qual a vista frontal é ortogonal e as vistas laterais têm linhas de recuo na diagonal. Nessas perspectivas, as linhas horizontais das vistas laterais (que recuam) muitas vezes são traçadas em uma escala menor, ou seja, reduzidas a fim de diminuir a distorção do desenho.

Projeção ortogonal   Vista produzida quando as linhas projetadas estão perpendiculares ao plano do objeto. O resultado é a impressão de que o plano do objeto ou edificação é paralelo ao plano dos nossos olhos. Também chamada de projeção ortográfica.

Projeto executado   Plantas do projeto executivo que foram revisadas e receberam todas as mudanças significativas feitas ao longo do processo de execução da obra, geralmente com base em croquis, desenhos adicionais, detalhes extras e outros dados enviados pelo arquiteto. Também chamado de projeto construído ou projeto "*as built*".

Projeto executivo   (1) Conjunto de desenhos contendo todas as instruções necessárias para a fabricação de uma peça, um equipamento ou uma edificação. As principais partes de um projeto executivo são os desenhos em escala ou com dimensões (cotas), as notas e as especificações. (2) Jogo de desenhos que mostra os detalhes e as dimensões necessários para a execução de uma obra. Também chamado de desenhos de construção ou desenhos de execução. O projeto executivo também inclui as especificações. (3) Termo utilizado para se referir a todos os desenhos, especificações, adendos ao contrato e outras informações pertinentes associadas à construção de um projeto específico.

Proporção água/cimento A razão entre o volume de água e o cimento utilizada em uma argamassa.

Prumo A vertical verdadeira.

PVC *Veja* Cloreto de polivinil.

Quadro Uma linha pesada (grossa) que define a margem interna de uma prancha de desenho.

Queda de voltagem Redução da voltagem devido à resistência.

Racha Telha chata de madeira partida à mão.

Radier Laje de piso térrea apoiada diretamente no solo e com a função dupla de uma fundação.

Raio Linha reta que vai do centro de um círculo ou uma esfera a sua circunferência ou superfície.

Raiz A superfície da rosca correspondente ao diâmetro interno de uma rosca externa e ao diâmetro externo de uma rosca interna.

Rampa Superfície na qual se pode caminhar que é inclinada (geralmente 5%).

Rebaixo Sulco retangular feito na borda de uma tábua.

Reboco Camada fina de argamassa empregada para alisar uma superfície de alvenaria.

Reciclagem de uso A construção e adaptação de um espaço interno (incluindo as instalações, os cômodos e os acessórios) a fim de atender aos requisitos de um novo tipo de uso.

Recuo obrigatório Linha imaginária determinada pelo plano diretor de uma cidade a fim de estabelecer qual área de um lote pode ser ocupada por uma edificação.

Referência Uma série de números ou combinação de letras e números que identifica um produto industrializado ou uma peça ou parte de um objeto ou edificação. Em geral, as letras designam o tipo de produto, e os números, o produto específico. Por exemplo, R-12 poderia se referir ao resistor número 12 de um circuito.

Referência de nível Um ponto de referência topográfica.

Reforço de porta Uma estrutura de reforço utilizada em volta das portas.

Registro Abertura em um duto do sistema de climatização, para o fornecimento de ar quente ou frio.

Relação de materiais Lista dos elementos padronizados ou das matérias-primas necessários para a fabricação de um item ou execução de uma obra.

Reostato Controle elétrico utilizado para regular a corrente que chega a uma luminária. É um redutor de luz (um *dimmer*).

Requisitos de desempenho *Veja* Especificações de desempenho.

Resistência à tração O estiramento máximo que uma peça de aço (como uma barra) suporta antes da ruptura; medida em kgf/cm^2.

Resistência térmica (R) Unidade de medida da resistência de um material à transferência de calor. A fórmula da resistência térmica é R = Espessura (em polegadas ou centímetros)/°K ou °C.

Retardador de vapor O mesmo que Barreira à umidade.

Retém de cascalho Faixa de metal utilizada para evitar a queda do cascalho colocado sobre algumas lajes de cobertura.

Retentor de fogo Elemento feito de algum material que possa prevenir a dispersão rápida do fogo. É instalado em uma parede, um piso ou uma cobertura.

Revestimento de fumeiro Tubo de terracota ou argila utilizado para criar uma superfície lisa, de modo que os materiais não queimados não se prendam ao fumeiro.

Revisão final   A última revisão do projeto feita pelo arquiteto ou projetista a fim de determinar se ele foi de fato acabado, antes de entregá-lo definitivamente e/ou receber seus honorários finais.

Rincão   A área de uma cobertura na qual duas águas se unem e formam uma depressão.

Rodapé   Acabamento de parede empregado na interseção interna de um piso com uma parede.

Rosca externa   Rosca existente na superfície externa de uma peça, por exemplo, a rosca de um parafuso.

Rosca interna   Uma rosca no interior de uma peça, como a rosca de uma porca.

Rota acessível   Caminho contínuo e sem obstruções que conecta todos os elementos e espaços acessíveis de uma edificação ou equipamento urbano. As rotas internas acessíveis podem incluir corredores, pisos, rampas, elevadores, desníveis e espaços de piso desobstruídos junto a diversos equipamentos, como os aparelhos sanitários. Já as rotas acessíveis externas podem incluir espaços de circulação nas áreas de estacionamento, passagens através das vias, passarelas, rampas e desníveis.

Rotação   Vista na qual o objeto é girado a fim de revelar um diferente plano ou aspecto.

Rufo   Chapa de material fino e impermeável empregada na construção para prevenir a penetração da água ou a sua passagem direta. Os rufos são utilizados especialmente em espigões e rincões de telhado, furos nas coberturas, juntas entre uma cobertura e uma parede e nas paredes de alvenaria, para direcionar o fluxo da água e da umidade.

Rufo inferior   *Veja* Chapa de base.

Saída de emergência   Percurso contínuo e desobstruído de um ponto qualquer de uma edificação ou equipamento urbano que leva a uma via pública. Uma saída de emergência compreende deslocamentos verticais e horizontais e pode incluir cômodos intermediários, portas, vestíbulos, corredores, passagens, balcões, rampas, escadas, áreas muradas, pátios, etc. Já uma saída de emergência acessível é aquela que, além disso, não inclui escadas, degraus ou escadas rolantes. Áreas de resgate ou elevadores de evacuação podem fazer parte de uma saída de emergência acessível.

Sapata   (1) Elemento de concreto horizontal que faz parte das fundações e sustenta o peso concentrado de um pilar ou uma coluna. (2) Elemento de concreto portante (estrutural) moldado *in loco*, sobre o solo, a fim de proporcionar sustentação a uma estrutura, transferindo suas cargas para o solo.

Sarrafo   Tira de madeira utilizada para cobrir uma junta construtiva ou sustentar as telhas.

Seção   Corte através de uma edificação ou elemento, mostrando as várias condições internas daquela área ou daquele elemento.

Selo   Quadro no canto inferior direito de uma prancha, com o título da prancha, a escala, o nome do desenhista e do projetista, a data, etc. Cada projetista ou empresa de arquitetura ou engenharia adota um leiaute específico para seu selo.

Servidão   O direito ou privilégio que uma propriedade tem sobre outra, como é o caso de uma servidão de passagem.

Sifão   Dispositivo desenhado de modo a criar um fecho com líquido, evitando o retorno do ar sem que o fluxo da água que por ele corre seja significativamente afetado.

Símbolo   Representação gráfica estilizada de um componente comum de desenho.

Sismismo   Distribuição mundial ou local dos terremotos no espaço e no tempo, ou seja, termo genérico que se refere ao número de terremotos em um período de tempo ou à atividade sísmica relativa.

Sistema   Combinação de componentes interdependentes ou interagentes que desempenham uma ou mais funções.

Sistema arquitravado   Tipo de sistema estrutural composto por elementos simplesmente horizontais (as traves, também chamadas de vigas, lintéis ou dintéis) e os pilares (ou colunas).

Sistemas de edificação   Conjuntos de componentes, sejam relacionados entre si ou independentes, formando unidades integradas que compõem uma edificação e suas áreas externas, como os pisos externos, a estrutura, a cobertura, as paredes externas, as instalações hidrossanitárias e elétricas, a climatização, etc.

Soleira   A placa na base de uma porta.

Subparede de alvenaria   *Veja* Pano de alvenaria.

Superintendente da obra   *Veja* Gerente da obra.

Supervisão   Direção da obra por parte do construtor. A menos que o arquiteto seja contratado para tal, a supervisão de uma obra não faz parte de seus serviços profissionais.

Tábua   Peça de madeira que tenha seção retangular mínima de 1,5 polegada (cerca de 3,8 centímetros) e máxima de 3,5 polegadas (cerca de 8,9 centímetros.) As tábuas são empregadas em pisos e coberturas.

Tala de pregação   Elemento de madeira parafusado a peças de concreto ou aço a fim de criar uma superfície na qual seja possível pregar outros elementos de madeira.

Tamanho nominal   A dimensão de referência utilizada pelo fabricante. Ela não é exatamente a dimensão real, mas seu arredondamento.

Tangente   Linha reta que toca uma circunferência.

Tanque séptico   *Veja* Fossa Séptica.

Tê   (1) Conexão em forma de T, com um encaixe macho ou fêmea em uma das extremidades. (2) Conexão fundida ou forjada que tem uma saída em ângulo reto ao condutor.

Tela soldada   *Veja* Armadura de Tela Soldada.

Telhado com duas águas   Tipo de cobertura com duas superfícies inclinadas (águas) que se interceptam na cumeeira.

Telhado de mansarda   Telhado formado com a elevação da tesoura, constituindo um espaço habitável sobre a laje de cobertura, chamado de mansarda.

Telhado de quatro águas   *Veja* Telhado Esconso.

Telhado esconso   Um telhado formado por quatro águas, ou seja, quatro planos inclinados. Também chamado de telhado de quatro águas.

Telhado gambrel   Telhado típico dos celeiros norte-americanos com duas águas idênticas de cada lado, as quais, em determinado ponto, mudam de caimento.

Telhas chatas asfálticas   Telhas chatas feitas de asfalto ou papelão impregnado com alcatrão sobre uma base mineral. Essas telhas apresentam alta resistência ao fogo.

Têmpera   Processo de endurecimento do aço por meio do aquecimento seguido do resfriamento repentino por meio da imersão em óleo, água ou outro líquido.

Terça   Elemento horizontal de cobertura lançado perpendicularmente aos caibros a fim de limitar as deflexões.

Terceirização   Contratação de um empreiteiro ou instalador para a execução de uma tarefa específica da obra.

Terceirizado   Empreiteiro ou instalador contratado para a execução de uma tarefa específica da obra.

Termostato   Aparelho automático para o controle de um equipamento de climatização.

Terraplenagem   O deslocamento do solo, buscando deixar o terreno nas elevações adequadas às condições de uma obra.

Testada   A divisa de um terreno junto a uma via pública.

Teto falso   *Veja* Forro.

Tijolos de piso   Tipo de tijolo fabricado especialmente para o uso em pisos.

Tolerância   A variação aceitável para uma peça manufaturada em relação ao tamanho especificado.

Tolerância de dobramento   A quantidade extra de material que é empregada em uma dobra na fabricação de uma peça de metal.

Tomada   Receptáculo elétrico que permite a retirada de corrente do sistema.

Torneira de mangueira   Uma torneira que se destina à conexão de uma mangueira.

Toxidade   A capacidade de um material de lançar particulados venenosos.

Trapeira   *Veja* Água-furtada.

Travamento   O uso de materiais internos a fim de aumentar a rigidez de um sistema de piso ou parede.

Travessa de base   *Veja* Placa de base.

Travessa superior   *Veja* Guia superior.

Treliça   Estrutura pré-fabricada para a sustentação de uma cobertura, com caimento e composta de banzo superior, banzo inferior e barras verticais e inclinadas.

Treliça   Uma superfície laminar feita pelo cruzamento de barras longas.

Triangulação   Técnica de criação de complexas formas de metal por meio do uso de construções geométricas a fim de transferir as dimensões do desenho para o produto.

Tubo de queda pluvial   Tubo conectado a uma calha, conduzindo a água da chuva ao solo ou a uma rede de esgoto.

Tubo vertical   Qualquer tubo, com ou sem conexões, instalado na vertical ou que não esteja sob um ângulo maior do que 45° em relação à vertical.

Tubulão   Tipo de estaca de concreto que fica no solo, sustentando a superestrutura de uma edificação (seus pilares ou colunas e vigas).

Turbulência   Qualquer desvio no fluxo paralelo a um duto devido a obstruções, rugosidades no interior do duto, etc.

UL   Underwriters Laboratories, Inc. Entidade privada de testagem e certificação que desenvolve normas de testagem para produtos industriais. Nos Estados Unidos, as normas da UL são encontradas em todos os tipos de especificações e em equipamentos elétricos ou de distribuição de energia elétrica, assim como frequentemente em materiais de cobertura. http://www.ul.com.

Umbral   *Veja* Ombreira.

Umidade relativa do ar   A quantidade de vapor d'água existente na atmosfera, em comparação ao máximo que seria possível àquela temperatura.

União   Conexão de tubulação, geralmente com rosca, que permite sua desconexão sem afetar os tubos contíguos.

União em L   União com conexão macho ou fêmea em uma das extremidades.

Unidade de manejo de ar   Equipamento mecânico utilizado para o condicionamento do ar, como no insuflamento direto ou no retorno do ar dentro de uma edificação.

Unidade de moradia   Unidade habitacional dotada de uma cozinha ou área para preparo de alimentos, além dos cômodos e espaços necessários para as demais atividades mínimas relacionadas a uma habitação, como dormir, banhar-se, etc. As unidades de habitação incluem, por exemplo, as casas unifamiliares, os edifícios de apartamentos (sejam de uso permanente ou temporário); cada um dos quartos de um apart-hotel ou de outras edificações similares de uso temporário. Em outras palavras, uma unidade de moradia não é sinônimo de uma residência.

Vácuo   Qualquer pressão inferior à da atmosfera.

Valor-R   Unidade de resistência térmica que indica a capacidade de isolamento de um material de construção – quanto mais elevada, melhor é o isolamento.. Também chamado de resistência térmica ou valor-RSI.

Vão na parede de alvenaria   A distância total entre as unidades de alvenaria em dois lados opostos de uma abertura. Ela não inclui a estrutura de madeira ou aço em torno da abertura.

Vedações   A pele da edificação, que protege o interior do prédio do intemperismo, ou seja, o conjunto de todas as paredes externas, coberturas e lajes diretamente sobre o solo.

Ventilação   A troca de ar ou o movimento de ar através de uma edificação. Pode ser feita naturalmente, por meio das portas e janelas, ou mecanicamente, com o auxílio de ventiladores mecânicos.

Verga   Elemento estrutural horizontal (ou praticamente) sustentado em suas extremidades. Em geral, fica sobre uma porta ou janela a fim de sustentar o peso da parede acima. Também chamada de lintel ou dintel.

Via de veículos   Rota destinada ao tráfego de veículos, como uma rua, um acesso de automóveis ou um estacionamento.

Vida útil   O número de anos médio estimado para o funcionamento de um item, componente ou sistema que foi instalado novo, mas presumindo-se que serão feitas as manutenções de rotina.

Viga   Elemento horizontal portante.

Viga de borda   A viga sobre a parede externa de uma edificação.

Viga de Glu-Lam   *Veja* Viga de madeira laminada e colada.

Viga de madeira laminada e colada   Viga formada por uma série de lâminas de madeira coladas entre si. Também chamada de Viga de Glu-Lam.

Viga em T   *Veja* Perfil T.

Vigota   *Veja* Barrote.

Vista   Desenho de um lado ou plano de um objeto, a partir de um ponto de vista perpendicular.

Vista auxiliar   Plano adicional de um objeto, desenhado como se estivesse sendo visto de uma posição alternativa. A vista auxiliar é empregada para mostrar características que não são visíveis por meio de projeções normais.

Vista explodida   Vista de um elemento ou edificação que foi desmontada, mostrando a aparência das partes e o modo como elas se relacionam entre si.

Vista fantasma   Vista que mostra a posição alternada de um objeto móvel por meio do uso de linhas tracejadas.

Volt (E) ou (V)   A unidade de medida da tensão elétrica.

Zinco   Metal não corrosivo utilizado para a galvanização de outros metais.

Zoneamento   A restrição legal que determina um uso particular para uma parte da cidade, como o uso habitacional, comercial, industrial e assim por diante.

>> apêndice 2

Conversão de medidas

ÁREA

DE	PARA	MULTIPLIQUE POR
acres (ac)	hectares (ha)	0,4047
acres (ac)	metros quadrados (m²)	4.047
hectares (ha)	metros quadrados (m²)	10.000
hectares (ha)	acres (ac)	2,471
perchas (p)	metros quadrados (m²)	25,2929
roods (rd)	metros quadrados (m²)	1.011,7
quadrados	metros quadrados (m²)	9,2903
centímetros quadrados (cm²)	polegadas quadradas (in²)	0,155
pés quadrados (ft²)	metros quadrados (m²)	0,0929
polegadas quadradas (in²)	metros quadrados (m²)	0,00064516
polegadas quadradas (in²)	milímetros quadrados (mm²)	645,16
polegadas quadradas (in²)	centímetros quadrados (cm²)	6,4516
metros quadrados (m²)	jardas quadradas (yd²)	1,196
metros quadrados (m²)	pés quadrados (ft²)	10,76
metros quadrados (m²)	polegadas quadradas (in²)	1.550
metros quadrados (m²)	acres (ac)	0,000247
metros quadrados (m²)	*roods* (rd)	0,000988
metros quadrados (m²)	perchas (p)	0,0395
metros quadrados (m²)	hectares (ha)	0,0001
metros quadrados (m²)	quadrados	0,1076
milímetros quadrados (mm²)	polegadas quadradas (in²)	0,00155
jardas quadradas (yd²)	metros quadrados (m²)	0,8361

COMPRIMENTO

DE	PARA	MULTIPLIQUE POR
centímetros (cm)	polegadas (in)	0,3937
cadeias (ch)	metros (m)	20,117
pés (ft)	metros (m)	0,3048
polegadas (in)	metros (m)	0,0254
polegadas (in)	centímetros (cm)	2,54
polegadas (in)	milímetros (mm)	25,4
milhas náuticas internacionais (n mile)	metros (m)	1.852
anos-luz (l.y.)	metros (m)	$9,4605 \times 10^{15}$
links (lk)	metros (m)	0,2012
metros (m)	milhas	0,00062137
metros (m)	cadeias (ch)	0,0497
metros (m)	jardas (yd)	1,0936
metros (m)	*links* (lk)	4,9709
metros (m)	pés (ft)	3,2808
metros (m)	polegadas (in)	39,37
metros (m)	milhas náuticas internacionais (n mile)	0,000539
metros (m)	anos-luz (l.y.)	$1,057 \times 10^{-16}$
metros (m)	perchas (p)	0,1988
milhas	metros (m)	1.609,3
milímetros (mm)	polegadas (in)	0,03937
perchas (p)	metros (m)	5,0292
jardas (yd)	metros (m)	0,9144

MASSA

DE	PARA	MULTIPLIQUE POR
dracmas (dr)	quilogramas (kg)	0,0017718
grãos (gr)	quilogramas (kg)	0,000064798
quintais (cwt)	quilogramas (kg)	50,8023
quilogramas (kg)	toneladas	0,000984
quilogramas (kg)	toneladas métricas (t)	0,001
quilogramas (kg)	toneladas norte-americanas (sh tn)	0,0011023
quilogramas (kg)	quintais (cwt)	0,197
quilogramas (kg)	quartos (qr)	0,078736
quilogramas (kg)	pedras (st)	0,1575
quilogramas (kg)	libras (lb)	2,2046
quilogramas (kg)	onças (oz)	35,274
quilogramas (kg)	drams (dr)	564,3
quilogramas (kg)	grãos (gr)	15432
quilogramas (kg)	slugs	0,0685
quilogramas (kg)	onças *troy* (oz tr)	32,1507
quilogramas (kg)	*pennyweights* (dwt)	643,01
onças (oz)	quilogramas (kg)	0,02835
pennyweights (dwt)	quilogramas (kg)	0,0015552
libras (lb)	quilogramas (kg)	0,4536
quartos (qr)	quilogramas (kg)	12,7006
toneladas-norte-americanas (sh tn)	quilogramas (kg)	907,18
toneladas norte-americanas (sh tn)	toneladas métricas (t)	0,9072
slugs	quilogramas (kg)	14,5939
pedras (st)	quilogramas (kg)	6,3502
toneladas	quilogramas (kg)	1.016
toneladas	toneladas métricas (t)	1,016
toneladas métricas (t)	quilogramas (kg)	1.000
toneladas métricas (t)	toneladas	0,984
toneladas métricas (t)	toneladas norte-americanas (sh tn)	1,1023
onças *troy* (oz tr)	quilogramas (kg)	0,0311

VOLUME

DE	PARA	MULTIPLIQUE POR
centímetros cúbicos (cm³)	polegadas cúbicas (in³)	0,06102
pés cúbicos (ft³)	metros cúbicos (m³)	0,0283
pés cúbicos (ft³)	litros (l)	28,317
polegadas cúbicas (in³)	milímetros cúbicos (mm³)	16.387
polegadas cúbicas (in³)	centímetros cúbicos (cm³)	16,387
polegadas cúbicas (in³)	metros cúbicos (m³)	0,000016387
metros cúbicos (m³)	jardas cúbicas (yd³)	1,3079
metros cúbicos (m³)	pés cúbicos (ft³)	35,315
metros cúbicos (m³)	polegadas cúbicas (in³)	61.024
metros cúbicos (m³)	galões norte-americanos (U.S. gal)	264,172
metros cúbicos (m³)	galões (gal)	219,9
metros cúbicos (m³)	litros (l)	1.000
metros cúbicos (m³)	quartos (qt)	879,88
metros cúbicos (m³)	quartilhos (pt)	1.759
metros cúbicos (m³)	*gills*	7.039
metros cúbicos (m³)	onças fluidas (fl oz)	35.195
metros cúbicos (m³)	dracmas fluidas (fl dr)	281560,6
metros cúbicos (m³)	gotas (min)	16893604
milímetros cúbicos (mm³)	polegadas cúbicas (in³)	0,00006102
jardas cúbicas (yd³)	metros cúbicos (m³)	0,7646
onças fluidas (fl oz)	metros cúbicos (m³)	0,000028413
onças fluidas (fl oz)	mililitros (mL)	28,4131
dracmas fluidas (fl dr)	metros cúbicos (m³)	0,0000035516
galões (gal)	metros cúbicos (m³)	0,0045461
galões (gal)	litros (l)	4,54609
gills	metros cúbicos (m³)	0,00014206
litros (l)	metros cúbicos (m³)	0,001
litros (l)	pés cúbicos (ft³)	0,0353
litros (l)	galões (gal)	0,22
litros (l)	galões norte-americanos (US gal)	0,2642
litros (l)	gotas (min)	16894
mililitros (ml)	onças fluídas (fl oz)	0,035195
gotas (min)	metros cúbicos (m³)	0,000000059194
gotas (min)	litros (l)	0,000059194
quartilho (pt)	metros cúbicos (m³)	0,00056826
quartos (qt)	metros cúbicos (m³)	0,0011365
galões norte-americanos (U.S. gal)	metros cúbicos (m³)	0,0037854
galões norte-americanos (U.S. gal)	litros (l)	3,7854

TEMPERATURA

DE	PARA	MULTIPLIQUE POR
Celsius (°C)	Fahrenheit (°F)	9/5 × C + 32
Celsius (°C)	Kelvin (°K)	C + 273,15
Fahrenheit (°F)	Celsius (°C)	5/9 × (F −32)
Fahrenheit (°F)	Kelvin (°K)	5/9 × (F + 459,67)
Kelvin (K)	Celsius (°C)	K −273,15
Kelvin (K)	Fahrenheit (°F)	9/5 × K − 459,67

PRESSÃO

DE	PARA	MULTIPLIQUE POR
millibares (mb)	pascais (Pa)	100
millibares (mb)	atmosferas padrão (atm)	0,00098692
milímetros de mercúrio (mm Hg)	pascais (Pa)	133,32
pascais (Pa)	milímetros de mercúrio (mm Hg)	0,0075
pascais (Pa)	millibares (mb)	0,01
pascais (Pa)	atmosferas padrão (atm)	0,0000098692
atmosferas padrão (atm)	pascais (Pa)	101325
atmosferas padrão (atm)	millibares (mb)	1013
libras-força por polegada quadrada (lbf/in^2)	quilopascais (kPa)	6,8947573
quilopascais (kPa)	libras-força por polegada quadrada (lbf/in^2)	0,14503774

POTÊNCIA

DE	PARA	MULTIPLIQUE POR
cavalos-vapor (hp)	Watts (W)	745,7
Watts (W)	cavalos-vapor (hp)	0,001341

VELOCIDADE E ACELERAÇÃO

DE	PARA	MULTIPLIQUE POR
pés por minuto (ft/min)	metros por segundo (m/s)	0,00508
quilômetros por hora (km/h)	milhas por hora (mile/h)	0,6214
nós internacionais	metros por segundo (m/s)	0,51444
metros por segundo (m/s)	nós internacionais	1,9438
metros por segundo (m/s)	milhas por hora (mile/h)	2,2369
metros por segundo (m/s)	pés por minuto (ft/min)	196,8
milhas por hora (mile/h)	metros por segundo (m/s)	0,447
milhas por hora (mile/h)	quilômetros por hora (km/h)	1,6093

ENERGIA

DE	PARA	MULTIPLIQUE POR
Unidades térmicas britânicas (Btu)	joules (J)	1.055,1
calorias (cal)	joules (J)	4,1868
joules (J)	quilocalorias (kcal)	0,00023884
joules (J)	calorias (cal)	0,23884
joules (J)	Unidades térmicas britânicas (Btu)	0,0009478
joules (J)	quilowatt-horas (kW.h)	0,00000027778
quilocalorias (kcal)	joules (J)	4186,8
quilowatt-horas (kW.h)	joules (J)	3600000

Equivalências de área

1 acre = 43,560 ft^2 = 4.840 yd^2 = 0,4047 hectares = 160 $rods^2$ = 4047 m^2 = 0,0016 milha^2

1 acre-polegada = 102,8 m^3 = 27,154 gal = 3630 ft^3

1 hectare (ha) = 10.000 m^3 = 100 ares = 2,471 acres = 107.639 ft^2

1 pé cúbico (ft^3) = 1.728 in^3 = 0,037 yd^3 = 0,02832 m^3 = 28.320 cm^3

1 pé quadrado (ft^2) = 144 in^2 = 929,03 cm^2 = 0,09290 m^2

1 jarda quadrada (yd^2) = 9 ft^2 = 0,836 m^2

1 jarda cúbica (yd^3) = 27 ft^3 = 0,765 m^3

UNIDADES	POLEGADAS QUADRADAS	PÉS QUADRADOS	JARDAS QUADRADAS	CENTÍMETROS QUADRADOS	METROS QUADRADOS
Polegadas quadradas	1	0,006944	0,0007716	6,452	0,000645
Pés quadrados	144	1	0,1111	929	0,0929
Jardas quadradas	1.296	9	1	8.361	0,8361
Centímetros quadrados	0,155	0,001076	0,0001196	1	0,0001
Metros quadrados	1550	10,76	1,196	10.000	1

CONVERSÕES DIVERSAS

DE	PARA	MULTIPLIQUE POR
acres	pés quadrados	43.560
acres	quilômetros quadrados	0,00405
acres	metros quadrados	4.047
acres	jardas quadradas	4.840
acre-pés	pés quadrados	325.851
acre-pés	pés cúbicos	43.560
acre-pés	m³	1.233,5
bar	lb/in²	14,5
bar	g/cm³	1.019,7
bar	polegadas de mercúrio a 0°	29,53
centímetros (cm)	m²	0,03281
centímetros	pés	0,3937
centímetros	polegadas	0,1094
centímetros	jardas	0,01
centímetros	metros	10
cm/s	milímetros (ml)	1,9685
cm/s	ft/min	0,0223694
cm³	mph	0,0610237
pés cúbicos (ft³)	polegadas cúbicas	0,0283
pés cúbicos	metros cúbicos	7,4805
pés cúbicos	galões	1728
pés cúbicos	polegadas cúbicas	0,037
pés (ft)	onças fluidas	30,48
pés	centímetros	0,3048
pés por minuto	metros	0,01136
pé-vela	lb/in²	10,764
galões (gal)	lux	3,785
gal	litros	3785
gal	milímetros	128
gal/acre	onças (líquidas)	9,354
gal/acre	litros/hectare	2,938
gal/1.000 ft²	onças/1000 ft²	4,0746
gramas (g)	l/100 m²	0,002205
gramas	ft³/s	0,035274
gramas por litro (g/l)	onças	1.000
gramas por litro	lb/a	10
g/m²	lb/m	0,00020481
g/cm³	percent	0,036127
g/cm³	lb/ft²	62,428
hectares (ha)	lb/in³	2,471
polegadas	lb/ft³	2,540
polegadas	acres	0,0254

DE	PARA	MULTIPLIQUE POR
polegadas (in)	centímetros	25,40
in^2	cm^2	6,4516
quilogramas (kg)	libras	2,2046
kg/hectare	libras/acre	0,892
kg/ha	lb/1.000 ft^2	0,02048
kg/l	lb/gal	8,3454
quilômetros (km)	centímetros	100.000
quilômetros	pés	3281
quilômetros	metros	1.000
quilômetros	milhas	0,6214
quilômetros	jardas	1.094
km/h	mph	0,62137
km/h	ft/min	54,6807
quilopascais (kPa)	libras^2 in (psi)	0,145
litros (l)	galões	0,2642
litros	onças	33,814
litros	quartilhos	2,113
litros	quartos	1,057
l/100 m^2	gal/1.000 ft^2	0,2454
litros/hectare	gal/acre	0,107
metros (m)	pés	3,281
metros	polegadas	39,37
metros	jardas	1,094
metros	centímetros	100
metros	quilômetros	0,001
metros	milímetros	1.000
metros/s	milhas por hora (mph ou m/h))	2,2369
m^2	ft^2	10,764
m^3	ft^3	35,3147
m^3	yd^3	1,30795
milhas (estatutárias)	centímetros	160.900
milhas	pés	5.280
milhas	quilômetros	1,609
milhas	jardas	1.760
milhas/hora (mph)	pés/segundo	1,467
milhas/hora	pés/minuto	88
milhas/hora	quilômetros/hora	1,61
milhas/hora	metros/segundo	0,447
mililitros (ml)	onças fluidas	0,0338
mililitros	galões	0,0002642
mililitros (ml)	polegadas	0,03937
milímetros de mercúrio a 0°	kpa	0,13332
onças fluidas	litros	0,02957
onças fluidas	mililitros	29,573
onças (peso)	gramas	28,35

Índice

A

Adendo, 161
Alargamento, 143–145
Alvarás de construção, 102–105
American Institute of Architects (AIA), 7–8
American National Standards Institute (ANSI), 5–6
American Society of Mechanical Engineers (ASME), 7–8
Armazenagem e acesso, 6–7, 20–21
Avanço, 159–161
Axonométricas, 79–82
   Limitações, 88–89

B

Bloco de revisões, 30, 33
Brasão, 156–159
Broqueamento ou mandrilagem, 143–145
Building Systems Design (BSD), 210

C

Chavetas e rasgos, 138–141
Círculo do passo, 162–163
Círculo externo, 161
Códigos de edificações, 213–216
   Aplicações, 218–221
   Classificação acústica, 225–226
   Classificação em testes, 220–226
   Complementos, 220–221
   Elementos, 218–221
   Materiais e acabamentos resistentes ao fogo, 220–226
   Organizações, 215–219
   Sistemas hidrossanitários, 225–226
Construção civil na atualidade, 237–258
   A Internet, seu site e a criação de uma imagem para sua empresa, 252–258
   Administração, 239–240
   Autoconfiança, 249–251
   Clientes em potencial, 251–254
   Contas em bancos, 248–249
   Correspondência
   Custos iniciais e capitalização, 242–245
   Descrição da empresa, visão, missão, 238–240
   Elaboração do plano de negócios, 238–240
   Estratégias fiscais, 247
   Gestão do tempo, 249–251
   Identidade, 248–249
   Imagem profissional, 248–252
   Licenças e permissões, 246–247
   Marketing, 249–251
   Mercado e serviços oferecidos, 239–240
   Nome e natureza jurídica, 246–247
   Plano financeiro, 239–241
   Propostas, orçamentos, contratos e pagamentos, 252–254
   Publicidade e propaganda, 248–249
   Reuniões, 251–252
   Seguros, 248–249
   Sumário executivo, 238–239
Construction Specifications Institute (CSI), 201–202
Cópias em papel comum (sulfite), 5–6
Cortes, 116–118
Cremalheira, 162–163
Curvas de nível, 44–46

D

Dedendo, 161
Desenho à mão livre, 12–14
Desenho e projeto assistidos por computador (CAD e CADD), 5–6, 17–21
Desenhos, 22–34
   Apresentação, 22, 99–100
   Arquitetura, 115–116
   Artísticos, 88–91
   Bloco de revisões, 30, 33
   Construção, 22

Detalhes, 25–28
Diversos, 25–28, 131–134
Eletricidade, 127–131
Engenharia civil, 103–106
Escala, 34
Especiais, 25–28
Executivos, 22, 99–100
Fabricação e montagem, 23, 100–103, 133, 135–134
Industriais, 147–149
Instalações hidrossanitárias, 125–128
Máquinas (mecânica), 148–155
Mecânica, 119–125
Melhorias no terreno, 110–113
Oblíquos, 76–78
Partido e conceito, 22, 99–100
Perspectiva, 89–91
Perspectivas com dois pontos de fuga, 91–96
Perspectivas com três pontos de fuga, 92, 96–97
Perspectivas com um ponto de fuga, 91–95
Perspectivas paralelas, 91–95
Planta de localização, 104–108
Selos, 26, 30
Zoneamento, 34
Desenhos com duas vistas, 73–76
Desenhos com três vistas, 74–76
Desenhos de estrutura, 116–122
Desenhos de vista frontal, 74–76
Desenhos de vista lateral, 74–76
Desenhos de vista única, 71–73
Desenhos do anteprojeto, 99–100
Desenhos do projeto executivo, 99–102
Desenhos e projeções ortogonais (ortográficos, com vistas múltiplas), 65–70
Desenhos técnicos, 12–21
Desenhos tridimensionais, 74–76
Detalhes, 131–132, 134
Diâmetro da raiz, 161
Diâmetro do passo, 159–161
Diâmetro externo, 161
Diâmetro interno e externo, 156–159
Diazotipia, 4–5
Dimensões, 49–63
    Angulares, 60–62
    Convenções, 50–51
    Escalas, 53–59
    Lineares, 56–59
    Nominais, 60–62
    Referência, 60–62
    Sistema métrico, 50–51
    Tamanho verdadeiro, 60–62
    Tipos, 49–51
    Tolerâncias, 63

Dimensões reais (ou verdadeiras), 60–62
Diretrizes de coordenação, 208–210
Divisas, 44–46
Documentação de projetos, 20–21

E

Eixo, 156–159
Elevação, 114–116
Engrenagens, 159–163
Escalas, 53–59
    Arquitetura, 53–55
    Indicação, 56–59
    Sistema Internacional de Unidades, 54–60
Escalas métricas, 54–60
Espaços livres, 161
Especificações, 210
Especificações abertas, 204, 206–208
Especificações fechadas, 204, 206
Espessuras, 161
Espiral, 156–159

F

Face, 161
Fatores de conversão, 281–288
Fendas, 138–141
Filetes, 138–141
Flexibilidade, 18, 20–20
Folha de rosto, 103–105
Fontes de materiais para especificações, 203–204
Forja, 119
Fotocópias, 5–6
Fundição, 138–141
Furadeira, 143–145

G

Glossário, 259–279

I

Impressões em offset coloridas, 5–6
Indicação de escala, 56–59
International Code Council (ICC), 213–214
Irrigação, 110–113

L

Lei para os Norte-Americanos com Deficiência – ADA), 225–235
    Aparelhos sanitários, 228–230
    Banheiros públicos, 228–230

Diretrizes de acessibilidade, 226–235
  Elevadores e cabinas, 233–234
  Escadas e rampas, 229–233
  O projeto acessível e as exigências da ADA, 225–228
  Objetos protuberantes, 233–234
  Portas, 228–230
  Rotas acessíveis, 226–230
  Sinalização e alarmes, 233–234
  Superfícies de piso e pisos texturizados, 232–233
  Telefones públicos, 232–234
Letras, 15–16
Licenças de construção, 102–105
Linhas, 35–48
  Chamada, 43
  Contorno, 27
  Cortes, 38–39
  Cota, 40–42
  Divisas, 44–46
  Eixo, 38–39
  Extensão, 40–41
  Fantasma, 43
  Interrupção, 44–46
  Nível, 44–46
  Peso (espessura), 35–36
  Plano de corte, 44
  Plano de observação, 44
  Plano de vista, 44
  Setas, 43
  Tipos, 35–36
  Tracejadas, 36–39

M

Manual de projeto, 207–208
Mapa topográfico, 108–111
Máquinas de medidas coordenadas (CMM), 138–141
Marcas de acabamento, 144–146
Marcenaria, 131–132
Materiais e acabamentos resistentes ao fogo, 220–226
Molas espirais, 162–163
Moldes, 143–145

N

Normas
  Desenho técnico, 7–9
  Desenhos técnicos industriais, 164–165
  Pranchas de desenho técnico, 7–9
Notas, 197–199
Número de dentes, 159–161

O

Organização Internacional de Normalização (ISO), 7–9
Organizações que elaboram códigos de edificações, 215–219

P

Paisagismo, 110–113
Passo, 159–161
Passo circular, 161
Passo diametral, 159–161
Passo do dente, 161
Perspectiva isométrica, 81–82
    dimensionamento, 83–86
Perspectivas com dois pontos de fuga, 91–96
Perspectivas com três pontos de fuga, 92, 96–97
Pesos e tipos de linha, 35–36
Planta baixa do projeto elétrico, 127–130
Planta da estrutura, 119–122
Planta de demolição, 108–110
Planta de fundações, 119–122
Planta de irrigação, 110–113
Planta de localização, 104–108
Planta de paisagismo, 110–113
Planta de teto, 129–131
Plantas, 114–115
Plantas de drenagem, 110–113
Plantas de redes públicas, 110–113
Processo de impressão tradicional, 4–5
Profundidade, 159–161
Profundidade de engatamento, 162–163
Profundidade total, 161
Projeção dimétrica, 86–88
Projeção isométrica, 81–82
Projeção no primeiro diedro, 66–70
Projeção no terceiro diedro, 70–72
Projeção trimétrica, 86–89
Projeções axonométricas, 79–82

Q

Quinas, 138–141

R

Raiz, 159–161
Rasgos de chaveta, 138–141
Redação de diretrizes, 208–210
Reproduções 4–8
  Cópias em offset coloridas, 5–6

Cópias em papel comum (sulfite), 5–6
Diazotipia, 4–5
Fotocópias, 5–6
Fotográficas, 5–6
Responsabilidade profissional, 210, 212
Rosca cortada, 156–159
Rosca externa, 156–159
Rosca interna, 156–159
Roscas de parafuso, 154–161
Roscas direitas e esquerdas, 156–159
Rosqueamento, 143–145

S

Selos, 26, 30
Símbolos, 167–184
Símbolos das instalações hidrossanitárias, 171–177
Símbolos de eletricidade, 171–174
Símbolos de materiais, 170–174
Símbolos de projeção, 75–78
Símbolos diversos, 177–179
Símbolos do projeto de climatização, 176–179
Símbolos gráficos de arquitetura, 170
Sistema Internacional de Unidades, 50–51
Sistemas de especificação automáticos, 210–210, 212

T

Tabelas, 185–198
Tabelas da iluminação, 193–197
Tabelas de acabamentos, 193–194
Tabelas de eletricidade, 193–197
Tabelas de grades e difusores, 193–197
Tabelas de portas e janelas, 187–192
Tabelas de quadros de força, 193–197
Tabelas diversas, 193–198
Tabelas do projeto de climatização, 193, 195
Têmpera, 143–145
Tipos de dimensões, 49–51
Tipos de fundações, 116–119
Tipos mais comuns de impressão, 4–5
Tolerâncias, 63, 137–141

U

Unidades e níveis de precisão, 20–21

V

Vistas, 65–97
Auxiliares, 78–80
Desenhos com duas vistas, 73–76
Desenhos com três vistas, 74–76
Desenhos com vista única, 71–73
Desenhos tridimensionais, 74–76
Frontais, 74–76
Isométricas, 81–82
Laterais, 74–76
Ortogonais, 65–70
Projeção no primeiro diedro, 66–70
Projeção no terceiro diedro, 70–72
Projeções axonométricas, 79–82
Vistas múltiplas, 65–70
Vistas superiores, 74–76

IMPRESSÃO:

Santa Maria - RS - Fone/Fax: (55) 3220.4500
www.pallotti.com.br